公共关系理论与应用

袁学敏　袁继敏　编　著
刘立新　主　审

北京理工大学出版社
BEIJING INSTITUTE OF TECHNOLOGY PRESS

内 容 简 介

本书分为上、中、下三篇，上篇为公共关系基本理论，主要涉及什么是公共关系，公共关系的职能，谁负责公共关系，公共关系人才如何培养，公共关系机构如何设置，应用什么方法建立公众关系，如何创建文化等内容。中篇为公共关系策划，从策划学方面介绍什么是公共关系策划，为什么要进行策划，如何进行策划，国际公共关系策划的方法等，侧重对公共关系高层次人才理论和实务的培养。下篇为公共关系应用，主要对公共关系的现实应用进行介绍。

本书配有习题，能使学习者逐步提高理论思维能力、分析推理能力、想象能力和实际应用能力，培养学习者具有比较熟练的、综合运用所学知识去分析问题和解决问题的能力。本书可作为高等院校管理类专业教材使用，也适合机关、企事业单位从事相关工作的人员学习和参考。

版权专有　侵权必究

图书在版编目（CIP）数据

公共关系理论与应用/袁学敏，袁继敏编著. —北京：北京理工大学出版社，2018.1
ISBN 978-7-5682-5200-3

Ⅰ. ①公… Ⅱ. ①袁… ②袁… Ⅲ. ①公共关系学 Ⅳ. ①C912.31

中国版本图书馆 CIP 数据核字（2018）第 009337 号

出版发行 / 北京理工大学出版社有限责任公司		
社　　址 / 北京市海淀区中关村南大街 5 号		
邮　　编 / 100081		
电　　话 /（010）68914775（总编室）		
（010）82562903（教材售后服务热线）		
（010）68948351（其他图书服务热线）		
网　　址 / http://www.bitpress.com.cn		
经　　销 / 全国各地新华书店		
印　　刷 / 山东临沂新华印刷物流集团有限责任公司		
开　　本 / 787 毫米×1092 毫米　1/16		
印　　张 / 12.5	责任编辑 / 陆世立
字　　数 / 310 千字	文案编辑 / 赵　轩
版　　次 / 2018 年 1 月第 1 版　2018 年 1 月第 1 次印刷	责任校对 / 周瑞红
定　　价 / 52.00 元	责任印制 / 施胜娟

图书出现印装质量问题，请拨打售后服务热线，本社负责调换

前　言

公共关系理论与应用是一个方兴未艾的学科，它主要研究社会组织如何运用各种信息传播、双向沟通等手段，创造良好的社会关系环境，使组织和各有关公众保持良好关系，以求与社会同步发展。同时，要使学习与应用者掌握公共关系方面的基本概念、基本理论和基本技能，为实际应用与社会工作接轨打下基础。它作为职业，是现代社会发展的必然产物；作为学科，主要是社会学、管理学、传播学综合的应用，对社会政治、经济、文化建设都有重要意义，已经成为学科化和职业化的综合。因此，需要兼备理论性、适应性、实用性的综合性学习用书，把学习与实际应用进行综合研究，改变传统学习模式，真正意义地实现学习与应用相结合。

目前，全国已经出版的各门类、各专业、各层次的公共关系书籍很多，从教材方面看，主要形成了通用性教材和行业性教材两大板块。前者归于理性、深奥，很难直接应用；后者又缺乏宏观性，对于学习、应用都存在着不能解决的众多问题，尤其是理论教学与实践应用结合的问题。

基于此，编者立足于服务社会，根据时代发展，总结经验，编写了本书。本书不仅具有很强的理论性，还具有实践性，兼备公共关系学科化与专业化、职业化综合的优势。本书既建立理论教学和实践教学并重的教学方法体系，又为社会各界提供参考，力求实现为社会服务的目的。

本书是一部继承与创新相结合的书籍，具有以下特色。

（1）科学性。本书体系完整，分上、中、下三篇，集原理、策划及应用为一体，涵盖面广，难易适中，学习性强。

（2）创新性。与以前的教材相比，本书增加了"企业文化与品牌建设"内容，把文化纳入公共关系理论与应用，是新的观念；本书更注重运用公共关系理论，进行有指导性的实训和对精选案例进行评析，以强化实践意义，借鉴经验，吸取智慧，进一步培养学生的实际应用能力，促进理论向能力的转化。

（3）适用性。本书还具有适用性和实用性，将理论知识、相关案例和实训进行紧密结合。实践证明，这一方法具有可行性，能够引导教师教学与学生学习共同进行，可为其他院校类似课程的教学与教研提供借鉴和参考。

（4）学术价值。本书系统地梳理了公共关系理论，将公共关系基本理论、公共关系策划学，以及公共关系的延展应用纳入一个系统进行探讨，不仅具有很强的理论性，还具有实践性，兼备公共关系学科化与专业化、职业化综合的优势，目的是方便学习者学习并探讨学习规律。

本书也属于"四川省省社科规划办社会科学高水平研究团队——传统文化背景下攀西地区特色文化应用研究团队（川社科联【2017】43号）"成果。

本书借鉴、引用了一些研究者的相关材料，许多案例节录来源较广，由于时间关系，未一一注明之处，敬请海涵。在此也向这些材料的作者致以衷心的感谢。

由于时间仓促，以及编者个人能力、水平和经验所限，书中疏漏之处在所难免，欢迎广大读者批评指正，多提宝贵意见和建议。

编 者
2017年6月

目 录

上篇 公共关系基本理论

第一章 公共关系 ………………………………………………………………（3）
第一节 公共关系概述 ……………………………………………………（3）
一、公共关系的基本知识 ………………………………………………（3）
二、公共关系的原则 ……………………………………………………（6）
三、公共关系的作用 ……………………………………………………（7）
第二节 公共关系的历史渊源与发展 ……………………………………（8）
一、早期朴素的公共关系思想和活动 …………………………………（8）
二、公共关系产生的社会历史条件 ……………………………………（10）
三、我国公共关系的发展 ………………………………………………（11）
习题 …………………………………………………………………………（13）

第二章 公共关系的主要职能 …………………………………………………（16）
第一节 监测环境，采集信息 ……………………………………………（16）
一、监测环境 ……………………………………………………………（16）
二、采集信息 ……………………………………………………………（17）
第二节 传播沟通，协调关系 ……………………………………………（18）
一、传播沟通 ……………………………………………………………（18）
二、协调关系 ……………………………………………………………（18）
第三节 组织活动 …………………………………………………………（20）
第四节 市场推销，教育引导 ……………………………………………（20）
一、市场推销 ……………………………………………………………（20）
二、教育引导 ……………………………………………………………（21）
第五节 处理突发事故，获取社会整体效益 ……………………………（22）
一、处理突发事故 ………………………………………………………（22）
二、获取社会整体效益 …………………………………………………（22）

· 1 ·

习题 ……………………………………………………………………………………（22）

第三章 公共关系机构与人员——公共关系主体 ………………………………（24）

第一节 组织内部公共关系机构 ………………………………………………（24）
一、公关部的特点 ……………………………………………………………（24）
二、公关部的设置原则 ………………………………………………………（25）
三、公关部在组织机构中的位置 ……………………………………………（25）
四、公关部内部的分工与结构 ………………………………………………（27）
五、公关部的优势及劣势 ……………………………………………………（28）

第二节 公共关系咨询公司 ……………………………………………………（29）
一、公共关系咨询公司的特点 ………………………………………………（29）
二、公共关系咨询公司的种类 ………………………………………………（30）
三、企业聘用外部公关公司开展活动的原因 ………………………………（30）
四、公共关系咨询公司的收费方式 …………………………………………（30）

第三节 公共关系层次与人员 …………………………………………………（31）
一、公共关系层次 ……………………………………………………………（31）
二、公共关系人员 ……………………………………………………………（33）

习题 ……………………………………………………………………………………（38）

第四章 公共关系的对象——公众 …………………………………………………（39）

第一节 公共关系工作对象 ……………………………………………………（39）
一、公众的概念和特点 ………………………………………………………（39）
二、公众的分类及意义 ………………………………………………………（40）

第二节 常见的公共关系工作对象 ……………………………………………（42）
一、组织内部的公关工作对象 ………………………………………………（43）
二、组织外部的公关工作对象 ………………………………………………（44）

第三节 公众心理分析 …………………………………………………………（46）
一、知觉 ………………………………………………………………………（46）
二、公众需求 …………………………………………………………………（47）
三、公众态度 …………………………………………………………………（47）
四、社会时尚、社会流言、社会舆论 ………………………………………（48）

习题 ……………………………………………………………………………………（48）

第五章 公共关系的基本手段——信息传播 ………………………………………（50）

第一节 信息传播的基本原理 …………………………………………………（50）
一、传播概述 …………………………………………………………………（50）
二、公共关系信息传播的基本模式 …………………………………………（52）
三、信息传播的因素分析 ……………………………………………………（53）

四、公共关系信息传播的基本类型 …………………………………………（54）
　第二节　传播的条件 ………………………………………………………………（54）
　　　一、创造最佳的传播者条件——信源 ……………………………………（55）
　　　二、建立有效传播沟通的信息条件 ………………………………………（55）
　　　三、主体认真研究公众对象 ………………………………………………（56）
　　　四、传播策划要注意传播环境气氛的影响 ………………………………（56）
　第三节　公共关系的传播媒介 ……………………………………………………（58）
　　　一、传播媒介的分类 ………………………………………………………（58）
　　　二、综合性的传播媒介 ……………………………………………………（59）
　习题 …………………………………………………………………………………（60）

第六章　公共关系工作程序 ……………………………………………………………（61）
　第一节　公共关系调查 ……………………………………………………………（61）
　　　一、公共关系调查的内容 …………………………………………………（62）
　　　二、公共关系调查的基本步骤 ……………………………………………（62）
　　　三、公共关系调查的方法 …………………………………………………（63）
　　　四、公共关系调查技术 ……………………………………………………（65）
　第二节　公共关系计划 ……………………………………………………………（67）
　　　一、公共关系计划的类型 …………………………………………………（67）
　　　二、公共关系计划的制定步骤 ……………………………………………（68）
　第三节　公共关系计划实施 ………………………………………………………（70）
　　　一、影响公共关系计划实施的因素 ………………………………………（70）
　　　二、选择公共关系媒介的原则 ……………………………………………（71）
　　　三、公共关系活动方式 ……………………………………………………（71）
　第四节　公共关系评估 ……………………………………………………………（73）
　　　一、公共关系评估的基本程序 ……………………………………………（74）
　　　二、公共关系评估的内容 …………………………………………………（75）
　习题 …………………………………………………………………………………（76）

第七章　企业文化与品牌建设 …………………………………………………………（77）
　第一节　企业文化 …………………………………………………………………（77）
　　　一、企业文化的意义 ………………………………………………………（77）
　　　二、网络企业文化的建设 …………………………………………………（80）
　第二节　品牌建设 …………………………………………………………………（88）
　　　一、关于公关营销中品牌战略的问题 ……………………………………（88）
　　　二、企业建立品牌战略的必要性 …………………………………………（90）
　　　三、企业建立品牌战略的方法 ……………………………………………（91）

习题 ·· (94)

中篇　公共关系策划

第八章　公共关系策划概述 ·· (97)
第一节　公共关系策划的基本知识 ·· (97)
　　一、公共关系策划的含义、分类、内涵和地位 ······································ 97
　　二、公共关系策划的意义 ·· (100)
第二节　公共关系策划的重要性和必要性 ·· (102)
　　一、公共关系策划的重要性 ··· (102)
　　二、公共关系策划的必要性 ··· (103)
第三节　公共关系策划的基本原则 ·· (105)
　　一、企业目标原则 ·· (105)
　　二、公众心理原则 ·· (105)
　　三、信息个性原则 ·· (106)
　　四、审美情趣原则 ·· (106)
习题 ·· (107)

第九章　公共关系策划的一般程序 ·· (108)
第一节　确定公众和传播渠道 ·· (108)
　　一、对象公众的确定和分析 ··· (108)
　　二、传播渠道的确定 ··· (109)
　　三、传播时机和传播环境的确定 ·· (109)
　　四、人员安排 ··· (111)
第二节　公关活动方案与公关策划书 ··· (112)
　　一、公关活动方案的基本内容 ·· (112)
　　二、编制实施公关活动的工作程序表 ·· (112)
　　三、优化方案 ··· (112)
　　四、编制公共关系策划书 ·· (113)
习题 ·· (114)

第十章　国际公关活动策划创意 ·· (115)
第一节　国际公关活动策划创意的特征和多维视角 ···························· (115)
　　一、创意的特征 ·· (115)
　　二、策划创意的多维视角 ·· (116)
第二节　国际公关活动策划创意的方法 ··· (118)
　　一、国际公共关系发展的背景 ·· (118)
　　二、国际公共关系的操作方法 ·· (118)
　　三、国际公共关系的新发展 ··· (118)

第三节　国际公关活动策划创意思维的培养 …………………………………… (119)
　　　　一、组合创意法 ……………………………………………………………… (120)
　　　　二、改良创意法 ……………………………………………………………… (120)
　　　　三、新用途创意法 …………………………………………………………… (121)
　　习题 ……………………………………………………………………………………… (123)

第十一章　公共关系专题活动的策划 ……………………………………………………… (124)
　　第一节　公共关系专题活动的目的、主题与形式 …………………………………… (124)
　　　　一、公共关系专题活动的目的 ……………………………………………… (125)
　　　　二、公共关系专题活动的主题 ……………………………………………… (125)
　　　　三、公共关系专题活动的形式 ……………………………………………… (126)
　　　　四、公共关系专题活动策划的要求 ………………………………………… (127)
　　第二节　专门性公共关系专题活动策划 ……………………………………………… (128)
　　　　一、新闻发布会 ……………………………………………………………… (128)
　　　　二、制造媒介事件 …………………………………………………………… (129)
　　　　三、社会赞助活动 …………………………………………………………… (130)
　　　　四、社会公益活动 …………………………………………………………… (131)
　　　　五、业务洽谈会 ……………………………………………………………… (132)
　　　　六、竞赛活动 ………………………………………………………………… (133)
　　习题 ……………………………………………………………………………………… (137)

下篇　公共关系应用

第十二章　公共关系应用技术——广告和公关谈判 …………………………………… (143)
　　第一节　广告的概念及演变过程 ……………………………………………………… (143)
　　　　一、广告的概念 ……………………………………………………………… (143)
　　　　二、广告的演变过程 ………………………………………………………… (144)
　　　　三、近代广告的发展时期 …………………………………………………… (145)
　　　　四、现代广告的发展和腾飞时期 …………………………………………… (145)
　　第二节　公共关系广告 ………………………………………………………………… (146)
　　　　一、商品广告和公关广告的概念及区别 …………………………………… (146)
　　　　二、公关广告的类型 ………………………………………………………… (147)
　　第三节　公关谈判 ……………………………………………………………………… (149)
　　　　一、谈判的特点 ……………………………………………………………… (149)
　　　　二、公关谈判的原则 ………………………………………………………… (150)
　　　　三、公关谈判的种类 ………………………………………………………… (151)
　　　　四、公关谈判的程序 ………………………………………………………… (151)
　　　　五、公关谈判的技巧 ………………………………………………………… (152)

　　　　六、公关谈判的策略 …………………………………………（153）
　　习题 …………………………………………………………………（156）
第十三章　公关礼仪 ……………………………………………………（158）
　第一节　个人礼仪 ………………………………………………………（158）
　　　　一、礼仪概述 …………………………………………………（158）
　　　　二、服饰礼仪 …………………………………………………（160）
　　　　三、常见行为礼仪 ……………………………………………（163）
　　　　四、介绍礼与其他礼节 ………………………………………（169）
　　　　五、电话礼仪 …………………………………………………（170）
　第二节　公共关系宴请礼仪 ……………………………………………（171）
　　　　一、宴会的规格与组织 ………………………………………（171）
　　　　二、宴会的礼节 ………………………………………………（172）
　　　　三、宴会桌次、席位安排 ……………………………………（172）
　　　　四、注意的问题 ………………………………………………（174）
　　　　五、禁忌 ………………………………………………………（174）
　　　　六、涉外礼仪 …………………………………………………（175）
　　习题 …………………………………………………………………（176）
第十四章　危机事件处理 ………………………………………………（178）
　第一节　危机事件 ………………………………………………………（178）
　　　　一、危机事件概述 ……………………………………………（178）
　　　　二、公关危机处理原则 ………………………………………（179）
　第二节　危机处理 ………………………………………………………（181）
　　　　一、危机的发展阶段 …………………………………………（181）
　　　　二、危机处理的基本程序和方法 ……………………………（182）
　　　　三、处理公关危机事件的方法 ………………………………（183）
　　习题 …………………………………………………………………（184）
参考文献 ………………………………………………………………（187）

上篇

公共关系基本理论

　　公共关系活动能促进社会组织之间、群体之间的相互了解和理解，从而使现代的、极为复杂的社会运转更为和谐有效。

　　公共关系在组织的经营管理中发挥着特定的功能和作用，而且这些功能和作用的发挥，不仅为组织的生存和发展创造了内部条件和外部环境，而且渗透到社会生活的每一方面，对社会产生积极的影响。

　　公共关系职能和作用的发挥，还能使公共关系从业人员的观念不断更新，素质逐渐提高。因此，了解公共关系的职能和作用，对进一步了解公共关系，了解公共关系在现代社会中的重要地位，有着十分重要的意义。

　　公共关系活动可以为企业、机关、学校、医院、群众团体等极为广泛的社会组织服务，协助它们实现各自的目标。

第一章

公 共 关 系

公共关系的性质、要素,公共关系产生的社会历史条件。

公共关系的含义、作用。

第一节 公共关系概述

公共关系(简称公关)作为一种思想观念和社会精神文化,产生于美国,兴盛于西方工业国家,是商品经济和政治民主、文化发展高度发达的产物,它在满足市场需求的过程中得以产生、发展和繁荣,是企业生存发展的一剂良药,也是人文精神和道德价值取向新的参照系,它能为社会组织及企业引入一种新的价值观念,构建一种新的行为方式,营造组织生存和发展的良好环境。

公共关系学在经过百年的应用与探索后,已经发展成为一门重要的应用学科,其理论的研究及广泛的应用对社会经济、政治、文化等诸多方面具有促进作用,越来越引起世人的瞩目,已成为社会科学研究领域的一支突起的异军。

公共关系的应用范围也非常广泛,公共关系从业人员不仅要具备理论知识,还必须具备市场的观念和丰富的实践,一切活动都来自于市场,由市场来检验。因为不论是个人、组织还是国家,都必须树立良好的形象,所以就必须具备公共关系意识。

因此,做好公共关系,在应用方面,是社会组织必需的;在教育方面,公共关系学是社会学科的专业主干课程。所以,公共关系不是可有可无的东西,而是必须时刻拥有的一种意识。

一、公共关系的基本知识

由于公共关系应用广泛,而且它是随社会发展而扩大应用领域的,并且每个人的认识角度和应用不同，对公共关系内涵的理解也不同，因此就必然形成多种公共关系的定义。

（一）公共关系的含义

"公共关系"一词源自英文的 public relations。public 意为"公共的""公开的""公众的"，relations 即"关系"，加复数"s"即众多的关系，两词合起来用，中文表述就是"众多公众的公共的和公开的关系网络"，概言之即"公共关系"，又称"公众关系"，简称"公关"。

"公共关系"这一概念是由三个要素组成的，即社会组织、公众、传播。社会组织是公共关系的主体，是做公共关系的必须者；公众是公共关系的客体，是社会组织做公共关系的对象；传播则是连接主体与客体之间的桥梁，是其手段和方法。社会组织、公众、传播者三个要素共存于一个社会环境当中，并构成公共关系。

1. 管理说定义

美国《公共关系新闻报》曾对公共关系下了具备管理特点的定义，该定义经约翰·马斯顿教授修正后广为流行。其定义为："公共关系是一种管理活动。它评估公众态度，并通过对公众利益的了解确定组织的政策与工作程序。它实施一种行动与交往的计划，旨在获取公众的理解与认可。"该定义涵盖面广，强调公共关系的管理职能和促进组织与公众交往的功能，其影响广泛。

著名公关专家雷克斯·哈罗博士经过对 472 个公共关系定义的研究，概括提出了一个比较全面的定义。他说："公共关系是一种独特的管理活动。它帮助一个组织建立并维持与其公众之间的沟通、理解、认可和合作。"此定义不仅定性为管理，还强调了主体的目的。

2. 传播说定义

传播说主要侧重于公共关系的传播属性，代表人物是英国学者弗兰克·杰夫金斯，其定义是："公共关系是一个组织与其公众之间，为获得并保持相互之间的了解与沟通而进行的经审慎研究的、有计划的持续努力。"

此定义强调"经审慎研究的、有计划的持续努力"，说明了公众工作的组织性与计划性，即成功的公共关系活动向来都是按照周密的计划有条不紊地进行的；"获得并保持相互之间的了解与沟通"点明了公共关系工作的目的，即使该社会组织能为他者所了解或谅解。

该定义不仅提出了分析发展趋势的问题，说明了在制订公关计划之前要有一种对于发展趋势、结果的预测，还强调了公共关系的社会科学性质与学科特点。

3. 传播管理说定义

传播管理说这类定义主要将管理说和传播说结合起来，强调公共关系是组织的一种特定的管理行为和职能。其代表人物是美国公共关系学界权威、马里兰大学的詹姆斯·格罗尼格教授，他认为："公共关系是一个组织与其相关公众之间的传播管理。"此定义重点强调信息问题。

4. 咨询说定义

咨询说这类定义侧重于公共关系的决策咨询功能，最具代表性的是公共关系学会于 1978

年 8 月发表的《墨西哥宣言》定义:"公共关系是一门艺术和管理科学,它分析趋势,预测后果,向组织领导人提供意见,履行一系列有计划的行动,以服务于本组织和公众的共同利益。"此定义强调公共关系的决策咨询、服务功能。

通过以上介绍可知,公共关系存在于社会环境当中,我们每个人都存在于社会环境中,组织为了实现某个目的,往往会有意识或者无意识地去拉近与公众的关系和距离,这实际上就是在从事公共关系活动。

本书归纳公共关系定义如下:公共关系是社会组织在运行中,为使自己与公众相互了解、相互合作,有计划地进行传播、沟通,树立形象,化解危机,争取公众支持的科学与艺术。

(二)公共关系的本质

从公共关系的定义还可以看出,公共关系是一个总的概念,它是公共关系活动、公共关系工作、公共关系职业以及公共关系学的统称。如图 1-1 所示,社会组织处在社会环境中,环境具有可变性、复杂性、不确定性,需要协调、沟通各种关系,传播是维持其关系的基本手段。

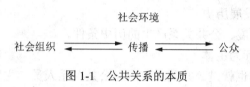

图 1-1 公共关系的本质

(三)公共关系的构成要素

1. 公共关系的主体——组织

公共关系的主体是社会组织,即公共关系的发起者、承担者、行为者、实施者。在理解公共关系时需要强调其行为主体是组织而非个体,应该从组织与管理的层面去认识和理解公共关系。

本质上,公共关系是组织活动,而非个人的事务和技巧;公共关系涉及组织的目标、战略、政策、计划、环境等要素,而不停留在个人活动的层面上;公共关系处理的是组织的关系和舆论,而非私人的关系和事务;公共关系追求整体的效应和组织的社会形象,而不局限于个人的印象、情感和利益。所以,要将组织是公共关系的主体要素将公共关系与人际关系区别开。

2. 公共关系的客体对象——公众

公共关系的客体对象是公众,它是公共关系传播与沟通的对象。公共关系是由组织运行过程中涉及的个人关系、群体关系、组织关系共同构成的,这些个体、群体和组织构成了组织的公众。总体而言,公众总是与特定的公共关系主体相关,与某一组织的公共关系传播行为相关。不同的组织有不同的公众,或者说,组织所面对的公众是特定的、具体的目标对象。

当然,公众作为公共关系的客体对象,并不是完全被动、可随意摆布的,公众因为需要决定会主动地对公共关系主体的政策、行为做出相应的反应,从而对公共关系主体形成社会压力、舆论压力、行为压力。

同时，由于公众是公共关系的客体要素，也要将公共关系与广告区别开。

3. 公共关系的基本手段——传播

传播与沟通是公共关系的过程与方式。一个组织乃至个人借助传播渠道和传播方式建立起组织与相关公众之间的联系。

（四）公共关系的特征

公共关系的特征：①以公众为工作对象；②以美誉为自身目标；③以互惠为基础；④以长远为组织方针；⑤以真诚为信条；⑥以沟通为基本手段。

（五）公共关系的内容

公共关系的基本内容包括：

1）明确公共关系基本概念

明确公共关系的相关概念和工作范畴，也就是回答"公共关系是什么"。

2）了解公共关系的发展历史

公共关系的产生与发展、公共关系产生的历史条件。

3）认识公共关系的行为主体

公共关系的行为主体也就是公共关系组织与公共关系人员，主要是从主体角度介绍"公共关系有谁来做，有什么作用"的问题。

4）认识公共关系的客体对象

介绍公共关系的传播对象，研究公众的特点、分类，分析目标公众的心理与行为，从客体的角度探讨"公共关系对谁来做"的问题。

5）了解公共关系的运作过程

了解公共关系工作的一般程序，从整体的、纵向的角度把握"公共关系是如何进行"的问题。

6）了解公共关系的传播媒介与沟通方法

从技术、操作的层面把握"公共关系以什么手段来进行"的问题。

7）掌握公共关系的实务活动的方法

公共关系实务实际上就是运用传播沟通媒介处理公关事务的过程，主要包括公关调研、新闻传播、公共关系专题活动、公共关系广告、危机管理以及公共关系事务活动等，也就是了解公共关系的业务种类，从实际工作的角度把握"公共关系工作主要是做什么"的问题。

二、公共关系的原则

1. 形象原则

对于组织来说，塑造、建立和维护良好形象是公共关系活动的根本目的。良好的形象不仅是组织最大的财富，还是组织生存和发展的出发点和归宿，组织的一切工作都是为公众而展开的，失去了自己公众的支持和理解，组织也就没有存在的对象了。

形象是静态的，它是组织总体形象的表现，又处于动态发展中，它与公众的状态和变化趋势直接相连。组织必须有合理的、正确的经营理念和创新精神，并根据公众、社会的需要及其变化，及时调整和修正自己的行为，不断改进产品和服务，以便在公众面前树立良好的形象：一方面提高知名度，一方面提升美誉度，使组织得到公众的认同。

2. 传播沟通原则

在变化而复杂的现代社会中，科技与信息具有爆炸性、快捷性和跨界性。社会组织与公众发生关系，本质上是通过信息双向交流和沟通来实现的。正是由于具有双向交流和信息共享过程，才形成了社会组织与公众之间的共同利益与互动关系。这是公共关系区别于法律、道德和制度等意识形态的方面。因为组织和公众之间可以进行平等自愿的、充分的信息交流和反馈，没有任何强制力量，双方都可以满足自己利益而畅所欲言，因而能在最大程度上达到平等和挑战。

3. 互惠互利原则

对于一个社会组织而言，当然应该追求自身利益的最大化，但很多组织在这一过程中却发生了偏向及迷失，甚至追逐短时利益而不顾长远利益。事实上利益从来都是相互的，而不是一厢情愿的。人们常说"与人方便就是与己方便"，而对社会组织而言，只有在互惠互利的情况下才能真正达到自身利益的最大化。

4. 真实原则

追求真实是现代公共关系工作的基本原则，自从现代公共关系之父美国人艾维·李提出讲真话的原则以来，告诉公众真相便一直是公共关系工作的铁律。尤其是现代社会，信息及传媒手段空前发达，任何组织都在舆论动态关注中，因此，任何组织都无法长期封锁消息、控制消息，以隐瞒真相、欺骗公众。正如美国总统林肯所说，你可以在某一时刻欺骗所有人，也可以在所有时刻欺骗某些人，但你绝对不能在所有时刻欺骗所有人。真相总会被人知道，并且媒体会加以放大。

所以，公共关系必须强调真实原则，要求公共关系人员实事求是地向公众提供真实信息，以取得公众的信任和理解。

5. 长远目标原则

在公共关系工作中，必须经过长期的艰苦努力，公共关系组织和公共关系人员不应计较眼前的得失，而要着眼于长远利益，只要持续不断地努力，付出总有回报。

三、公共关系的作用

1. 公共关系有助于优化环境

（1）优化社会经济环境：公共关系活动具有调节经济利益的功能。

（2）优化社会政治环境：公共关系的许多方式被政府机关采纳，变成了政府实现自己管理目标的重要手段。

（3）优化社会文化环境：公共关系本身就是社会精神文明的重要组成部分，对推动先进文化传播起到了积极的促进作用。

（4）优化社会心理环境：公共关系通过组织与公众之间双向的信息传播，可以满足公众对许多重要信息的知情权，增加组织与公众之间的情感沟通。

2. 公共关系有助于提高员工意识

（1）公众至上意识。用虚假宣传得来的效益只是暂时的，用服务意识吸引来的顾客才是长久的。企业应树立公众至上的意识。

（2）交往合作意识。合作是指两个或两个以上的个体为了共同目标自愿结合在一起，通过相互之间的配合和协调而实现共同目标，最终个人利益也获得满足的一种社会交往活动。

（3）个人形象意识。形象是一个抽象的概念，是一种观念，它一旦形成和确立就会转化为一种外在的力量，一种推荐力、吸引力和感召力。这种力量有利于增强企业员工的凝聚力，有利于增强企业产品及服务的影响力，能为企业产品和服务吸引更多的消费者。有了形象意识，个体就会把组织和各种行为都看作组织形象的体现，从而自觉地调整形象、塑造形象、展示形象、巩固形象。形象意识是公共关系意识的核心。

（4）与时俱进意识。要有知变意识，深谙世间万物唯一不变的就是"变"这一客观真实；要有观变意识，洞察规律和趋势；要有应变意识，调整心态和行为；要有求变意识，变被动为主动。

（5）团队协作意识。团队协作是一种为达到既定目标所显现出来的自愿合作和协同努力的精神。它可以调动团队成员的所有资源和才智，并且会自动驱除所有不和谐、不公正现象，同时会给予那些诚心、大公无私的奉献者适当的回报。如果团队协作是出于自觉自愿，那么它必将产生一股强大而持久的力量。

第二节　公共关系的历史渊源与发展

一、早期朴素的公共关系思想和活动

（一）古代的公共关系思想

1. 古代中国的公共关系思想

古代中国的公共关系思想有：①奉行"仁""义"；②讲究"礼""信"；③注重"人和"；④重视民意；⑤讲究技巧。

2. 古代西方的公共关系思想

古代西方（古希腊、古罗马）早期在社会活动中，表现在注重现实和对具体操作问题的研究，如亚里士多德的工具论、苏格拉底的诡辩术、西塞罗的演说词、西方宗教活动、民主选举等。

（二）朴素自发的公共关系思想

（1）政治领域：告知、劝服意识；民心、名望意识。
（2）思想领域：联盟、危机意识；理解、交流意识。
（3）军事领域：军心、攻心意识；美名、环境意识。
（4）经济领域：信义意识；招牌意识；交换意识。
（5）文化领域：仁爱意识；人和意识；理解意识。

（三）早期公共关系的特点

（1）具有明显的自发性与盲目性。古代社会在各个领域中存在的公共关系思想、认识和活动都比较零散，大部分属于个人行为，且通过不自觉的方式表现出来，因而具有自发性的特征。由于其不是人们有意识、有组织开展的公共关系活动，因此缺乏现代公共关系明确的目的性，从而呈现出盲目性的特征。

（2）具有强烈的政治色彩和伦理色彩。古代政治斗争以及与其相适应的社会组织的发展较为充分，这些政治集团为了各自的需要，在一定时期内采取种种方法与民众进行沟通，带有强烈的政治色彩和鲜明的功利色彩。

（3）传播手段简单。古代社会生产力发展水平低，经济落后，商业不发达，个人的活动范围始终被限制在狭窄的血缘、地缘关系内，因而整个社会的经济关系、交往关系比较简单，传播手段也很简单。

（四）公共关系思想的演变

（1）巴纳姆时期（19世纪中叶）：不择手段，损人利己。
（2）艾维·李时期（职业化时期）：说真话。1903年，艾维·李开办宣传顾问事务所，成为美国第一个向顾客提供公共关系服务并收取费用的从业机构。1906年，他发表了《原则宣言》，标志着公共关系进入科学发展时期。
（3）伯尼斯时期（科学化时期）：投公众所好，爱德华·伯尼斯是一位使公共关系由活动、社会现象变成一门科学的杰出人物。1923年，他出版了《舆论明鉴》一书，成为公共关系学的第一部经典性著作。他在书中提出了"公共关系咨询"的概念。1925年，伯尼斯写了教科书《公共关系》，标志着公共关系已开始成为一门独立的学科，他被誉为国际公共关系泰斗。
（4）现代时期："双向对称"的公共关系模式。斯科特·卡特里普和阿伦·森特于1952年合著《有效公共关系》，被誉为"公关圣经"。书中提到公共关系的"四步工作法"。1955年，国际公共关系协会（International Public Relations Association，IPRA）在伦敦成立，标志着公共关系作为一门世界性的行业而独立存在。1947年，波士顿大学开设了第一所公共关系学院，并设立公共关系学硕士和博士学位机制。公共关系的演变如图1-2所示。

现代时期公共关系的特征是公共关系活动主体多元化：①公共关系职业化、行业化更进一步发展；②公共关系活动在理论上的规范化、国际化。

图 1-2　公共关系思想的演变

案例 1-1

　　费尼斯·巴纳姆是 19 世纪美国一家马戏团的团长，因宣传、推动马戏演出闻名于世。他曾在 19 世纪 50 年代编造了一个"神话"：马戏团有一位名叫海斯的黑人女奴，曾在 100 年前养育过美国首任总统华盛顿。报纸披露这一消息后，立即掀起轩然大波。巴纳姆借机以不同的笔名向报社寄去读者来信，人为地开展争论。巴纳姆认为，只要报纸没有把他的名字拼错，随便怎么说也无妨。他的信条是"凡宣传皆是好事"。神话给巴纳姆带来的是每周从那些希望一睹海斯风采的纽约人那里获得 1 500 美元的收入。海斯死后，解剖发现，海斯不过 80 岁左右，与他吹嘘的 160 岁相距甚远。对此，巴纳姆厚颜无耻地说："深感震惊。"他还说自己也受了骗。其实，这一切都是他刻意策划的。

案例分析：

　　从巴纳姆事件可以看出，在报刊宣传运动时代，每个报刊宣传员在争取顾客的关注时，都是不择手段地制造"神话"，甚至不惜愚弄公众。他们只顾为企业赚钱，完全不顾公众的利益，甚至公开嘲笑、谩骂公众。

　　所以，报刊宣传运动还不是真正意义上的公共关系，从思想实质上来看，这一时期实际上是一个反公众、反公共关系的时期。不过，当时巴纳姆等人运用报刊等大众传播媒介为组织进行宣传，已经具有了现代公共关系活动的萌芽。

二、公共关系产生的社会历史条件

1. 政治条件

社会政治生活的民主化，带来双向沟通信息的条件，公众参与性加强，推进了公众关系。

2. 经济条件

商品经济的发展，市场经济的出现，竞争引起对公众的重视，让公众满意是全社会的追求。

3. 技术条件

传播手段和通信技术的进步，是协调沟通的基本手段；大众化、全覆盖的信息分享。

4. 思想条件

教育、文化转变了公众的意识，人的经营管理思想和观念的深刻转变参与意识已经社会化。

三、我国公共关系的发展

1. 中国公共关系发展的必要性

（1）改革开放需要发展公共关系，以促进社会的快速发展。
（2）建立社会主义市场经济体制需要发展公共关系。
（3）社会主义精神文明建设需要发展公共关系。
（4）我国迎接新技术革命挑战需要发展公共关系。

2. 现代公共关系在我国的发展

1）公共关系机构队伍不断扩大，形成国际化
1984 年 9 月，大陆第一家国有企业公共关系部在白云山制药厂诞生。
1986 年 1 月，大陆第一个公共关系团体——广东地区公共关系俱乐部成立。
1986 年 7 月，大陆第一家公共关系公司——中国环球公共关系公司成立。
1986 年 11 月，大陆第一家公共关系协会——上海公共关系协会成立。
1988 年 1 月，中国公共关系第一家专业性报纸——《公关关系报》在杭州创刊。
1989 年 1 月，中国第一份国内外公开发行的公共关系杂志——《公共关系》在西安创刊。
从 20 世纪 90 年代初期到 90 年代中期，公共关系在中国的发展进入了一个相对稳定、成熟的时期。

2）中国公共关系发展的原因
（1）现代公共关系产生和发展的社会历史条件迅速形成是根本原因。
（2）对外开放政策创造了外部条件。

3）不足之处
（1）发展面临的障碍：①起点低；②欠科学；③不平衡，即行业不平衡、区域不平衡、水平不平衡。
（2）公共关系教育及学术研究存在问题。

3. 如何开拓中国的公共关系事业

（1）从我国社会主义性质出发。
（2）从我国的具体国情出发。
（3）从我国的文化传统出发。
（4）从卓有成效的工作出发。

4. 中国未来公共关系的发展前景

（1）公共关系市场国际化。

(2) 公共关系实务专业化。
(3) 公共关系手段高科技化。
(4) 公共关系地位战略化。
(5) 公共关系教育规范化。
(6) 公共关系人才竞争白热化,行业自律更完善。

案例 1-2

1994年6月28日的早上,北京天安门广场彩旗飘扬,锣鼓震天,数百人组成的磬鼓队、秧歌队的精彩表演,引得许多人驻足观看。上午9点整,当北京市和国家有关部门领导同志宣布"逛北京、爱北京、建北京"大型旅游文化活动正式开始时,数千只信鸽同时飞起,把人们的目光引向天空。这时,人们惊讶地看到十多个色彩鲜艳的气球下面拖着一条长长的布幅,微风吹来,布幅上红艳艳的大字格外醒目——"华懋双汇集团漯河肉联厂祝北京活动圆满成功!"

首先报道这一消息的是"双汇"所在地的《漯河内陆特区报》。接着,《河南日报》、河南广播电台在内的很多河南新闻媒体都竞相报道了这件事。《河南商报》在1994年7月15日的星期刊头版头条位置上,以硕大的标题,足够容纳3 000字的版面刊登了一则仅800字的新闻《双汇高扬天安门》。

《河南日报》的评论文章把它誉为"河南省最成功、最典型的一次企业公共关系活动"。于是,这一消息重返北京,得知消息最早却顾虑重重的首都新闻界不再"沉默是金"了。先是《中国青年报》的《社会周刊》刊登了一幅新闻照片,图片下的文字说明中有这样一句耐人寻味的话:能否在天安门广场做广告,这个话题争论了很久,如今却被来自河南的一家火腿肠厂定论了。8月5日《中国经营报》把《广告首入天安门广场》的这条新闻放在了四版头条。值得一提的是,这则不足千字的短文同时配发了足有1 200字的评论。这则题为《中国广告史上的新一页》的评论称:"广告首入天安门广场这一既成事实告诉中国的企业家——请再大胆一些!天安门广场为'双汇'做广告,将作为一个极成功的企业公共关系策划活动写入中国公共关系广告史、中国CI史中。"

在新闻媒介爆炒"双汇登上天安门"这一事件中,"双汇"的拥有者——华懋双汇集团漯河肉联厂无疑是最大的受益者。

说起来你也许难以置信,双汇集团把自己的广告打入天安门,仅仅花费了12万元,尚不及《人民日报》半个套红广告版面的花费。当初,精明的双汇人得知"逛北京、爱北京、建北京"大型旅游文化活动将在天安门广场隆重举行开幕式时,就已经在酝酿要制造一起轰动全国的特大新闻了。于是,双汇集团派出最得力的公共关系人员,终于以一个气球1万元的价格成功地赢得了北京市有关部门的审批通过。当有关领导同志还为组委会人员"反正开幕式活动需要气球助兴,何不挂个企业条幅多收入12万元"的做法深为赞许时,并没有意识到中华人民共和国成立以来企业广告首次进入天安门将成为事实。从某种意义上说,如果没有新闻界的渲染,人们最多回忆起当时有彩色气球飘扬在天安门广场上空。

华懋双汇集团公共关系部负责人说:"虽然我们耗资十多万元仅能换成气球在天安门广场飘扬3天,但我们作为第一个吃螃蟹者,这本身就是个新闻,我们所要的就是这份轰动效应。它所产生的意义已远大于广告本身的价值。"

案例分析：

该案例的成功之处在于对传播环境的选择以及传播时机的把握。从这个案例中能得到以下启示：

（1）媒介轰动效应。"双汇"巧入天安门广场，成为全国众多新闻媒体争相爆炒的对象，产生轰动效应。9月25日的《中国商报》四版头条题为《名气来自"新闻车间"》一文中，把双汇闯入天安门广场做广告一事，与日本西铁城手表公司动用飞机撒手表行为的轰动效应相提并论，称此事收到了事半功倍、一鸣天下、出奇制胜、令人耳目一新、念念不忘的效果。

（2）出奇制胜。天安门广场历来被视为圣地。天安门广场已成为中央政府举行国家级重大政治活动、文化活动、外交活动的特殊场所，它的一举一动时刻为世人所瞩目，因此在中国重大政治生活中占有特殊的地位。许多国内外企业都看到了天安门广场的特殊性、重要性，愿不惜重金在此做广告。但中华人民共和国成立以来直到1994年6月份以前，虽然有的企业广告曾在它周围打过"擦边球"，但始终没有任何一家企业堂而皇之地在此做成广告。

（3）形成了公共关系传播模式，如图1-3所示。

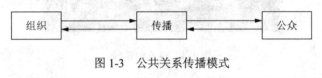

图1-3　公共关系传播模式

习　题

一、分析题

傍晚，猎人为了追赶一只被打伤了的野兔，独自闯入森林，眼看就要捉到野兔时，一只正在寻觅食物的恶狼出现了。由于猎人的子弹已经用完，他立即掉头逃跑。恶狼紧追不放。突然，狼掉进一个陷阱，与此同时也咬住了猎人的一条腿。猎人抱住了旁边的一棵树，才没被狼拖下去。猎人如果松开手就会和狼一起掉进陷阱；可如果这样耗着，力气很快就会耗尽，而且他知道狼群很快就会到来。现在最好的办法就是把狼打死，可狼的整个身体已没入陷阱，猎人根本打不到它。于是猎人做出了选择：为了活命，他选择放弃一条腿。他从腰中抽出手锯，一只手搂住树，一只手锯断了自己的腿。腿断了，狼和那条腿一起掉入陷阱。猎人拖着一条腿安全地离开了。

问题：结合公共关系的定义分析此案例。

二、实训题

实训1：如图1-4所示。这张图片的寓意终于有了答案。

（1）首先需要解决蛇的威胁。解决蛇的最好的办法就是"以静制动"。蛇视力不好，习性是爱静。蛇只有受到惊吓的时候才会先发制人，你不动，它就不会咬你。你不动，蛇会自己溜走。第一关渡过了，其他事就好解决了。

（2）不用担心树会折断，仔细看图你会发现，树被砍去一半，看起来危险，但并没有折弯，说明它还是有承受力的。

（3）等待蛇爬走了，你上树。剩下的就是你和狮子比耐性。

（4）狮子走了你就完全安全了，不必理会池中的鳄鱼。

图1-4 艰难的选择

这张图实质说的是中国当下的很多中、小、微企业的现状。大树是你的企业。企业时刻都有被折断的危险。水是你的财产，财产越多，危险越大。君不见多少大鳄昨日风光无限、今日已成牢狱之身。水中的鳄鱼是你的同行，无事时，和你友好相处；有危难时，他张大嘴等待吃掉你。地下的狮子是银行和工商税务等执法部门，企业时刻受其监管。树上的蛇是缠在你所欠上的债务。不解决你的债务，债务就时刻盯着你，时刻威胁着你的生命。天上的大雁是你的亲友团。你好，亲友共绕；你难，亲友都飞。树上吊着的人就是企业的老板。谁都可以离树而逃，唯他必须独自承担，无依无靠。地下的斧子是你企业的产品，产品必须时刻具备唯一性和必需性。别指望会有谁来救援，解决方案只有一个："心不乱，咬牙尖，坚持住，清债务。"

问题：

（1）分析组织的社会环境。

（2）请指出组织面临的危机。

（3）请分析解决方案。

实训2：希拉里问卷。

2008年年初，美国各大网站都铺天盖地地推出了一项问卷调查，几乎所有的美国网民都参与到这项调查中。问卷是希拉里独立制作的，目的是激发人们的亲情意识。

问卷很简单：凯特非常爱妮雅，可是有一天，妮雅出了车祸，颈部以下全部失去了知觉。你觉得，凯特对妮雅还会一如既往、数十年不离不弃吗？

A．凯特对妮雅的爱一定不会发生改变，真爱是能经受住任何考验的。

B．凯特对妮雅的爱一定会发生改变，什么年代了，哪还有这种傻瓜似的爱呢？

C. 凯特对妮雅的爱可能会发生改变，因为现实太残酷了。

约有 10%的网民选择了 A，10%的网民选择了 B，80%的网民选择了 C。

问卷到此为止，平淡无奇。可是紧接着，网页上又弹出了一个对话框：哈哈，刚才你一定把凯特和妮雅当成情侣了。现在我们来假设一下，如果凯特是妮雅的父亲或者母亲，你还会坚持刚才的选择吗？再来选一次，好吗？

这一次，几乎所有的网民都非常坚定地选择了 A，并在心里荡漾起一份浓浓的感受。

问题：

（1）分析希拉里问卷的目的。

（2）分析塑造个人形象的方法。

第二章

公共关系的主要职能

公共关系的形象意义，决策咨询，信息作用，教育引导。

信息功能，监测环境，教育引导。

第一节　监测环境，采集信息

一、监测环境

在现代社会中，信息是一种无形的财富，是任何社会组织赖以生存的基础。在这里，所谓信息是指诸如情报、消息、数据、指令、信号等有关社会组织周围环境的全部知识。社会组织应重视与周围环境的信息交流。

（一）组织内部监测

（1）组织形象信息。主要包括公众对领导机构的评价、公众对组织管理水平的评价、公众对组织内部一般工作人员的评价。

（2）产品形象信息。主要包括公众对产品（或服务）的价格、性能、质量、造型、外包装、售后服务、用途等主要指标的反映。

（3）组织运行状态及其发展趋势信息：内部信息、外部信息。

（二）组织外部监测

1. 监测政府决策趋势

自20世纪60年代以来，人们发现社会组织是一个开放的系统，它不是独立存在的个体，而是与其环境联系在一起的。组织的存在与发展，组织的运行状态如何，取决于它与环境之间的关系。因此，人们开始重视搜集有关组织环境的信息。这里的环境是广义的，它既包括自然环境，也包括社会政治、经济、文化环境；既包括社会组织外部的条件、因素，也包括社会组织内部的条件、因素。而搜集这些信息是公共关系人员的重要职责。

采集信息的目的是预测趋势。信息只有在经过加工、整理和分析后，在预测形势、趋势时，才能真正发挥其作用。

政府决策对组织的生存发展至关重要。任何组织的现实行动必须符合政府的现行政策，未来行动则必须符合政府的未来政策走向。所以要求公关部门密切关注政策环境，及时掌握政府决策的动态和方向，预测与组织有关的各种现行政策可能发生的变化，并对这种变化可能带来的机遇和挑战进行趋势分析，以使组织提前准备应对之策。

2. 监测社会环境及其变化趋势

社会环境是多方面的，主要表现为自然环境、经济环境、科技环境等变化相对较快的因素。社会文化环境影响是基础，它相对稳定，是人们在长期的社会实践中积累起来的全部精神财富，包括民族传统、风俗习惯、伦理道德、价值观、文化水准和宗教信仰等相对比较稳定的因素，这些因素都可能对组织的公关工作产生或强或弱的影响。例如，社会需求和市场环境的变化会从整体上影响组织的经营转变；公众需求、公众心理的变化会给产品开发提出观念挑战；社区公众和重大问题可能引起纠纷，也可能使组织在不经意中失去形象；日益兴起的生态环境主义和绿色主义则会对组织的未来发展带来持久乃至长远的影响。

因此，组织必须密切关注社会各种环境的发展动态，以使组织能根据环境变化调整决策，以获得更大的发展空间。

3. 监测竞争对手的发展动态

"知己知彼，百战不殆。"市场竞争是世界不变的主题，合作也是必需的。为了更好地和这些伙伴合作，就必须了解彼此，了解其长处，清楚其劣势，然后才能在相互合作中取长补短，各取所需。所以，洞察竞争对手的公关状态，借鉴竞争对手的成功经验和失败教训，分析竞争对手的优劣所在，预测竞争对手的未来走向，是公共关系的一项重要工作。

二、采集信息

1. 信息内容

对于公关人员，环境信息收集的主要内容包括：

（1）组织形象信息。包括各类公众以及社会舆论对本组织的反映、评价的情况，以及本组织在普通大众中的形象等。只有把握了组织的整体形象，才能对组织发展做出科学决策。

（2）组织所提供的产品或服务的对象，是否被社会认可。

（3）组织内部成员的信息。主要是指内部员工的素质、行为和态度等在公众中的接受度。

（4）竞争对手信息。即与本组织相抗衡或者协作的同类组织的各方面的情况，包括对方组织主要领导人的性格、特点、爱好、经历、文化、教育，对方组织的干部配备情况、发展愿景等，以及物力情况，产品、销售、价格等情况。

（5）组织服务对象的信息。如购买者的心理、兴趣、态度、购买的特点等。

（6）新闻媒介信息。即新闻报道中与本组织有关的信息和新闻机构的信息，还有大众媒介信息,尤其是网络信息,具有较大的力量。

(7)政府的决策信息。对于组织来说,了解国家的方针政策是至关重要的,具有机会和存亡意义。

(8)立法信息。公关人员应了解法律条文和法律颁布的情况,亦是制定决策的依据。

(9)市场信息。了解市场需求、现状及发展趋势等是组织开展公共关系活动的基础。

2. 获取信息的方式和方法

获取信息的方式和方法大体可分为直接与间接两类。

(1)直接法。直接法的特点是公关人员直接搜集第一手材料,有观察法、访谈法、问卷法、普查法、抽样调查法、态度测量法、个案法、实验法等。

(2)间接法。利用第二手材料,即通过各种现成的统计资料、调查报告、报纸、电视、广播、书刊、文件等获得信息。

掌握了上述内容,公关人员就可以科学地分析内外环境的现状及发展趋势,并随时根据环境的变化修正组织计划与政策,从而使组织立于不败之地,这就是环境监测的作用。

第二节 传播沟通,协调关系

一、传播沟通

传播沟通是公关工作的基本内容。公关的工作就是为了促使传播能有效地实现沟通协调。

公关人员的工作就是将本组织的决定、意见、政策、措施等及时传达给有关公众,并对组织信息做出解释,以便公众能更好地接受。因此,公关人员实际上是起到了社会组织"喉舌"的作用。

如果说搜集信息、监测环境的职能主要是将环境的信息输入组织中,那么,传播沟通的职能则是将社会组织的信息输出到环境中去,使之被公众知晓。

公关人员必须时时研究什么样的信息是公众最愿意得到的,什么样的信息是对组织最有利的,什么样的信息是公众所能够接受和能够信任的,因为传播沟通的基本目的是组织将公众希望获得的信息准确无误地传达给公众,并使公众接受。为了达到这个目的,传播者须将自己的思想转变为特定公众所能理解和接受的符号,并通过文字、图画、图表或某种姿态、手势来表示。接受者(亦称"受传者")在接收此符号后,必然根据自己的思考对符号进行解释。若接受者对符号的理解与传播者运用符号时的含义是一致的,那么,这个传播便是有效的。

传播沟通的主要媒介是报纸、杂志、广播、电视、电影等。公关人员为了做好传播工作,必须学会多方面的新闻传播技术,如制作广告,制作电影胶片、录像带、幻灯片,编辑各种刊物等,善于应用各种传播方式表达到位。

二、协调关系

(一)协调的分类

(1)广义的协调不仅包括组织内部的协调,而且包括组织对外协调,如组织与环境的协调，组织与政府、社区、消费者的协调活动。有公关专家说公共关系是内求团结、外求发展的艺术。

（2）狭义的协调主要是指组织内部协调，如上下级协调，各部门、群众之间，以及各股东之间的关系协调。

（二）协调的特点

（1）公关协调是一种特殊的管理协调，协调管理抓大不放小。

（2）公关协调是一种非利益协调，作用十分有限，以情动人。

（3）公关协调是一种传播性协调，不具有行政手段。

（三）协调的主要原则

（1）施与受的互利原则。保证交往中符合交往双方的利益所需，只有满足双方利益的交往，才能长期维持。

（2）互补原则或交换原则。在双方交往中，使之能实现自己单独无法实现的目标。

（3）让步妥协原则。即在某些情况下，为使人际关系得到维持，交往双方或一方也应有所让步。公关工作主要是化解人际关系的冲突，让步妥协是为了更好地维持人际关系。

公关人员在处理人际关系时，一定要防止庸俗关系的现象。公共关系是一种公开的、光明正大的关系，而拉关系是一种见不得人的私下关系。公关人员要避免把公共关系演变为私人关系的"攻关"。

（四）协调的主要方法

1. 广交朋友，广结良缘

在协调组织人际关系上，公关人员可以采用的具体方法有很多。对于一个组织来说，建立起人际关系也是十分重要的。因为任何组织都必须要与其他组织展开广泛的交往，组织的活动需要其他组织的支持。例如，在某种层面上看，公安部门是独立的，但如果没有机关、学校、街道、居民等广泛的社会支持，想维持治安、侦破案件是不可能的。

2. 信息沟通法

组织应建立信息传播网络，开展各种各样的公关活动。如果一个社会组织信息不能沟通，内外矛盾重重，宗派复杂，互不合作，那么组织的全部力量会在内耗中消耗殆尽，在外部"四面楚歌"。公关人员必须学会激发组织成员积极性的方法，使组织具有向心力。

3. 公关危机法

（1）内部压力民主法。许多研究证明，当外界压力增大时，群体成员之间的内部冲突便减弱，甚至消失。如群体压力法就是对整个群体施加压力，使全体成员在强大的外界压力下一致对外，克服困难，从而使内部矛盾缓和。

（2）采取民主参与的方法，使成员都能够各抒己见、参与管理，培养员工对本单位的名誉感、归属感。

（3）关心每个成员的生活。帮助他们克服困难，建立起干群之间、成员之间的感情。

（4）人际关系平衡法。它通过调整群体成员对某一客体的态度来调节群体内成员之间的关系。例如，当A、B两人对客体C的看法不一致时，A、B两人间处于不平衡状态，通过调整A、B对某一方的态度，使A、B双方都对C持相同态度，这时，A、B之间的关系便会协调起来。

第三节 组织活动

按照公关工作的基本目标，公关人员需要经常组织各种专题活动。直接接触、面对面地交谈有助于私人感情的建立。在这类活动中，可以当场对某些问题做出说明，从而避免通过其他传播所造成的误会。参加活动的人员应具备相关性，传播对象是特定的，有些不宜在新闻媒介中大肆宣传的信息也可以在这类活动中做出说明。

（1）开幕式。主要用于组织创立、会议开幕、新设施庆典时的活动，这是组织自我宣传的重要形式。尤其仪式是第一印象，往往能给人们留下深刻的印象。

（2）汇报会。公共人员向组织的主要负责人和专家报告情况的会议。

（3）奖励会。主要有两种，一种是对本组织成员的奖励，目的在于鼓励其积极性，塑造典型；另一种是对非本组织的社会人士的奖励，其目的在于提高本组织的知名度，获得美誉度。

（4）庆典活动。组织较大规模的庆祝活动，引起较大范围的社会关注和交往。

（5）参观活动。本组织经过一定的计划安排，让外组织的人来参观，借此增加本组织的亲和力。

（6）宴会。属于社会交往，为了联系并答谢各方人士、各方合作者而设宴招待客人。宴会在选择上要对客人、时间、地点、形式、菜谱及席位安排做出认真筹划。宴会适宜于规格高、人数少的情况，人数多的则以冷餐会为宜。

（7）社交沙龙、专题沙龙。人们在室内进行相互交流和认识活动。沙龙的参加者应当具有共同语言、共同兴趣，是行业交往的形式。

（8）舞会。通过跳舞增强人们之间的沟通，利用舞会改善人际关系，扩大社会交往，并与社会各界建立联系。

（9）展览会。将本组织中水平较高、最有代表性、对本组织最有利的产品或物品展示给公众，塑造良好形象，使公众对本组织更了解、更感兴趣，最终达到说服公众的目的。

通过上述活动，公关人员为本组织创造了和谐的社会环境，加强了本组织的社会联系，提高了本组织的知名度。

第四节 市场推销，教育引导

一、市场推销

公共关系的市场推销功能就是推销产品、推广服务。虽然公关人员不同于推销员或产品广告员,但他们的工作最终要协助本企业的市场营销。这是因为公关工作与市场销售活动关系密切,它表现在以下几个方面。

(1)市场销售和公关工作两者在本质和形式上都是为了实现本组织与外界公众的交流,公关工作可以在实现这种交流的计划、安排、管理、控制方面为市场销售提供帮助。

(2)为了使市场销售获得成功,市场推销必须是一种战略活动而不是战术性的短期行为,市场推销的战术目标是实现销售额,战略目标是要创立名牌、创立名企业,以及获得较高的声誉与信誉,而在这方面,正是公关工作所追求的。

(3)市场销售是建立在等价交换基础之上的,公关工作在交流中也要奉行交换原则,因此两者的原则是一致的。

(4)市场销售重视对消费者的分析,必须寻找愿意购买的顾客。而公关工作特别重视对公众的分析,通过这种分析,可以为产品和服务寻找新的目标市场。

(5)市场销售是为了满足公众的需要,通过满足需要而实现组织为社会服务的功能。公关工作也是满足着公众的需要,争取公众的满意。因此,二者的活动是相互融合的。

(6)市场销售要靠一系列的策略,这些追求与公关工作也常常是一致的。

二、教育引导

在现代社会中,一个社会组织的活动状况在很大程度上取决于日新月异的科技,教育引导已成为当务之急。公关工作担负着配合企业开展培训员工的任务,主要包括文化和技术两个方面的培训。

1. 教育引导的主要内容

(1)培养员工对企业的责任感、归属感,关心、重视企业的形象和声誉。

(2)培养积极、主动、勤劳的工作态度。

(3)培养坚韧不拔、勇于奋斗的精神。

(4)培养组织性、纪律性,使员工遵守组织规范;培养道德观念,使员工能成为高尚的人。

(5)培养团结合作精神。

2. 常用的教育引导方法

个人鼓励法可以激励员工的自觉性,如宣传员工自觉性的具体标语。

人的进步,自我努力固然是第一要素,但外界因素也不可小觑。正所谓鼓励使人进步,打击使人落后,由衷的夸奖和鼓励是人类心灵的甘泉。

附:标语

(1)领导人的格局,就是团队的结局;领导人的资讯,就是团队的自信。

(2)领导人不学习,将是团队的灾难。

(3)与其教他开发市场,不如教他开发思想。

(4)业绩不是保障,团队不是保障,只有教育训练才是发展的保障。

(5)相互借力才叫合作,否则就是利用。

(6)培训的密度决定团队发展的速度,会议的效率决定团队的成功率。

(7) 领导人干大事，我们干实事。
(8) "4个凡事"：凡事积极主动，凡事全力以赴，凡事用心，凡事负责任。
(9) 个人没目标会懒散，团队没目标会离心。
(10) 人在一起是团伙，心在一起才是团队。

第五节　处理突发事故，获取社会整体效益

一、处理突发事故

在社会组织的活动中，有时会发生一些突发事故，如火灾、飞机失事、火车脱轨、有毒物品外泄、因产品质量而造成的纠纷等。这时，组织面临危机，公关部就担负着协助组织查清事故原委和善后处理的工作。社会组织可能遇到的主要事故有以下两种。

(1) 组织内部，多为生产安全事故、职工重大冲突、饮食卫生事故等。
(2) 组织与服务对象的冲突或纠纷，如竞争者纠纷、产品质量低劣而引起的冲突，以及环境冲突等。

二、获取社会整体效益

任何社会组织，如果它以损害社会利益为代价，那么，这种发展绝不可能持久，必然会遭到公众的反对。对于公共关系职业的日益兴起，与社会越来越重视企业、公司组织对社会整体的效益有关。公关人员实际上起着权衡社会组织效益的功能，从各个角度考察组织与社会的联系。组织与社会的联系主要表现在以下几个方面。

(1) 经济联系。社会组织与社会在物资方面、生活资料方面及生产经营方面的联系，由此产生效益。
(2) 人员联系。即社会组织所需的人员来自社会，社会输送人员乃至人才，由此产生人员效益。
(3) 社会联系。包括社会组织在政治文化、社会生活、社会秩序、人际交往等大多领域中与社会发生的关系，由此产生社会活动效益。
(4) 文化联系。即社会组织对社会文化领域的影响、文化资源等，并由此产生文化效益。
(5) 自然环境联系。社会组织与自然环境的交互影响，产生生态环境效益。

公关人员必须在考虑上述各方面的基础上，增进整体效益。

习　题

分析题

1. 日本东京一家贸易公司有一位秘书小姐专门负责为客商购买车票。客商中有一位德国人，是一家大公司的商务经理，经常请她购买来往于东京和大阪之间的火车票。不久，这位经理发现：每次去大阪时，座位总在右窗口，返回东京时又总在左窗边。这位经理问小姐什

么缘故，秘书小姐笑着回答："车去大阪时，富士山在您的右边；返回东京时，山又到了您的左边。我想，外国人都喜欢日本富士山的壮丽景色，所以我替您买了不同位置的车票。"德国人听了大受感动，心想："对这么微不足道的小事，这家公司的职员都能想得这么周到，那么，跟他们做生意还有什么不放心的呢？"于是，他决定把同这家日本公司的贸易额由原来的400万欧元提高到1 200万欧元。

问题： 根据案例说明公关工作的作用。

2. 1957年某日，美国首都华盛顿的主要干道上竖立着巨型彩色标牌："欢迎您，尊贵的法国客人！""美法友谊令人心醉！"整洁的售报亭悬挂着一长列美法两国的小国旗，它们精致玲珑，在微风中轻柔地飘拂，传递着温馨的情意。报亭主人特意设计并绘制的今日各报的广告牌上，最鲜艳夺目的是美国鹰和法国鸡干杯的画面和"总统华诞日贵宾驾临时"及"美国人醉了"等大标题，它们吸引着络绎不绝的路人光临。马路上，许多轿车、摩托车、自行车涌向白宫……

白宫周围已是人山人海。人们满面笑容，挥动法国小国旗，期待着贵宾的出场。贵宾是谁呢？不是政府要员，不是社会名流，在美国总统艾森豪威尔诞辰日，光临华盛顿的法国特使却是两桶法国白兰地。

这是怎么回事？原来，这是法国公关专家精心策划实施的一幕公关杰作。

白兰地当时在法国国内已享盛誉，畅销不衰。厂商的目光开始瞄向美国市场。为此，他们邀集了几位公关专家，慎重研讨公关方案。受聘请的专家们通过调查，搜集了有关美国的大量信息，并经仔细斟酌，提出了一项颇具新意的设计。

公关宣传的基点是法美人民的友谊，整个规划的主题是"礼轻情意重，酒少情意浓"。择定的宣传时机是美国总统艾森豪威尔67岁寿辰。要求公关活动尽可能广泛地利用法美两国的新闻媒介，赠送的是两桶窖藏长达67年的白兰地酒。贺礼由专机送往美国，酒桶特邀法国著名艺术家特别设计制作。然后于总统寿辰日，在白宫的花园里举行隆重的赠送仪式，由4名英俊的法国青年身穿法兰西传统的宫廷侍卫服装抬着这两桶白兰地正步前行，进入白宫。

这项公关规划立即得到公司最高决策者的批准，并且获得法国政府的赞赏和支持，外交渠道的绿灯也亮了。

于是，美国公众在总统寿辰一个月之前就分别从不同的传播媒介获得了上述信息。一时间，法国白兰地成了新闻报道、街谈巷议的热门话题。千百万人都翘首以盼地等待这两桶名贵的白兰地的光临。于是，便出现了前面所述的万人空巷的盛况。当这两桶仪态不凡的美酒亮相时，群情沸腾，欢声四起，有些人甚至大声唱起了法国国歌《马赛曲》。此时，美国公众似乎已经闻到了清醇芬芳的酒香，更由此而品尝到了友谊佳酿的美味。从此法国白兰地昂首阔步地迈进了美国市场。国家宴会和家庭餐桌上几乎都少不了它的倩影。

(资料来源：奎军，1998. 公关经典100[M]. 广州：广州出版社.)

问题：

（1）法国白兰地的公关活动为什么能成功？

（2）结合法国白兰地的案例，谈谈在公共关系策划中如何注意时机的选择以及抓住名人效应。

公共关系机构与人员——公共关系主体

公关部的设置，公共关系人员培训。

公关公司的特点，公共关系人员的基本素质要求。

第一节 组织内部公共关系机构

公共关系管理职能和传播沟通功能的发挥，必须依靠专门的人员开展系统、专业的工作；而且随着现代社会经济的快速发展，公共关系的职业化特征越来越显著，也要求必须有专门的机构和人员来从事这项工作。

组织内部的公共关系机构一般称为公关部，它是企业为开展公共关系而专门设立的职能机构，负责组织的各项公共关系业务工作。

一、公关部的特点

公关部作为履行公共关系职能的专门机构，与组织中的其他部门相比，具有以下特点。

1. 专业性

公共关系工作的最终目标是要塑造良好的企业形象。为此，需在公共关系意识的指导下，借助科学的方法和手段，开展各项业务工作，因此它是一项专业性、科学性很强的工作。与一般的行政事务、送往迎来的工作有着本质的区别，要求必须经历过良好训练的专门人才来开展工作。

2. 协调性

公共关系的一项重要工作是协调沟通，组织对内对外都需要协调关系。这决定了公关部具有不同于一般职能部门的特点，即公关部不仅要完成自身的业务工作，还承担着沟通协调企业内外关系，树立企业良好形象等重要职责。其作用的发挥表现为对内向企业各部门和各职能机构提供有效的咨询服务和支持，对外协调组织间的关系，以推动企业取得更好的发展。

3. 参谋性

公关工作很大一部分事务是监测环境、采集信息，为组织提供信息、咨询建议和决策参谋。

二、公关部的设置原则

1. 精干性、高效性原则

公关部的组建、结构设置和人员规模等，必须根据企业目标、公关工作的实际需要来确定，本着精简高效的原则，从实际出发、因地制宜、科学决策。

2. 专业性原则

公关部能否真正发挥公共关系的功能，在促进组织经营能否切实显现出应有的效力，这在很大程度上取决于公关部的专业程度。因此，组建公关部之初就必须考虑两个基本问题：一是组织公关工作的层次、内容等客观要求；二是组织内部人员的实际状况。只有保证公关部从组建开始就具备相当专业的水准，才能为日后企业公关工作的有效开展打下基础。

3. 协调性原则

在实现公共关系目标的过程中，公关部与组织其他职能部门之间在工作上存在着合作、交叉的复杂关系；而且，公关部门担负着组织内部沟通协调的重任。因此，为确保日后公关工作能够与组织各管理工作密切配合、高效工作，在设置公关部门时，必须考虑公关部协调机能的问题。

4. 目标性原则

组织决策者必须对公共关系的科学性和重要作用有正确、深刻的认识，公关部要想起到它应有的作用，关键就在于被委以重任并授予相应的权力，这样才能保证公关部工作的有效性。

三、公关部在组织机构中的位置

公关部在企业组织机构中处于怎样的位置，直接影响到公共关系工作的开展和公共关系功能的发挥。在实际工作中，公关部在企业中的设置主要有以下几种类型。

1. 直接隶属型

直接隶属型是指公关部受企业最高管理层直接管辖，由总经理或副总经理担任公关部的负责人，如图3-1所示。

图 3-1　直接隶属型

直接隶属型是一种较为理想的模式，公关部相当于企业最高管理层的特殊的"决策智囊"机构，各种意见、信息和建议可以直接反映到企业的决策层。此外，公关部还可以承担起各职能部门之间的信息沟通和协调工作。

2. 部门并列型

部门并列型是指公关部作为企业普通的一个职能部门，具有一定的决策权和指挥权，并能独立地开展各项公共关系业务，如图 3-2 所示。

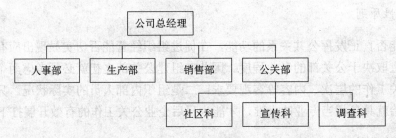

图 3-2　部门并列型

部门并列型沿用了直线职能制组织机构的设置方法，与其他职能管理部门并列成为企业的中层管理机构，在实际工作中，由于条块分割而容易妨碍公关部沟通协调职能的发挥。

3. 隶属型

隶属型（部门所属型）是指公关部受某一职能部门（如办公室或销售业务部门）的领导，公关部的负责人与企业最高决策层保持某种特殊的信息沟通，公关部经理可以列席企业最高决策层的某些会议或参加某些活动，如图 3-3 所示。

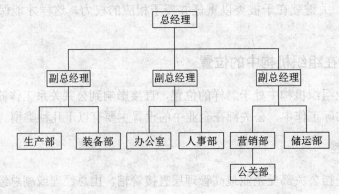

图 3-3　隶属型

4. 总经理直接负责型

总经理直接负责型易使公关部职能偏重于所隶属的部门的职能，而且由于公关部的行政层次较低，从整体上看不利于公共关系工作的全面、深入开展，如图3-4所示。

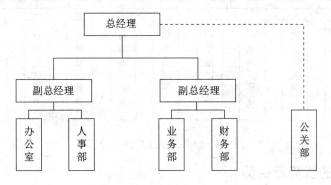

图3-4　总经理直接负责型

四、公关部内部的分工与结构

企业公共关系工作的具体特点和要求决定了公关部内部的分工与结构。由于分工不同，内部结构则各不相同。

（1）根据公共关系工作对象确定公关部的内部结构，如图3-5所示。

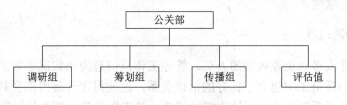

图3-5　公关部的结构

（2）根据公共关系业务进行内部分工，如图3-6所示。

（3）根据公共关系工作区域进行内部分工，如图3-7所示。

企业公关部内部分工并没有统一的模式，企业应根据自身的际情况，本着行之有效和高效率的原则来进行分工。

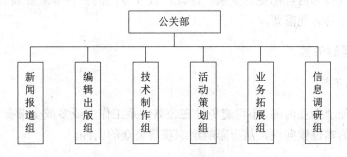

图3-6　公共关系业务内部分工

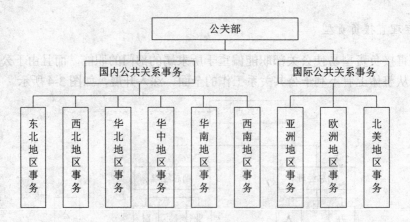

图 3-7　公共关系工作区域分工

五、公关部的优势及劣势

（一）公关部的优势

1. 主动性和持续性

公关部的成员与企业其他员工一样，同处在企业团体中，为企业发展积极工作是他们的本分。与外聘公共关系咨询公司相比，公关部的工作具有持续性，从而保证了企业公共关系工作的系统性和连续性。

2. 知晓性和沟通性

公关部的工作人员对企业内部的人员、管理工作及信息沟通状况非常清楚。而且，长期的公关实践使他们在员工中建立了良好的信任关系，这使得在开展内部公共关系工作时，公关部具有外部公共关系咨询公司无法比拟的优势，其工作更具权威性和说服力。

3. 经济性和实用性

企业公共关系工作纷繁复杂，除了某些重大的项目活动外，还包括大量日常的内外公共关系事务，这些工作由公关部来完成，显然具有经济性和实用性。尤其是大型企业，其内外公共关系业务的规模和内容都更为复杂，因此，设立专门的公关部来处理公共关系业务工作更是企业管理工作的客观需要。

（二）公关部的劣势

1. 客观公正不够

因为公关部处于企业内部，不可避免地在公共关系工作中或多或少带有一定的主观色彩，如新闻稿件撰写的本位倾向性，从而影响组织获得公众的信任。

2. 经验阅历不够

公关部的工作一般仅局限于企业所属的行业，这使它与外界的交往受到一定程度的限制，或使它仅限于参加某些种类的活动等，横向开发较少，给企业公共关系工作的拓展带来一定的局限性。

3. 系统训练不够

公关部的人员很有可能是从别的岗位上调过来的非专业人员，由于其缺乏职业教育和训练，科学素养与职业技能不够，可能直接影响企业效益。

解决上述问题的途径就是聘请公共关系咨询公司，这是企业公共关系工作时应借用的外脑。特别是在开展一些大型活动和专业性很强的公共关系工作时，如企业形象识别系统导入、财经传播，以及制作较复杂的影视资料等，可以聘请或委托外部公共关系咨询公司来完成。

第二节 公共关系咨询公司

公共关系咨询公司及公关顾问公司是由具备专长的公关专家和专业技术人员组成，专职为公众提供公关咨询服务的专业机构。

当前，公共关系咨询公司已经在全球成为咨询产业中一个新兴的、蓬勃发展的分支，它们为社会提供高水平的、全面的公共关系服务，在社会生活中发挥着越来越重要的作用。

一、公共关系咨询公司的特点

1. 客观性

公共关系咨询公司独立于组织之外，观察、分析问题具有客观性，从而对于组织的公共关系问题能够以理性的态度，实事求是地进行分析，易于做出客观的评价。

2. 趋势分析具有权威性

公共关系咨询公司利用专业性公司在人才、技术、经验等方面的优势，可以为客户提供高水平的咨询意见和策划方案，容易受到企业决策者的重视。

3. 信息广泛性

公共关系咨询公司在长期的专业实践中，与政府部门、新闻媒介、社会团体等有着密切的联系，建立起了一套较为完备的信息来源和渠道网络。

4. 操作规范性

公共关系咨询公司拥有专业素质较高、训练有素的工作人员队伍，在长期的工作实践中积累了规范化操作的经验，可以为客户提供较高水平的规范化服务。由此可见，公共关系咨询公司在人员、技术、设备、经验、信息传播、规范化操作等方面具有企业内部公关部无法企及的优势。

明确公关部的优势及劣势，一方面可以促进改进工作，另一方面可以在比较内部公关部和聘用外部公共关系咨询公司的经济性时，有一个基本的尺度。

二、公共关系咨询公司的种类

公共关系咨询公司主要有以下三种类型。

1. 公关与广告综合的公司

公关与广告的综合公司既经营广告业务，也提供公关咨询服务。由于广告公司拥有较强的资金实力、较高的技术水平和职业水平，而公共关系咨询业的起步和发展都较晚，再加上公共关系与广告在业务上有交叉，于是出现了合营现象。从目前来看，这种合营公司不在少数。但是，随着社会经济的发展，社会上对公共关系咨询的需求量越来越大，因而在这种合营公司内部，公共关系业务的份额也在逐渐增大。

2. 开展综合性公关业务的专业公关咨询公司

此类公司是为客户提供综合性的公共关系服务的公司，其服务项目有环境调研、新闻发布、协调关系、大型活动策划、传播设计、实施各类宣传、人员培训等。其服务对象涉及工商企业、政府部门，以及各种机构和组织。这类公关公司的专业技术人员齐全、设备完善、实力雄厚、策划操作水平较高，如爱德曼国际公关集团。

3. 开展专项公关业务的公共关系咨询公司

此类公司只提供专项公共关系咨询服务，如专门为客户提供设计各种宣传材料的公关公司，或专门为客户提供媒介关系服务的公司等。这类公司规模较小，但专业性较强，可以为用户提供较高水准的专项服务，如恩波智力公司。

三、企业聘用外部公关公司开展活动的原因

外部公关咨询公司是企业的"外脑"，是企业开展公关工作可以充分利用的一项资源。企业聘用外部公关咨询公司的原因主要有以下几点。

（1）由于主客观条件的限制，企业没有组建内部公关部，又有公关业务需及时处理。
（2）企业缺乏某项公共关系活动的策划经验，同时也缺乏指导实施这一活动的经验。
（3）企业总部远离信息与经济中心，需要可靠及时的信息来源和信息传播渠道。
（4）需要通过公共关系咨询公司与外界保持更广泛的联系。
（5）需要专门的媒介关系服务。
（6）要聘请有经验的顾问专家。
（7）企业迫切要求拓展国际经营空间。
（8）内部沟通实务需要，如专项活动等。

四、公共关系咨询公司的收费方式

公共关系咨询公司的收费方式有两种：项目收费和计时收费。

1. 项目收费

项目收费即按公共关系业务项目的总费用支出，经由公关咨询公司与客户双方协调商定，

采取一次性预支、项目结束后一次性付清或分次付款等方式。公共关系咨询公司对某项公共关系委托业务的收费项目主要包括咨询服务费、行政管理费、项目活动经费、项目利润等。项目收费方式主要适用于持续时间较长、规模较大、内容复杂的委托项目。

2. 计时收费

计时收费按提供咨询服务的时间进行收费。收费标准一般由咨询人员及委托项目的难易程度来确定。

第三节 公共关系层次与人员

公共关系工作的最终目标是为企业塑造良好的组织形象。围绕这个最终目标需要开展多层次系统性的工作，如组织形象战略的总体确立与具体策略贯彻实施；管理手段的运用；传播沟通活动的开展；组织内外各类关系的沟通协调；组织的初建传播，发展中的不断维持、巩固和提升；与各类公众一般性的人际协调和重点公众的沟通；市场调研等。

公关的应用范围非常广泛，公关从业人员必须具备市场的观念，一切活动都来自市场，由市场来检验。公关人员的知识结构应该是多元化的，如市场营销、广告、人力资源、企业文化、经济法、礼仪修养等在学公关知识前就应具备，还应具有多种才能。

一、公共关系层次

（一）公共关系工作层次

在纷繁复杂的工作中，要求公共关系人员必须在现代公共关系意识的指导下，遵循公共关系工作的基本规律，综合运用科学的手段和方法，并充分发挥丰富的想象力和独创精神，实现公共关系最终目标并开展各项工作。对公共关系工作层次的科学划分，一是为了清楚认识公共关系工作的不同表现层次，以及对不同层次的公共关系人员的特殊要求；二是有利于明确认识公共关系决策、公共关系战略计划和公共关系策划在公共关系工作中的地位与作用，促进企业最高决策者对于高层次公共关系工作的重视，切实提高企业公共关系工作水平。

按照工作层次和性质的区别，可将公共关系工作划分为以下三个层次。

1. 初级层次

初级层次指一般的人际交往、接待和一般的管理事务工作。初级层次的公共关系工作是整体公共关系不可缺少的基础，但它只是公共关系最浅层次的表现。

2. 中级层次

中级层次指公共关系业务工作的主要执行层，表现为实施各项公共关系传播沟通的业务工作，具体就是执行、实施和保证公共关系战略意图。中级层次的公共关系工作是整体公共关系工作的坚强支撑。

3. 高级层次

高级层次指公共关系战略计划和公共关系策划。公共关系战略计划和公共关系策划是公共关系工作的统领和核心，企业总目标能否达成直接取决于高级层次公共关系工作的状态和水平。高级层次属于公共关系工作的决策层面，决定着企业公共关系工作的总体态势和发展方向，是公共关系总体工作和具体活动开展的纲领性指导。

（二）公共关系人员层次

根据划分的公共关系工作层次，可以把企业公共关系人员划分为两大层次：策划层（或决策层）和执行层。

1. 策划层公共关系人员

策划层公共关系人员是公共关系决策的主要人员，即公关部经理。策划层公共关系人员的主要工作内容包括：

（1）拟订企业公共关系战略计划。
（2）拟订年度公共关系计划。
（3）做好大的公共关系策划工作，如重大活动的策划等。
（4）沟通与协调企业内部各职能部门关系。
（5）与企业最高决策层及企业外部重要公众之间的信息沟通。
（6）对公共关系工作进行总体的（人、财、物等方面）管理与控制。

2. 执行层公共关系人员

执行层公共关系人员，是从事中级层次和初级层次公共关系工作的人员。他们担负着执行公共关系决策，实施公共关系措施，确保公共关系阶段目标和战略目标实现的重任，他们的工作是公共关系战略和公共关系策划意图得以实现的重要保证。执行层公共关系人员包括公共关系业务人员和公共关系礼仪事务人员两类。

（1）公共关系业务人员。公共关系业务人员指从事具体公关传播沟通业务和管理的人员。其工作内容主要包括：

① 各种公关调查的组织与实施。
② 公共关系新闻与传播实务，包括新闻联络、撰写新闻稿件等工作。
③ 各项公关专题活动的组织实施与效果评估。
④ 各类公众传播沟通工作的实施与管理。
⑤ 公共关系广告活动。
⑥ 各种文字资料的起草与编撰工作，如新闻稿、信件、报告、宣传手册、员工手册、企业内部刊物、各种文件等。
⑦ 各种公关宣传用品的设计与制作。
⑧ 内部员工公共关系培训。

（2）公共关系礼仪事务人员。公共关系礼仪事务人员主要负责企业的送往迎来，以及一般性的行政管理事务（如秘书等）工作。这类工作是公共关系的基础工作。公共关系礼仪事务人员要具有良好的道德品质，通晓礼仪，具有良好的文化素养，受过职业训练。

二、公共关系人员

成功的公共关系人员应具备以下几个基本条件。

（一）良好的素质

素质是心理学中的概念，它是指人的神经系统和感觉器官上先天的特点。

公关人员应具有良好的基本素质，如善良、诚信、公平、守则，主要包括平和开朗的性格、敏锐的思维判断能力、丰富的想象力、创造的精力和高度的工作热情、乐于助人和服务他人的精神、进取、阳光等。良好的个人素质是公共关系人员取得成功的必要条件。

> **案例 3-1**
>
> 孔子有一天外出，天要下雨，可是他没有雨伞，有人说："子夏有，跟子夏借。"孔子说："不可以，子夏这个人比较吝啬，我借的话，他不给我，别人会觉得他不尊重师长；给我，他肯定会心疼。"
>
> **案例分析：**
>
> 与人交往，要知道别人的特点，不要用别人的短处来相处和考验，否则就会使人难堪。

> **案例 3-2**
>
> 早年在美国阿拉斯加，有一个年轻人结婚后，他的太太因难产而死，留下了一个孩子。丈夫忙于生活，又忙于看家，因没有人帮忙看孩子，就训练了一只狗。那只狗聪明听话，能咬着奶瓶喂奶给孩子喝，照顾孩子。
>
> 有一天，主人出门了，让它照顾孩子。他到了别的乡村，因遇大雪，当日不能回来。第二天赶回家后，狗立即闻声出来迎接主人。他把房门打开一看，到处是血，抬头一望，床上也是血，孩子不见了，狗在身边，满口也是血。主人发现这种情形，以为狗凶性发作，把孩子吃掉了，大怒之下，拿起刀来向着狗头一劈，把狗杀死了。
>
> 之后，忽然听到孩子的声音，只见孩子从床下爬了出来，于是他抱起孩子。他发现孩子虽然身上有血，但并未受伤。
>
> 他很奇怪，不知道究竟是怎么一回事，再看看狗身，腿上的肉没有了，旁边有一只狼，口里还咬着狗的肉。狗救了小主人，却被主人误杀了，这真是天下最令人痛心的误会。
>
> **案例分析：**
>
> 性格冲动有巨大的危害性。冲动下做的决定往往都是错的，遇见问题必须先冷静分析，因为冲动若是能解决问题人类就会跟野兽一样，不需要用大脑思考了。

案例 3-3

有一位单身女子刚搬了家,她发现隔壁住了一户穷人家,家里只有一个寡妇与两个孩子。有天晚上忽然停电了,那位女子只好自己点起了蜡烛。没一会儿,忽然听到有人敲门。

原来是隔壁邻居的孩子,只见他紧张地问:"阿姨,请问你家有蜡烛吗?"女子心想:"他们家竟穷到连蜡烛都没有吗?千万别借给他们,免得被他们赖上。"

于是,她对小孩说:"没有。"正当她准备关上门时,那小孩面露关爱的笑容说:"我就知道你家一定没有!"说完,他从怀里拿出两根蜡烛,说:"妈妈和我怕你一个人住又没有蜡烛,所以我带来两根送给你。"

案例分析:

善良是人最重要的品质。

(二)广博的知识修养

1. 专业知识

公关是一门学科,从事公关工作必须掌握公关的基本规律,以及相关的技术和方法,如新闻写作、调查技术、信息传播、摄影美工、宣传演讲等。这些是胜任公关工作的基本前提条件。因此,公关人员应受过专业教育,系统地学习过相关理论知识,掌握一定的专业技术。

2. 具备全面的知识结构

公关学是一门综合性应用学科,要求公关从业人员必须具备较为全面的知识结构,拥有广博的知识,如管理学、市场学、新闻传播学、社会心理学、广告学、经济学、统计学、交际学、财务会计,以及外语、地理、历史、写作、编辑、演讲等多种知识。博学多才是公关人员取得成功的基础。

(三)多方面的能力

1. 较强的业务工作技能

业务工作技能是公关人员先天素质加后天学习训练的结果,是公关人员运用专门技术开展工作并取得成效的能力。

(1)管理能力。从本质上说,公关是一项特殊的管理职能,公关工作的开展离不开有效的指挥、计划、组织、协调,即要求公关人员必须具备较强的管理能力。

(2)交际能力。公关人员担负着加强企业与社会各界公众的往来,增进彼此之间了解与理解的重任,具备良好的交际能力会使公关人员赢得更多的公众的信任与支持,保证公共关系工作顺利开展。

案例 3-4

单位里调来一位新主管,大多数的职员很兴奋,据说他能力很强,专门被派来整顿业务。可是日子一天天过去,新主管却毫无作为,每天彬彬有礼地走进办公室后,便"躲"在里面不出门,那些本来紧张得要死的"坏分子",现在反而更猖獗了。

几个月过去了,就在人们正对新主管感到失望时,新主管却发威了:"坏分子"一律开除,能人则获得晋升。下手之快,断事之准,与之前表现保守的他,简直像是全然换了个人。

年终聚餐时,新主管在酒过三巡之后致辞:"相信大家对我新到任期间的表现和后来的大刀阔斧,一定感到不解,现在听我说个故事,各位就明白了。我有位朋友,买了栋带着大院的房子,他一搬进去,就将那院子全面整顿,杂草、树一律清除,改种自己新买的花卉,某日原先的屋主来访,进门大吃一惊地问:'那最名贵的牡丹哪里去了?'我这位朋友才发现,他竟然把牡丹当草给铲了。

后来他又买了一栋房子,虽然院子更是杂乱,他却是按兵不动,果然冬天以为是杂树的植物,春天里开了繁花;春天以为是野草的,夏天里成了锦簇;半年都没有动静的小树,秋天居然红了叶。直到暮秋,他才真正认清哪些是无用的植物,进而大力铲除,并使所有珍贵的草木得以保存。说到这儿,新主管举起杯来说:"让我敬在座的每一位,因为如果这办公室是个花园,你们就都是其间的珍木,珍木不可能一年到头开花结果,只有经过长期的观察才认得出啊!"

案例分析:

判断是建立在知识和冷静的观察与分析中的,不要急着对事情下判断,因为一个错误的判断比正确的判断更可怕。

(3)文字表达能力和口头表达能力。公关人员应具备较强文字表达能力,良好的口头表达能力也是公关人员开展工作的基本技能。1982 年,在美国洛杉矶召开的中美作家会议上,美国诗人艾伦·金斯伯格请中国作家蒋子龙解一个怪谜:"把一只 5 斤重的鸡放进一个只能装 1 斤水的瓶子里,您用什么办法把鸡拿出来?"蒋子龙说:"您怎么放进去,我就怎么拿出来。您显然是凭嘴一说就把鸡放进了瓶子,那么我就用语言这个工具再把鸡拿出来。"艾伦·金斯伯格不由得赞赏道:"您是第一个猜中这个怪谜的人。"

"你怎么放进去,我就怎么拿出来。"这句话除了具有"我用你放进去的方法拿出来"的字面意思外,实际上还隐含着另一个信息——"如果你根本就放不进去,我也就无须拿出来"。这样,一个烫手的山芋被蒋子龙成功地抛了回去。

(4)应变适应能力。应变适应能力指公关人员在面对各色公众和复杂的工作环境时,能够表现出沉着应付、正确决断、妥善处置的能力。"方以类聚,物以群分",人以职业不同而分别相聚,事物以种类不同而各自为群。这种群分能力来源于公关人员广博的知识、良好的个人素质和丰富的实践经验。是否具备良好的应变适应能力是衡量一位公关人员成熟与否的重要标志。

如沙叶新妙引成语:有一次,沙叶新应邀出访美国,与美国社会各界人士进行了广泛的沟通与交流。当时,有人向沙叶新突发奇问:"您认为是美国好还是中国好?"他从容回答:"美国虽然科技发达但有自身的弊端,中国虽然科技落后于美国但有自身的好处。美国、中国都有自身的缺陷,这叫'美中不足'……"一段话下来,紧张的气氛顿时变得和谐。

这也是一个"两难"的问题。沙叶新接过话茬就不偏不倚地各"三十大板",对中美两国均一分为二,既肯定好的一面,也指出不足的一面,可谓合情合理,公正客观。"美中不足"这一成语的引用,实在精妙。这个回答,风趣灵活,且辩证分析,沙叶新不愧为"腹有诗书口自畅"的智者。

以上经典对话,是名师们学识渊博、积淀深厚的灵光"一闪",因为读书破万卷,达到了"胸藏万汇凭吞吐,腹有诗书语自华"的境地,再加上年年演讲于"象牙塔",被万千思维活跃学子磨炼得语言睿智、反应机敏、应答如流、语出惊人。

2. 开拓创新能力

《周易·系辞上》:"引而伸之,触类而长之,天下之能事毕矣。"公关工作是科学性和艺术性的高度完美结合,在组织内外环境剧烈变化的现代社会里,为促使企业得到更快更好的发展,公关人员必须具备强烈的开拓创新意识,积极开展创造性的工作,力争走在时代的前列。

(四)丰富的社会经验

公关人员应具有丰富的工作经验、策划经验、生活经验等。著名作家刘绍棠到国外访问,一位外国记者不怀好意地问:"刘先生,听说贵国进行改革开放,学习资本主义先进的科学技术和管理方法,这样一来,你们的国家不就变成资本主义了吗?"刘绍棠反戈一击:"照此说来,你们喝了牛奶,就会变成奶牛了?"

学习资本主义先进的科学技术和管理方法就会变成资本主义国家,这显然是一个谬论,刘绍棠根据这一谬论,设置了一个与之相关的谬论——喝牛奶就会变成奶牛。这样,也就构成了一种与对方谬论相同而又荒唐的关系,产生了强大的反驳威力,一举就驳倒了对方。

(五)规范的仪表仪态

规范的仪表仪态指着装规范、姿势雅观、举止大方。规范的仪表仪态可以提升个人素质,方便交际应酬,还可以维护企业形象。该部分内容将在下编详细介绍。

(六)高尚的品德情操

在与各界公众的往来中,公关人员就是组织的代表。他们的言行直接影响着公众对组织形象的评价。优良的人品、高尚的道德、严谨的作风是社会公众对公关人员素质的基本要求,也是企业赢得公众好感、信任与爱戴的重要基础。《周易·坤》:"君子以厚德载物。"大地的气势厚实和顺,君子应增厚美德、容载万物,道德高尚者才能承担重大任务。

案例 3-5

从战场归来的美国士兵在旧金山给他的父母打电话:"爸妈,我回来了,可是我有个不情之请。我想带一个朋友同我一起回家。""当然好啊!"他们回答,"我们会很高兴见到的。"

不过儿子又继续说下去:"可是有件事我想先告诉你们,他在战场上受了重伤,少了一条胳膊和一条腿,他现在走投无路,我想请他回来和我们一起生活。"

"儿子，我很遗憾，不过或许我们可以帮他找个安身之处。"父亲又接着说，"儿子，你不知道自己在说些什么。像他这样残障的人会对我们的生活造成很大的负担。我们还有自己的生活要过，不能就让他这样破坏了。我建议你先回家然后忘了他，他会找到自己的一片天空的。"就在此时儿子挂上了电话，他的父母再也没有他的消息了。

几天后，这对父母接到了来自旧金山警局的电话，说他们的儿子已经坠楼身亡了。警方相信这只是单纯的自杀案件。于是他们伤心欲绝地飞往旧金山，并在警方带领之下到停尸间去辨认儿子的遗体。

那的确是他们的儿子，但惊讶的是儿子居然只有一条胳膊和一条腿。

案例分析：

宽大待人是一种极好的品质。

（七）全员的公关意识

《周易·系辞上》："二人同心，其利断金；同心之言，其臭如兰。"二人同心同德，力量好比锋利的刀剑，可以切断金属。后以"二人同心，其利断金"喻指紧密团结，力量无敌。

1. 培养员工的公关意识十分重要

公关不只是公关部的责任，进行员工素质培养，推行全员公关，是各种社会组织不应忽视的。当前不少公司的员工宁输公司的形象也不愿输理，因小失大，便是源于公关意识的薄弱，看不到形象作为无形资产对于公司的巨大价值。因此，教育员工是必要的。

2. 形象意识

公关工作要塑造的一个重要方面是组织的社会形象，而一个组织的形象是否表里如一，就在于其在经营活动中是否勇于承担与其形象相对等的社会责任与义务。塑造形象的公关工作当从点滴做起，而现在一些企业热衷于"大手笔"，重视媒体公关，往往忽视了日常公关管理，这正是造成企业名声在外，而消费者却不满意的现象的原因之一。

3. 责任意识

勇于承担责任是组织公关的一种境界。怕担责任甚至出了事拒绝承担责任的组织是让消费者寒心的。此类行为一旦发生，必然使组织的美誉度大受损害。而积极承担社会责任与义务，是真公关和假公关的分水岭。

4. 危机意识

"勿以善小而不为"，公关无小事。公关危机大都是由小事件引起的。消除隐患、防微杜渐是危机公关的主要原则。出现危机就手忙脚乱，无应对之策，就说明公关管理仍有漏洞。公关应从小事抓起，而不是在引起轩然大波之后再来处理。

习 题

一、综合题

1. 有一位麻脸教师去当一个纪律不很好的班级的班主任,在他到达教室后,发现黑板上已经有学生画了一幅他的漫画。如果是你,你会怎样?

2. 有一家公司计划开发某地的鞋业市场,因此派 A、B 两人前往调查相关情况。他们去后发现当地人根本不穿鞋。请问 A、B 应如何处理?

3. 《三国演义》里庞统是与诸葛亮齐名的,经人举荐给吴主,孙权面见不喜;来到蜀,刘备一开始也不重用。其主要原因何在?

二、分析题

1. 国有企业 A 公司是国有企业,公司激励机制不够完备,甲作为营销主管工作很出色,深得领导的信任,有望升职加薪。

客户 C:在 A 公司甲的努力下,与 C 建立了良好的关系,就在准备与 C 签合同时,甲的朋友 B 公司经理乙得知此事,要求 A 公司的营销主管甲将与 C 公司的业务私下让给 B 公司,告知甲将得到比 A 公司更多的利益,并请求他看在大家是好朋友,且 B 公司刚起步需要帮助的份上,同意乙的请求,并暗示如果不帮忙,可能朋友也没得做了。

民营公司 B:刚运营不久,企业效益较差,但机制灵活,老总乙和 A 公司的营销主管甲是好朋友。

问题:

(1) 作为甲,你该怎么办,既不伤害乙,又能保全自己的生意,实现加薪升职?

(2) 作为乙,你应该怎么办,才能达到自己的目的?

2. 一个初春的夜晚,大家已经熟睡,一对年迈的夫妻走进一家旅馆,可是旅馆已经客满。前台侍者不忍心深夜让这对老人再去找旅馆,就将他们引到一个房间,说:"也许它不是最好的,但至少你们不用再奔波了。"

老人看到整洁干净的屋子,就愉快地住了下来。

第二天,当他们要结账时,侍者却说:"不用了,因为你们住的是我的房间。祝你们旅途愉快!"

原来,他自己在前台过了一个通宵。老人十分感动,说:"孩子,你是我见到过的最好的旅店经营人,你会得到报答的。"侍者笑了笑,送老人出门,转身就忘了这件事。

有一天,他接到一封信,里面有一张去纽约的单程机票,他按信中所示来到一座金碧辉煌的大楼。原来,那个深夜他接待的是一个亿万富翁和他的妻子。富翁为这个侍者买下了一座大酒店,并深信他会经营管理好这个大酒店。

这就是著名的希尔顿饭店和他首任经理的传奇故事。

问题:如果是你,你在老夫妻入住时的选择是什么?

第四章

公共关系的对象——公众

公众的分类。

公众的特点，公众的分类，基本目标公众分析。

第一节 公共关系工作对象

公共关系首先要明确的就是自己的工作对象，就是与谁公关？所有公关工作的对象，就是各种各样的"公众"。一个组织只有正确地认识和把握自己的公众对象，才能有针对性地制定公共关系的目标、策略和方法，使组织的公共关系工作建立在科学的基础上，提高公关工作的有效性和成功率。

本章主要介绍公众的概念、公众的特点、公众分类的方法及意义、基本公众的构成分析。

一、公众的概念和特点

（一）公众的概念

公共关系又被称为公众关系，在公共关系中，公众指作为该组织公关活动目标的、具有某些共同联系和相关性的群体、团体、组织、个人。公众总是随公关人员活动对象的改变而不断变换。在公关工作中，由于公众有不同类型，因此公众也常被区分为不同种类。

例如，某企业的公关工作常面临的公众有顾客或客户、消费者、上级主管、政府部门、企业社区居民、企业内部职工和股东等。又如，某高校的公关工作常面临的公众有学生、学生家长、教职员工、社区、上级主管、教育经费的提供者、用人单位等。

（二）公众的特点

（1）群体性。公众不是单一的群体，而是与某一组织运行有关的整体环境。任何组织的生存和发展都离不开一定的公众环境。公众环境与自然环境、地理环境不同，是指组织运行过程中必须面对的社会关系和社会舆论的总和。

（2）共同性。公众是广泛的，也是具有某种内在共同性的群体。当某一群体、某一社会阶层、某些社会团体因为某种共同性而发生内在联系时，便成为一类公众。他们的共同性表现为相互之间的某种共同点，如某种共同的利益、共同的需求、共同的问题、共同的兴趣、共同的背景等。这种共同点使一群人或一些团体和组织具有相同或类似的行为，构成组织所面对的一类公众。

（3）相关性。公众的共同点表现为与特定组织的相关性。公众总是相对于它的公共关系行为主体（组织或个人）而存在的。那个群体之所以成为某一组织的公众，就是因为他们面临的共同性与该组织具有一定的相关点或者互动性，即他们的意见、观点、态度和行为对该组织的目标和发展具有实际或潜在的影响力、制约力，甚至决定组织的成败；同时，该组织的决策和行为也对这些公众具有实际或潜在的影响力、作用力，制约着他们利益的实现、需求的满足、问题的解决等。这种相关性是组织与公众形成公共关系的关键。

（4）多样性。多样性指公众的存在不是单一的，而是复杂多样的。就某一组织而言，其日常的公共关系工作对象包括各种各样的个人关系、群体关系、团体关系、组织关系等，即使是同一类公众，也可以有不同的存在形式。

（5）变化性。公众的环境是变化的，公众也就处在不同的发展变化之中。任何组织所面对的公众，其性质、数量、形式、心理、构成及范围都会随着主体条件、客观环境的变化而变化，没有不变的对象。

二、公众的分类及意义

（一）基本公众

公众是指因面临某个共同问题而形成的，有着某种共同利益，并为某一特定组织的工作产生互动效应的社会群体。公众既是集合性概念，又是指向性概念。基本公众如图4-1所示。

股东	职员	顾客	社区（邻居）	政府	工会
竞争者	新闻界	批发商	代理商	经销商	公务员
学校	劳工	消费者	工商界	宗教团体	慈善机构
金融机构	政治团体	社会公众	同行业团体	原材料供应商	公益服务团体

图4-1 基本公众

（二）公众分类的方法

公关工作需要公关人员根据文化、心理、行为、态度等多方面对其各类公众进行进一步的分类。

1. 根据内外关系分类

这是对公众最常见的分类。

（1）内部公众，指组织内部的全体职员，如组织内部的员工、技术人员、管理人员等。组织内部成员之间常会在诸如人事关系、工资福利、利益分配、经营管理等方面产生各种矛盾，因此公关部门、公关人员有责任加以协调和解决。

（2）外部公众，指组织外部的、与组织的活动有关联的群体、个体。例如，企业的客户、供应商、原料商、社区邻居、政府等是组织的外部公众。公关工作就是要争取尽可能多的外部公众的支持，以创造良好的外部社会环境。

2. 根据公众对组织的重要程度分类

（1）首要公众，指与该组织的活动联系最密切的公众，如企业的员工、客户等。组织为了维持与首要公众的关系，往往投入较多的时间、人力和金钱。

（2）次要公众，指相比之下与组织不十分密切联系的公众，公关工作相对可以少些。

（3）边缘公众，指处在该组织公众与非公众交界地带的个体或群体。

3. 根据公众对组织的态度分类

（1）顺意公众，指该组织政策的支持者。

（2）逆意公众，指该组织政策的反对者。

（3）独立公众，指对该组织态度尚不明朗者，这是公关工作需要争取的重要对象。

4. 根据组织对公众态度或好恶程度分类

（1）受欢迎公众，指受到组织的欢迎、常与组织保持密切联系的公众，如组织的赞助者、股东、投资人等。

（2）被追求的公众，即组织对他们感兴趣并希望与他们建立良好关系的公众。这类公众是组织所要追求的，是公关人员的工作重点。

（3）不受欢迎的公众，是指那些组织对他们不感兴趣，但他们对组织却一味追求的公众，如一些一味索取赞助费的团体就被企业视为不受欢迎的公众。

5. 根据公众按时间顺序所做的纵向分类

（1）现实公众，指正在与组织有直接交往并有直接利害关系的公众。

（2）将来公众，在现实中所有虽未与组织有直接联系，但随时都有可能与组织发生直接的利益关系或冲突的人员。例如，某纺织品工厂的现实公众是已购买此种纺织品的消费者，而将来的公众包括那些现在虽未购买该产品但有可能将会购买该产品的人。

6. 将公众视为一个动态过程而做的纵向分类

非公众、潜在公众、知晓公众与行动公众，如图4-2所示。

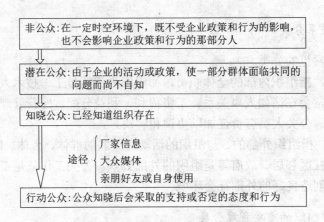

图 4-2　公众纵向分类

7. 根据公众的组织程度和稳定度分类

（1）无组织公众，指那些与组织具有某些联系，但处于分散状态的群体或个体。主要包括：

① 流散型公众，是指不稳定、不固定的公众，如游客、过客。流散型公众虽不稳定，但在社会流动量较大的情况下，其总和人数也会是相当大的。

② 临时性公众，也称聚散型公众，因某一共同问题临时聚集的公众，如电影院、剧院、展览会的观众，同乘一列火车或一架飞机的旅客等。

③ 周期型公众，指按一定规律而聚集的公众，如学生、节假日的游客等。

④ 固定型公众，指与组织保持联系的分散公众，如学员、供应商、商店的常客和熟客等。

（2）有组织公众，指作为公关对象的各种社会组织，如企业、团体等。主要包括：

① 集团型公众，指各种各样的社会团体，如作为公关对象的机关、企业、公司、学校。

② 社区公众，指公共关系主体在同一区域、相互为邻的企业、居民组织等。

③ 权力型公众，指拥有某些权力的公众，如政府机关、上级主管部门等。

（三）公众分类的意义

（1）科学的公众分类可为公共关系的调查研究和组织形象评估确定范围。
（2）科学的公众分类可为制定公共关系政策、设计公共关系方案明确方向。
（3）科学的公众分类可为公共关系活动的组织和运行打下基础。
（4）科学的公众分类可为评审公共关系工作的效果提供依据。

第二节　常见的公共关系工作对象

在对公共关系工作对象——公众做了一般的理论分析后，下面结合中国的具体情况，从组织内部的公共关系工作对象、组织外部的公共关系工作对象的角度了解中国社会组织的公共关系对象。

一、组织内部的公关工作对象

在中国，社会组织内部的公关工作对象主要有员工关系、组织内的干群关系、组织内领导之间的相互关系及合资股份制企业的股东关系。组织内部的公关工作，就是要调整和协调好这些关系。

（一）员工关系

员工关系，亦称同事关系，指的是在企业内部管理过程中形成的人事关系。这是组织内部最主要的公共关系，其对象包括全体员工、管理干部等。在未来，企业之间的竞争将从产品质量的竞争转向服务的竞争、科技水平的竞争、品牌文化的竞争，乃至人的素质的竞争，有时甚至成为企业经营者战略的竞争。

员工指组织的全体职员的总和，即在组织实施生产、设计、服务的全体人员，他们是组织的基础和财富。组织若具有良好的员工关系，就可以极大地增强组织的实力，而恶劣的员工关系则会使组织的力量在相互冲突中消耗殆尽。在分层管理、层层节制的系统中，每一组织既有上级单位又有下级单位，在这方面应注意克服过去那种集中统一过死、权力过度集中的弊端。

处理员工关系的目的是增加全体员工对企业的归属感和增强员工群体的内聚力。

正确处理员工关系非常必要，公关人员应对组织内部员工关系有充分的了解，应及时向有关部门反映员工的意见和要求，维护员工利益，帮助解决员工的问题，如满足员工的物质利益，关心员工的精神需求，注重员工的品德教育。

（二）干群关系

干群关系，即干部与群众之间的关系。由于干部和群众在社会组织中承担着不同的社会任务，干部扮演管理者的角色，而群众扮演着被管理者的角色，因而他们之间的差异是明显的。在处理中国的干群关系时，尤其要注意两方面的问题，一方面要注意干部利用职权、以权谋私、不关心群众疾苦、以权压人的问题；另一方面还要注意群众中纪律松弛、各行其是、不听从指挥的问题。

（三）干部与干部之间的关系

当前，我国各种社会组织还要注意好理好党的干部与行政干部既分工又相互配合的问题。社会组织内部干部之间要严格防止宗派势力的形成。有些单位，干部中"搞小圈子"，互不合作，互相拆台，结果使整个组织处于瘫痪状态。

（四）股份制单位的股东关系

（1）处理股东关系时，尤其要注意发挥股东的积极作用，鼓励股东为组织经营出谋划策，以获得共同利益。

（2）做到及时向股东通报组织经营状况，凡重大决策要及时向股东说明，让股东参与建设。

二、组织外部的公关工作对象

1. 同行关系

同行关系，又是竞争者关系。处理同行关系的原则是把握合作与良性竞争，求得共同发展。

2. 顾客关系

顾客关系，即组织与客户的关系，指组织与它的服务对象之间的关系，也即企业与本企业产品或服务的购买者、消费者之间的关系。

在现代社会，顾客关系的对象是广义的，泛指一切物质产品、文化产品及服务的购买者、消费者。企业必须拥有自己的客户才能实现自己产品或服务的价值，因此有"客户是上帝""客户是衣食父母""客户永远是对的"等口号。

（1）塑造为顾客服务的形象，树立客户永远是上帝的观点。

（2）提供优质的配套服务。公共关系人员应随时观察客户的需求，并及时满足他们的愿望。特别在一些生产经营单位，更要以消费者的需求为本企业活动的中心。例如，工商企业的客户就是购买其商品的顾客，该组织能否顺利发展，其最重要的是与客户之间的关系是否协调。

（3）对顾客实行科学管理。

（4）保持与顾客之间通畅的信息渠道。交流的途径是多方面的，包括口头的交流、书面文字材料的交流及视听材料的交流等。一方面，要经常收集客户的意见，另一方面，要随时将本组织中与客户息息相关的信息传达给客户。

（5）及时妥善地处理顾客投诉。

公共关系的"责任集中"原则指在组织管理中，应让权利集中在一定的组织成员身上，避免平均分摊的现象。公关人员在处理组织与客户之间的关系时，要尽可能多地加强组织与客户之间的交流。

企业与客户发生冲突或纠纷有四种情况：①客户的物质利益受到损害，如产品质量有问题、包装破损、缺乏售后服务等；②客户的精神利益受到损害，如员工态度生硬、服务不周到、甚至与客户吵架；③客户的精神利益没有受到损害，而是客户本身的原因形成冲突和纠纷；④少数不良客户无理取闹而形成纠纷与冲突。

美国市场营销学家里维特说过："未来竞争的关键，不在于工厂能生产什么产品，而在于其产品所提供的附加价值：包装、服务、广告客户咨询、购买信贷、及时交货和人们的价值来衡量的一切东西。"

3. 组织与中介人的关系

在很多情况下，组织与其客户之间不是直接发生联系的，而是通过第三方的协助而发生联系，第三方就是中介人。

例如，许多工厂、企业并不直接与购买其产品的顾客发生联系，而是在生产和消费之间插入了批发、零售、商店、贸易公司等多种"中介人"。这里企业与客户关系的状况，在很大程度上依赖于中介人的活动。

所以，公关人员应主动加强与中介人的联系，首先主动通过中介人向客户提供信息；其次应通过中介人了解客户的情况；同时，公关人员必须与中介人合作好，这也是双向信息输入的一条途径。

4. 社区公众关系

社区公众关系指组织与组织所在地邻居的关系，也称为社区关系。组织所在地的社区关系对象包括当地的权力管理部门、地方团体组织、左邻右舍的居民民众等。

在中国，目前社会组织在社区关系中比较突出的问题是一些工厂、企业较严重的环境污染侵害了周围居民的生活，引起了许多矛盾。因此，公关人员要协助企业治理污染、妥善处理因污染而导致的矛盾和问题，这些都是公关人员的重要职责。由于社区的邻居与组织朝夕相处，因此对组织的情况会有较多的了解，所以他们的态度对组织名声的好坏具有较大的影响。任何组织总要占有一定的地区，在这个地区的周围存在一些邻居，如普通的居民、所在地区的政府、邻近的其他组织等。组织与周围必然产生一定的联系，如饮食、水力、电力等供应上的联系，社会治安、交通、生态环境方面的联系。

5. 政府公众关系

政府是社会的管理者，它通过法律、法令、政策等对社会进行管理。政府不仅管理政治，而且对经济有调节职能，它可以通过税收、贷款、价格及行政干预等促进或限制某方面经济的发展。由于政府具有这种特殊地位，因此各国的公共关系人员都全力以赴地处理好社会组织与政府之间的关系。在我国，政府更有其特殊重要的地位。中国正在建立和完善社会主义市场经济体制，奉行公有制为主体、发展多种经济成分的方针。

政府对社会组织的制约是多方面的，其途径主要有：①政策、方针、法律、纪律；②国家的经济发展规划和计划；③税收、财政金融、银行信贷、外汇管理、审计与检查；④物资与能源的调配；⑤对于价格和市场的管理；⑥商标和专利；⑦产品的鉴定与检验；⑧对于主要的生产资料的控制；⑨对社会福利、社会保障、交通运输、公用公益事业的控制；⑩对教育的控制；⑪干部与人事制度、户籍、其他管理制度；⑫公安与社会秩序文化等。

在协调组织与政府的关系时必须了解和遵守国家的各项法规，服从国家的计划和统一安排，并及时、准确、全面地了解和汇集有关国家政策的信息，注意其发展趋势，同时向组织的决策部门汇报。即：①充分认识政府职能；②及时了解国家政策、政令、法规；③主动提供组织信息，切实配合政府工作；④严格遵纪守法，正确处理国家与组织之间的利益关系。

6. 媒介关系

媒介关系也称为新闻界关系，即组织与新闻传播机构及新闻界人士的关系。新闻界关系是公共关系工作对象中最敏感、最重要的关系。新闻媒介的对象是全体大众，新闻媒介又可以将信息大量复制,其传播信息范围之广、速度之快,非其他手段所能比拟。因此,新闻媒介对民众的意向有着重要的影响和引导作用。所以与新闻界处理好关系是组织存在和发展的重要条件。

与新闻媒介的关系,主要指组织与报纸、杂志、网络电台、电视台及众多的新闻宣传界人士的关系。公关人员在处理组织与新闻媒介关系时,主要做两方面工作:一是将组织中有价值的、对本组织发展有利的信息传达给新闻媒介,如投稿、请记者来本组织采访、举行新闻发布会等;二是做好公共关系的广告,也就是通过广告树立或改正处理组织与客户之间的关系时,要尽可能多地加强之间的交流。公关人员要经常收集客户的意见,将本组织中与客户相关的信息传达给客户;要大力支持新闻界人士的工作;要熟悉新闻媒介的特点;主动采取行动去争取新闻界的注意。

7. 与国外组织的关系

伴随着对外开放的加快,中国的社会组织与国外的交往日益频繁,这就需要求公关人员一方面要学习对外交往的有关法律规定,另一方面也要掌握国际公共关系的知识和技术,学会与国际上的各种人员和组织交往。国际公关与国内公关的公众有很大的差异,他们的语言、风俗、生活习惯、文化背景等均因国家不同而各有特点。所以,公关人员在设计传播信息时,应充分了解各种不同的地理、历史和社会背景,尽量按照符合国际公众特点的方式去做宣传,并且,还需要运用国外公众所熟悉的新闻传播媒介。

第三节 公众心理分析

科技日新月异,社会高速发展,人类社会在改变,公众心理也在改变,分析公众心理变化也是公关工作的重要内容。

一、知觉

1. 知觉特点

知觉指个人选择、组织并解释信息的投入,以便创造一个有意义的外界事物图像的过程。它具有以下特点:①选择性注意;②选择性扭曲;③选择性保留。

2. 社会知觉与社会偏见

人的知觉会发生错误,与对象不符,称为错觉。在社会知觉中,受自身知识、经验、情绪、价值观等主观要素影响发生错觉,称为社会偏见。

3. 公众知觉与公共关系

(1)熟悉知觉特性,提高公共关系工作科学性。
(2)掌握社会偏见规律,提高公关自觉性。

二、公众需求

公众需求是公共关系的出发点,也就是从实际出发解决实际问题。组织要进行公关活动,首先要考虑的是公众的利益,这也是企业里面公共关系起辅助决策作用的原因。

1. 需求层次

按照美国心理学家马斯洛的理论(图 4-3),人的需要有五个层次,即生理需求、安全需求、归属和爱的需求、自尊的需求和自我实现的需求。在满足不同需求的过程中,消费者将首先满足低层次的需求,之后较高层次的需求才会显现出来并逐步成为主要的满足对象。

图 4-3　马斯洛需求层次理论模型

2. 公众需求与公共关系

(1)公关工作要投公众所好。
(2)公关工作要有个性化。

三、公众态度

公众态度是指公众对社会组织或社会组织某一问题的认知、情感和行为倾向。

(一)态度及其作用

态度指人对某种对象所持的评价和相应的行为倾向。
(1)态度影响人的认知。
(2)态度影响人的行为。

(二)培养与改变公众态度

(1)提供新信息。
(2)宣传。
(3)角色扮演。
(4)群体作用。
(5)社会作用。

四、社会时尚、社会流言、社会舆论

（一）社会时尚

社会时尚指在社会上广为流行或为公众一时崇尚和效仿的某种行为、方式或实物样式，具有普及性与发行性统一、求同性与求异性统一、时效性与周期性统一的特点。

（二）社会流言

社会流言指那些来源不明、没有根据的言论。

1. 社会流言传播规律

（1）流言表达形式通俗化。
（2）流言重点放大化。
（3）流言内容情节化。

2. 流言与危机公关

（1）要建立流言监测分析制度。
（2）要建立常规信息披露机制。

（三）社会舆论

社会舆论是指公众的意见或看法，主要是民间的、非官方的看法或意见、口碑、民意，包含舆论对象、舆论主体、舆论内容三要素。

1. 社会舆论的作用

（1）监督约束作用。
（2）鼓舞推动作用。
（3）指导定向作用。

2. 社会舆论与公关工作

（1）要区分流言与舆论。
（2）要尊重舆论。
（3）要善于引导舆论。

习 题

一、简答题

1. 公共关系的构成要素包括哪些方面？

2．什么是社会组织？社会组织与环境的关系如何？
3．什么是公众？公众分类的意义是什么？

二、分析题

　　秘书恭敬地把名片交给董事长，一如预期，董事长不厌烦地把名片丢了回去。秘书把名片退回给立在门外看似尴尬的业务员。业务员再次把名片递给秘书，说："没关系，我下次再来拜访，所以还是请董事长留下名片。"拗不过业务员的坚持，秘书硬着头皮，再进办公室，董事长火了，将名片一撕两半，丢回给秘书，秘书不知所措地愣在当场。董事长从口袋拿出10块钱，"10块钱买他一张名片，够了吧！"岂知当秘书递还给业务员名片与钱后，业务员很开心地高声说："请你跟董事长说，10块钱可以买两张我的名片，我还欠他一张。"他随即又掏出一张名片交给秘书。突然，办公室里传来一阵大笑，董事长走了出来，说："这样的业务员不跟他谈生意，我还找谁谈？"

　　问题：请分析秘书具备的精神是什么？秘书的态度有什么意义？

第五章

公共关系的基本手段——信息传播

大众传播技术。

传播的基本理论。

第一节 信息传播的基本原理

公共关系的主要任务是增强组织与公众之间的相互了解，促进双方的良好关系。公共关系从本质上就是一种信息传播活动。它主要是运用传播的理论、工具和技巧来达到沟通的目的。因此，它必然与研究人类各种沟通行为及其规律的传播学有着密切的关系。传播学从各个层次全面研究人的信息传递的各种不同方式，从理论上为公共关系学奠定了基础。在西方学术界，学者们也总是将公共关系学的教学与研究纳入传播学的基本范畴。外国公关人员多毕业于新闻传播专业或由新闻传播界改行转业而成，与此不无关系。所以，公关人员必须熟知传播理论，掌握传播技巧，只有如此才算懂得了公关的精髓，掌握了公关的基本功。

一、传播概述

任何人出生世上，他的第一声啼哭就开始了信息传播，宣告他的出生。人类社会的一切生产和社会活动都离不开传播，如人们的交谈、通信、微笑、握手、穿戴乃至新闻报道等。

1. 传播的定义

传播术语是从英文译过来的，传播就是社会组织利用各种媒介将信息和观念有计划地与公众进行交流的双向沟通活动，即人与人之间信息的传递与分享，简单说就是交流、交际、对话。而沟通就是传播，就是人们制作、传递、信息的过程。

传播家布朗纳认为:"传播是将观念或思想由一个人传递到另一个人……其宗旨是使接受传递的人获得思想上的了解。"《牛津英文辞典》对传播解释为:"籍说话、写作或形象,对知识等的分享、传递或交换。"《哥伦比亚百科全书》认为,传播是思想和信息的输送,有别于货物和旅客的运输,其基本的形式是形象和声音。西方学者对传播的定义虽表述各异,但都是人与人之间的思想的传递和分享。

2. 人类传播活动的特征

(1) 社会性。传播是人类维持社会生活的一种最常见、最主要的社会行为。任何社会都不能离开传播,没有传播就形成不了社会。
(2) 普遍性。传播行为无时不有,无处不在,有人就有传播是人类社会最普遍的现象。
(3) 工具性。人类通过传播来监测环境、改造环境。

3. 传播的要素

(1) 基本要素:信源和信宿、信息、媒介、信道、反馈。
(2) 隐含要素:时空环境、心理因素、文化背景、信誉意识。

4. 传播的主要媒介

(1) 符号媒介。符号媒介是信息传递过程中极有意义并极易引起互动的载体,是现代社会运用最广泛的传播媒介,也是公共关系传播中常用的媒介。
(2) 实物媒介。实物媒介是指包含某种信息,能充当信息传递载体的实物。
(3) 人体媒介。人体媒介是指组织借助人的形象、行为、服饰、素质和社会影响作为传送信息的载体。
(4) 大众传播媒介。大众传播媒介主要是指报纸、杂志、广播、电视等,这些传播媒介传播信息具有速度快、范围广、影响大等特点。大众传播媒介具有五项功能,即宣传功能、新闻传播功能、舆论监督功能、实用功能和文化积累功能。

5. 传播活动的基本模式

(1) 传统的线性传播模式(香农—韦弗模式),如图 5-1 所示。
(2) 新型的控制论传播模式(施拉姆的反馈传播模式),如图 5-2 所示。该模式的评价:①是在香农—韦弗模式的基础上提出来的;②引入反馈机制,信息双向交流;③忽视外界环境因素对传播的影响。

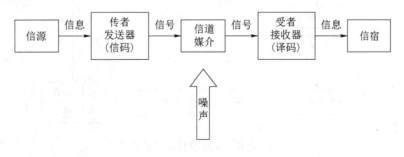

图 5-1 香农—韦弗模式

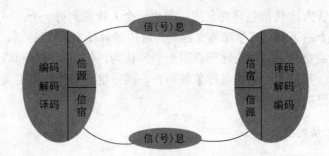

图 5-2　施拉姆的反馈传播模式

由图 5-1 和图 5-2 可知，公共关系信息传播依赖于以下基本要素。

（1）信源。信源就是信息的来源，即传播者。公共关系信息传播的双向性使企业和公众分别具有信源、信宿的双重身份。

（2）编码。编码就是把信息转换为便于传输的信号的措施，即用符号表示信息。例如，企业把向公众传播的信息用文字、声音、图像、画面或符号等形式传送出去。

（3）信道。信道就是传递信息的通道或媒介，它是信息传递的重要组成部分。公共关系信息传播中，常用的信道包括：①新闻媒介，如报纸、杂志、广播、电视等；②人际媒介，如各种会议、人际沟通等；③各种通信媒介，如电话、电报、传真等；④各种实物媒介，如文献资料、音像资料、电脑硬盘资料等。

（4）干扰。干扰就是信息在传输过程中受到的各种影响。干扰的存在，使信息的数量和质量受到一定的影响，造成信息丢失，或者信息失真。在信息传播过程中，干扰是客观存在的。

（5）译码。译码就是编码的逆变换。信息经过一定的信息传输达到信息接收者之前，必须经过翻译、复制，把信号译成人们所能理解的文字、图像、声音等。

（6）信宿。信宿是接收信息的对象，即接收者。在公共关系信息传播过程中，信宿可能是社会公众，也可能是社会组织。

二、公共关系信息传播的基本模式

公共关系信息传播的基本模式如图 5-3 所示。

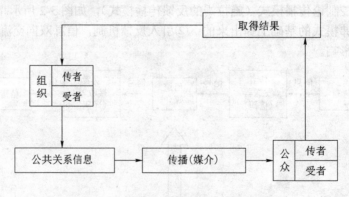

图 5-3　公共关系信息传播的基本模式

三、信息传播的因素分析

信息传播具有六大要素，因此，信息传播的效果也与这六大要素密切相关。以下我们就对影响信息传播的一些重要因素进行研究。

（一）传播者与信息

1. 信息传播的效果与传播者密切相关

研究表明，传播者的知名度信誉度越高，对传播对象的说服力、影响力就越强，传播的效果也就越好。正所谓优秀的企业形象就是最好的推销员。

2. 信息传播的效果直接取决于信息本身的内容

为使信息对其接收者起到较强的影响力，它应该具备三个基本条件：第一，对于接收者来说具有显著性特征，能够吸引他们的注意。第二，对于接收者来说具有相关性，即与接收者的生活或工作有较密切的关系。第三，对于接收者自身的利益有关，促使其做出反应。

可见，企业在公共关系信息传播工作中，应该尽可能使所要传播的信息具备"显著性、相关性、利益性"，以保证取得最佳的传播效果。这里所说的具备不仅仅指信息本身所具有的天然特质，更强调的是通过公共关系人员的创意和策划，把平淡的信息融合在生动丰富的公共关系活动之中，借机让公众在不知不觉中接受企业的信息，而且留下美好深刻的印象。

例如，1995年美菱集团出资 2 000 多万元修建从合肥机场到市区的"美菱大道"，与此活动相配合展开的大量信息传播活动均取得了良好效果，公众不仅见识了美菱集团的经济实力，了解了美菱集团几年来生产经营取得的巨大成就，还体会到了美菱集团的社会责任感，大大强化了美菱集团的企业形象。

3. 接收障碍

传播者发送信息时要将信息编码，而接收者则要根据自己的经验与知识水平对信息进行译码，如果双方没有共同的经验，就会产生接收障碍，阻断或破坏信息传播的效果。一般来说，接收障碍包括语言障碍、习俗障碍、心理障碍等。

例如，中国生产的一种名叫芳芳的婴儿爽身粉出口到美国后销路不畅，后来发现，产品的拼音名 Fang 在英语中是蛇的毒牙的意思。试想，这样的产品谁愿买呢？再如，在中国荷花是高洁的象征，而日本则视之为妖花……

所以，企业必须用心去了解公众的文化背景、知识水平、心理性格特征、思想观念等情况，寻找自身与公众之间的共同经验范围，仔细研究采用哪种编码方式（文字、声音、图像、画面、符号等）最易被公众接受，又最能让企业准确地传播信息，这样才能保证收到较好的传播效果。

（二）媒介特点

从以上传播模式可以看到，信息必须通过信道（即各种信息传播的渠道）。公共关系信息的信道就是各种传播媒介。不同的传播媒介具有不同的特点，因而直接影响传播效果。由企业公共关系人员与公众进行面对面的沟通，要比利用传播媒介的效果好得多。但其成本较高，影响面较窄。因此,为保证企业公共关系传播取得预想效果,必须综合考虑对象、传播内容、媒介特点、经费许可等多种因素,以选择最适宜的传播媒介,取得最佳的传播效益。

（三）信息传播过程中的干扰

信息传播过程中的干扰是客观存在的,它或者来源于传播系统内部,或者来源于传播系统外部。例如,由于企业内部机构重叠、条块分割导致信息传播不畅,或是由于社会上存在大量在内容上与企业传播的信息相近或相反的信息,致使公众难以分辨或接收企业信息,或者使信息失真。

所以,在公共关系传播过程中,一方面,在发送信息时,应尽量避免主客观的干扰因素,使发送的信息更客观地反映企业实际;另一方面,在接收信息时,应多方分析,去粗取精,去伪存真,以获取最准确的信息。

四、公共关系信息传播的基本类型

公共关系计划实施中的信息传播主要有以下几种类型。

1. 人际传播

人际传播是人与人之间直接或间接借助媒介（如书信、图片、电话、电报等）进行的信息交流。其优点是信息交流充分、反馈及时、便于感情沟通、深化相互间的了解；局限是信息传播面窄、速度慢、成本高。日常交往、报告演讲、谈判会谈、书信函件等都是典型的人际传播形式。

2. 组织传播

组织传播是通过一定的组织形式进行的信息传播。其主要形式有三种。
（1）上行沟通。它是指按照组织机构层次,自下而上的沟通,如企业的定期汇报制度、职工建议制度等。上行沟通有利于组织进行民主管理,集思广益,有利于企业上层及时了解企业实情,调整经营策略。
（2）下行沟通。它是指按照一定的管理层次,由上至下传递信息。
（3）平行沟通。一方面,它是指企业内部的横向联系,即企业平行组织（如职能部门）之间或同一层级人员之间的信息交流；另一方面,指企业与外部的横向沟通。

3. 大众传播

大众传播是专业性的信息传播机构通过媒介向社会大众传递信息的过程,是一种综合传播。大众传播媒介主要有报纸、书籍、杂志、电视、广播、网络等。大众传播媒介种类繁多,影响范围广,传播速度迅猛,传播效果突出,是现代企业开展公共关系传播活动的最重要的形式。

第二节　传播的条件

公共关系追求有效传播,即让传播行为能达到传播者预期目的,为求传播的最佳效果,必须在传播过程的各个环节创造有利条件：传播者、信息、接收者、情境、传播媒介。

一、创造最佳的传播者条件——信源

信源是传播活动的起点，是有效传播的第一个重要条件。树立传播者自身的良好声誉和形象对改善传播效果至关重要。传播者的声誉与形象往往和他的权威性、客观性，以及与公众关系的亲密性直接相关。

为提高传播者的有效传播条件，做好公共关系工作，必须注意以下几点。

1. 客观性

客观性是指传播者在公众心目中客观，态度公正，与传播内容没有直接利害关系，其传播效果就好，影响力也大。因此传播中应尽量减少商业色彩（不要自吹自擂），态度超然，客观公正，这样容易取得较好的效果。另外，要挑选品德优良、能力高强、形象较好的人员做公共关系工作，也就是完善公共关系传播的信源形象。

2. 亲密性

亲密性是指传播者应尽量缩小与公众的心理距离，要尽量设身处地地站在公众的立场上进行传播，其思想与观点才容易得到公众的认可。公众中意见领袖的发言最具有这种亲密性。传播中注意尊重公众，最能缩短与公众的心理距离。

公关人员要在长期工作中，注意选择与公众有亲密关系的人去传播，不断改善传播者的条件，建立信任。

3. 权威性

权威性是指传播者是传播内容的权威人士或行家，则其传播活动更具说服力。"传播者越是有权威，讲话越是客观，其传播效果越好。"因此借专家名流的声誉，邀请其参与传播活动，有利于提高传播者的权威性。这就是借助传播者的声望产生"权威效应"。必要时可用社会上学者名流作为本组织的传播者，利用声誉与影响，提高传播的说服力。

二、建立有效传播沟通的信息条件

信息是由特定内容和形式（符号）组成的，要根据特定的内容对象选择一定的表现形式。

1. 信息渠道

信息的表现形式有语言、文字、图画、音响、动作、表情、姿态、形象等。不同的形式适合表现不同的内容，如语音适于表达个人感情，多用于人际交往；文字适合于表达深远复杂的思想；电视、录像适合传达文艺演出、体育运动表演。如果形式和内容不适合，就会影响传播效果，如在电视上播放个人长篇报告就不会受欢迎。

2. 信息经验

共同的经验越多，传播效果越好，沟通就越有效。采用群众喜闻乐见的形式来表现内容，才容易取得公众的欢迎，改进信息内容以收到良好效果，并满足公众的个人需要，可以引发公众的兴趣。当然，信息在满足公众已有需要的同时，要注意唤起公众的潜在需要，激发培养公众新的需求。因为受传者是根据自己的经验范围（知识、经验、立场等）来理解接受信息（译码），所以共同经验范围是信源与信宿沟通的基础。

（1）信息应具有一定的刺激度与吸引力，才能引起人们的注意。因为只有信息到达对方的感官才是劝服传播的第一步。

（2）信息到达对方的感官之后，必须使之被接受，成为他认知结构的一部分，即进入对方世界。要使一个人在群众劝服运动中采取某一行动，必须让他看到这个行动就是达到他原有某一目标的途径。

总之，传播者应根据受传者的经验制作传播内容，扩大与公众的共同经验范围，使其具有较多的共同语言，才能引起公众对其传播的兴趣与共鸣。

三、主体认真研究公众对象

（1）"要影响人们，你的信息必须进入他们的器官"。传播是面向公众的，有效的传播要看信息是否为公众所接受，公众接受信息之后在认识上、态度上是否发生变化，还要看公众在认识和态度上变化之后，是否在行动上随之变化，引起信源所希望的行动，进而根据不同传播目的和传播对象，灵活地采取情感传播或理智传播的方式。

（2）针对不同的公众进行传播。公众在接受信息时，并不是任人摆布，随传播者意愿而改变行动。因为公众有各自的需要、习惯与兴趣爱好，所以对信息具有选择性——只关心和接受自己感兴趣的信息。公众在接受信息中的这些选择性，往往极大地影响了传播的效果，是传播过程中的重要干扰。要改变公众的这种选择性是很困难的，传播者应了解自己来对公众的选择趋势，减少和避免受众的选择性对信息传播效果的影响。

因此，公关人员要牢记：改变自己比改变公众容易。当传播效果不理想时，需要改变传播者，而不是公众。要根据公众的需求来调整传播自身的行为、传播的内容及传播的形式。

四、传播策划要注意传播环境气氛的影响

传播不能忽视具体环境、场合、情景、气氛的影响。场所、情景不同，传播的形式就不同；同样地，不同的环境、场合、情景下会有不同的传播效果。

传播活动都在一定的社会环境、具体场合和特定的情景下进行。

（1）时空环境，指传播的空间和具体场景。如谈判桌形式与宴会式截然不同。

（2）社会环境，指沟通人员之间的社会关系。团体背景、社会规范、文化习俗相近者容易沟通。

（3）心理环境，指交往沟通中双方的心理状态、情绪等。人在心情舒畅时较容易沟通。

（4）传播的时机，适时的信息传播效果显著。

另外，传播沟通的技巧与传播成效的高低是直接相关的。善于运用语言、符号的人，能准确、通畅、淋漓尽致地表达自己的思想，说服、感染他的受众，达到传播的目的。熟练掌握各种传播技巧，有利于传播效果。

案例 5-1

为了庆祝建厂 75 周年，福特公司早在这一活动的前 4 年就开始进行规划了。

福特公司 75 周年厂庆的根本宗旨是：以福特人为荣，以福特产品为荣，建立自豪感。这一宗旨又可细分为下列具体目标。

（1）提醒人们福特在个人交通和经济发展方面长期以来所做的贡献，在公司所在社区提高公司的知名度。

（2）最大限度地加强公众对于福特公司历史上重大事件与重大成就的认识，显示公司目前的实力与发展的前景。

（3）提高管理人员、职工、汽车商与供应商的自豪感、荣誉感，宣传并倡导他们对公司的忠诚。

这次庆祝活动，福特公司在很大程度上依靠新闻媒体向全世界传递厂庆的信息。在庆祝周年里，每个月至少有一次新闻界需要信息的时候已经送到他们手里了。直到厂庆日那一天为止，每隔两个星期便有 5 套新闻资料袋寄给 400 家主要的新闻媒体代表。这些新闻资料总共包括 14 篇新闻特写，从历史的角度对公司的各方面进行总结。这些报道又附有 48 张照片，许多照片是从福特档案中找出来的，这些照片是研究福特公司与其家族的无价的原始资料。福特公司对电台与电视台也给予了特别的重视，寄去的材料被广泛地使用。

除了上述播放材料外，福特公司还制作了其他视听资料。公司内部为职工及一般公众制作了长达 20 分钟的幻灯片，向他们介绍公司的历史；制作了 3 套录像带，其中两套向各地的管理人员报道厂庆的情况，另一套则是专为亨利·福特二世的职工们制作的。一部 28 分钟的电影名为《福特世界》，在全球范围内介绍福特公司，并配有 10 多种语言的录音带，以便在世界各国放映。

在庆祝周年这一年中，福特公司还经常举行特别午餐，提醒职工们不忘厂庆。对于公司的职工来说，这一年最难忘的日子当是庆祝日那天同时在全国 65 家福特工厂里举行的开放式庆祝活动。45 万名职工及家属在这一天可以随意参观工厂的设备与展览的产品，享受各种各样的娱乐活动。

在密歇根州的"绿野村"，历史在那里重现。一群老式汽车专家身穿 20 世纪初的服装，在装配一辆遗留至今的 1903 年产的"A"型福特汽车，电视台与报社的摄影师们将装配过程的每一个步骤详尽地记录下来。车辆装配完毕，用曲柄发动，然后开车去参加一个车队游行，这是由福特公司每年出产的一辆汽车构成的前所未有的 75 辆车的车队，那辆老式车作为车队的领队开在最前列。

汽车销售商受到公司的特殊重视。在庆祝日的头一年秋天，汽车商们参加了庆祝 75 周年厂庆的介绍大会，在那里他们第一次见到了将要参加 75 周年庆祝的新产品的样品。许多汽车商回去后立即把自己的销售计划与厂庆结合，开展各种社区活动，这些特殊的活动各具特色。在纽约，市长与福特公司的高级职员在一个仪式上共同切开巨大的周年庆祝蛋糕，然后一起登上一辆旧式福特汽车前往百老汇参加礼物车队游行。在佐治亚，一辆 1914 年的"T"型福特汽车从阿特兰特装配线上开下来。在明尼苏达，举行了一个 75 周年的双庆活动，将福特公司的 75 周年与同在 1903 年建立的坦沃尔德福特公司联系起来。在旧金山，另一个福特厂的汽车商将他的 1903 年"A"型福特车展示给新闻界。

这一类活动对于公司与汽车商来说都是有利可图的，这些活动为汽车商的展销吸引了大量的顾客，而公司的销售量与利润额在庆祝周年前一年，尤其是当年最后一个季度中，达到了前所未有的突破。

　　个体汽车商们对此也表示满意。佛罗里达的一个汽车商说："总的说来，我认为这是非常了不起的一年，花了很大的力气，但老实说，也卖掉了很多汽车、卡车。"一位得克萨斯的汽车商说："我的生意超过了企划的预料，我想应该让福特公司的每一位职员都知道，对于企划所得到的帮助企划是多么感激。"威斯康星的一家汽车商也评论说："75周年厂庆给了作为福特汽车商的我以荣誉感，厂庆的一切活动，提高了福特汽车商在美国的知名度，树立了福特产品在美国的形象。"

　　为了使全国各地的基层单位都来参与厂庆，厂庆计划包括了许多社区级活动。其中最明显、最有效的是为政府与商界领袖，当然最多的是新闻媒体在美国各城市所举行的特别庆祝活动。预算与指导方针由总部决定，社区关系委员会的负责人负责当地庆祝活动的具体执行事宜。

　　当地的庆祝活动包括由福特公司赞助的为当地的市政领导人举行的午餐聚会，通常有75～100人参加。在一些大城市，如纽约、芝加哥、圣路易斯和波士顿，午餐会前先安排公开的车队游行，车队由福特公司出产的旧式车与新型产品共同组成。

　　其他的社区活动一般也与推行公司计划相联系，如根据大学圆桌计划，派出公司代表与大学生以75周年厂庆为题进行非正式的坦率交谈。

案例分析：

　　在福特公司的75周年庆祝活动中，有一项重要的活动项目就是公司历年生产的汽车走向街头大游行，这种别出心裁的设计，充分利用了企业产品的特点。汽车作为交通工具具有"游行"的便利条件，以这种流动的、直观的实物展览方式，使人们看到了从第一辆汽车诞生开始的汽车发展历史，宣扬了福特公司在汽车发展历史中所做出的贡献，特别是在对历代汽车不断进步的比较中，对福特公司生产的新型汽车形成了"最现代化"的直观形象概念。

第三节　公共关系的传播媒介

　　国外特别重视传播媒介的研究，因为媒介是联络工具。

一、传播媒介的分类

1. 印刷类传播媒介

印刷类传播媒介有报纸、杂志等，其特点如下。
（1）客观性，指报纸、杂志具备客观公正的新闻特点。

(2) 报纸内容大众化，对象范围广泛；杂志内容专门化，传播对象较固定专一。

(3) 报纸内容多具有公开性、告知性，时间性强；杂志内容多具有解释性、学术性，内容深刻系统，重复阅读率高。

(4) 报纸出版周期短，较简陋，一般读者保存少；杂志出版周期长，装订印刷较精美，保存价值较高。

2. 电子类大众传播媒介

广播是通过声音运用电能来传播信息的，其优势是传播迅速、覆盖面广、不受空间限制、适应面广、老少皆宜、不受文化背景限制。

电影是发展最早的现代化大众传播媒介，也是综合音响、文化符号的各种表现形式的传播媒介，具有与电视相同的特点：大图像，清晰度高。经专题制作，电影内容较电视集中，可多次放映。但电影传播不够及时，不能现场直播，需要放映设备和场所，传播覆盖面不如电视，制作成本更高。

另外，电视、网络也属于电子类大众传播媒介。

大众传播媒介最大优点是传播范围广、传播速度快；缺点是反馈困难，属单向传播。进行传播时，要妥善选择适当的传播媒介。

3. 人际传播

人际传播是指用人身传播媒介的各种符号系统进行的传播。例如，语言、表情、动作、姿势，人与人之间的空间距离，人际的直接交往，交谈、演说、表演等，都可以传达一定的信息。

人际传播的特点是面对面的交流，可综合运用多种传播手段，如同时使用动作、时空距离等手段，比单纯用一种符号留下印象要丰富亲切得多，最易建立人际的亲密关系，取得以情动人的效果。在面对面的交谈中，两人互为主客方，既说又听，又受又传，随时观察对方反应，立即得到信息反馈，传播效果及时，可根据反应调整传播内容和形式。虽然人与人之间传播范围面窄，但在公关活动中，人际传播范围较大，如处理公众投诉，参加私人宴会，做个别人的工作等。

人际传播有较大的个别性，受时空限制大，公关中常采用人际传播与大众传播相结合的形式。它既发挥了人际传播的直接性、直观性和灵活性，给公众造成强烈的印象，又发挥了大众传播（或意见领袖）的作用，相得益彰，可获得较好的传播效果。

二、综合性的传播媒介

综合性的传播媒介指综合运用各种文字、实物及人际传播媒介，向大众传播。

选择传播媒介的要求如下。

(1) 根据传播对象选择。信息传播须考虑公众对象的经济状况、教育程度、职业习惯、生活方式与传播者的共同经验。针对不同的公众对象应使用不同的传播媒介，如对文化高的对象可用印刷媒介，对文化低的则多用广播、电视等。

(2) 根据传播内容的特点选择。不同的传播内容用不同的表现形式才能获较好的效果，根据信息内容特点与传播媒介的特点综合考虑选择。运动会、文艺晚会用电视来传播，才能将声音、形象淋漓尽致地表达出来。复杂的学术问题，则宜用书籍、杂志来表达。

（3）根据经济条件选择。公共关系的活动经费都有一定限制，公关人员必须认识到信息、传播媒介与经济条件有关。

习　题

一、简答题

1．什么是传播？试述公共关系的传播模式。
2．公关广告的主题包括哪些方面？
3．如何获得理想的传播效果？

二、分析题

日本有家专业生产咖喱粉的公司制造了一起耸人听闻的"富士山危机"。这家公司产品长期滞销，已经濒临破产，但事实上，并非因为质量问题。

公司策划如下：

有一天，很多日本民众看到一条广告："亲爱的同胞们，富士山就要旧貌换新颜！本公司将雇数架飞机，把装得满满的咖喱粉洒在雪白的富士山顶，届时，大家会看到一个金顶富士山。"

日本的民众听到这个消息后十分惊讶，一时间这家公司成为日本民众议论的中心，多数人反对向雪白的富士山上抛洒咖喱粉。几天以后，这家公司又发布了一条广告："亲爱的朋友们，本公司愿意美化富士山，但如今考虑到社会的强烈反对，决定撤销飞机洒咖喱粉的计划。"

这家公司根本就没有什么金顶计划，可经这么一折腾，这家公司火了，声名鹊起。

问题：这家公司如何把富士山作为炒作的话题，成功地吸引了所有人的关注？

第六章

公共关系工作程序

公共关系调查的内容，公共关系调查的方法，公共关系策划要素，调查技术，公共关系实施的原则，公共关系评估的标准与方法，公共关系工作程序与方法。

公共关系调查的内容，公共关系调查的方法。

第一节 公共关系调查

组织公关工作必须依赖科学的工作程序，才能使其摆脱凭个人直觉和经验来开展工作的低层次状态，使之走上正规化、系统化、科学化的轨道，按照美国公共关系权威专家卡特利普·森特在《有效公共关系》中首次提出的公共关系四步工作法，公共关系的工作程序可分为四个阶段：公共关系问题设定，公共关系计划与方案的设计，传播及其他公共关系活动，公共关系活动的总结与评估。

进行公共关系调查的目的是掌握与组织活动和政策相关的认知、观点、态度和行为。这是帮助企业发现潜在问题或准确把握现在问题的重要手段，是组织有效开展各项公共关系的实务基础。

公共关系调查是一项基础性工作，与其他社会调查不同，它是就公众对组织形象的评价进行统计分析，用数据或文字的形式显示公众的整体意见，或就某一具体公关活动条件进行实际考察。进行公共关系调查的意义有以下几点。

（1）组织的形象定位是指组织在其公众中的形象的定量化描述。通过公共关系调查，可以使组织准确地进行形象定位，便于塑造良好的组织形象。通过形象定位，可以测量出组织自我期望形象（设计形象）与其在公众中的实际形象的差距，从而使公关人员针对这个差距策划有效的公共关系活动方案。

（2）公共关系调查为组织决策提供依据。

（3）公共关系调查使组织能够及时把握公众舆论，监测社会环境。
（4）提高组织公关活动的成功率。

一、公共关系调查的内容

1. 组织基本情况调查

组织基本情况调查包括对组织经营和组织员工队伍基本情况的调查。例如，企业的调查包括企业的历史和发展，重大事件和人物，员工的年龄、文化结构等，以及企业的市场、产品、服务、价格等方面的基本情况等。

2. 社会环境调查

监测组织外部环境的变动是公共关系的重要职能之一，社会环境调查是公共关系调查的重要内容之一。它主要包括政策环境、社会文化环境（如重大事件、社会时尚、舆论热点、风俗民情、教育科技发展等），以及其他企业公关工作的进展情况等。

3. 公众态度调查

把握公众对组织的态度和看法是组织改进公关工作的前提。公众态度调查针对企业内外各类公众进行，主要内容包括公众的意见、要求、动机等的调查。

4. 企业形象实态调查

企业形象实态是公共关系调查中专业性、综合性最强，最为复杂也是最为重要的调查内容。它涉及企业产品、职工、环境，以及企业生产经营和社会活动的诸多方面，主要内容包括知名度及信誉度调查、主要形象因素调查、同类企业比较调查、企业自我评价等。

5. 专项公共关系调查

专项公共关系调查是指企业针对某个具体公共关系问题的调查。其目的是要弄清这些特殊问题的实质、程度、原因等，为制订公共关系对策提供根据。专项公共关系调查主要包括特殊问题调查、公共关系活动效果调查、传播效果调查等。其中，特殊问题调查是指企业就某一特定或重大事件，如企业危机问题等而进行的专项调查。

二、公共关系调查的基本步骤

公共关系调查基本上分为三个阶段，即准备阶段、实施阶段和分析阶段。

（一）准备阶段

（1）确定调查主题。确定调查主题包括确定调查的目的和内容，组织应根据公关工作的实际需要确定不同类别、不同时期的公共关系调查的主题。

（2）确定调查范围。调查范围的确定包括两个方面：调查对象的确定和调查对象范围（即样本数）的界定，组织应根据调查主题的内容界定对象范围。要根据力所能及的条件来确定调查范围，并应确保调查结果具有一定的代表性、客观性、全面性。为保证调查范围更为科学合理，在确定调查范围时，应注意收集以下资料。

① 调查对象的背景资料。是指被调查者的年龄、性别、职业、文化程度、收入水平、家庭情况等。

② 调查对象对组织的认知情况。其主要包括对企业基本的经营状况、开展的主要活动等是否了解以及了解的程度等。

③ 调查对象的态度情况。是指被调查者对组织的方针、政策、各项工作及发生的问题与事件所持的态度。从心理学上讲，态度是公众对于企业所持的主观上的内在意向，它是公众的认识、行为习惯的综合反映。公众态度从形式上划分，可分为支持、中立、反对、敌意等多种；从持续时间长短来划分，可分为惯性态度和即时性态度两种。

④ 调查对象行为情况。是指被调查者受自身态度支配所采取行为，如接纳企业及其产品、不接纳企业及其产品、是否施加某种压力等。

（3）确定调查方法。根据不同的调查主题和公众范围，确定相应调查方法，并着手调查前的准备工作，如调查问卷的设计、与对象之间的联络等。确定方法时应考虑以下问题。

① 用什么方法才能获取尽可能多的情况和资料。

② 用什么方法才能获取更为客观的调查结果。

③ 用什么方法才能以最少的成本获取最好的调查效益。

（4）确定调查负责人员、地点、日期、费用及其他重要事项。

（二）实施阶段

以上准备工作完成后，就可进入实际调查，即通过问卷的分发与回收，或者采取与调查对象面对面地直接交流等形式，获取调查的信息。

（三）分析阶段

调查实施结束后，需要对获取的信息资料进行整理、统计、分析，根据调查的主题写出调查报告。

三、公共关系调查的方法

实际工作中，常用的公共关系调查方法有如下五类。

（一）探测性调研法

探测性调研法又称为非正式调研法。当企业对需要调研的问题所涉及的范围和内容尚不清楚时，应采用探测性调研法作为试探，以便进一步深入调查。公共关系调查中经常使用的探测性调查方法有以下几种。

1. 个人接触

个人接触是指公关人员通过个人接触的方式，与有关公众进行非正式的信息交流，从中听取公众的意见和评价。因此，在日常公关工作中，公关人员在和各类公众交往的过程中，就应随时留意和观察公众对于企业及其产品等方面的反应。

2. 公众热线电话

公众热线电话是"反馈信息现实性"的一种普遍的工具，尤其是在与消费者发生直接联系的企业中,如商业企业、饭店等服务行业,开设热线电话不仅为消费者提供了反映企业问题的机会,还为企业提供了消费者关心的热点和反映的最新情报。通过定期对公众热线电话内容的分析,可以了解消费者对企业的意见及建议等。

3. 公众来信分析

对公众来信进行分析,与公众热线电话一样,是企业"倾听公众脉搏"的重要手段之一。

由以上可知,探测性调研法强调平时的积累,它具有灵活性、及时性等特点,能发挥"早期警报"的作用,因此它在企业公关工作中是一种重要的调查研究方法。

(二)媒介分析法

媒介分析法是组织有目的性系统地收集情报和调研的活动,它是通过对媒介中报道的内容进行整理、分析,从中挖掘出于企业有用的信息,可利用的媒介如报纸、杂志、广播、电视、电影、书籍等。媒介分析法的基本步骤如下。

(1)搜集资料。对有关本企业产品、人员、市场等的情况,竞争对手的情况,科技进步情况,国际市场动态以及民俗、风土人情、企业案例等资料进行搜集、积累。

(2)分类检索。即按一定的规则把各种资料归类存储。

(3)保存资料。即通过对各类资料进行剪贴、登记、装订、归类等工作,将资料很好地保存起来以备查阅。

(4)分析资料。根据一定的目的,对有关资料进行分析。分析方法主要有综合归纳分析法、逻辑推理分析法等。

(三)询问法

询问法是公共关系调查中最常用的一种方法。它是直接向被调查者提出问题,并以所得的答复为调查结果。按照调查者和被调查对象的接触方式与询问传递方式不同,询问法可以分为面谈访问法、邮寄调查法、电话询问法、留置问卷调查法和现场问卷调查法等。

1. 面谈访问法

面谈访问法是以调查者对被调查者进行访问的形式来收集公共关系信息。调查者一般根据事先准备好的问卷顺序提出问题,也可以自由交流的形式进行。面谈访问法的形式可以采用个人访问、公众座谈等形式。这种方法的优点是调查内容广泛深入,取得的资料真实性较高;缺点是调查成本较高,调研结果会因调查人员水平的高低而存在明显的差异。

2. 邮寄调查法

邮寄调查法是调查者把调查表(或调查问卷)邮寄给有关调查对象,请被调查者自行回答完成后寄回。此种方法的优点是调查面广、费用较低;缺点是调查表的回收率较低,回收时间较长。

3. 电话询问法

电话询问法是由调查者用电话向被调查者询问的方法。其优点是调查费用较低,资料收集方便、迅速；缺点是调查对象范围和调查内容的深度受到一定限制，难以询问比较复杂的问题。

4. 留置问卷调查法

留置问卷调查法是由调查者事先将调查问卷留给被调查者，然后约定时间由调查者登门取回调查问卷。此法的优点是调查对象有充足的时间回答问题，较少受外界因素的干扰，所以调查结果较为真实客观；缺点是费用较高，问卷回收时间较长。此方法主要用于一些重要公众（如企业最高主管、企业上级领导、名流公众等）的调查。

5. 现场问卷调查法

现场问卷调查法就是在特定的场所，让被调查者在一定的时间内，回答询问并填写问卷。现场问卷调查法应用范围较为广泛、经济实用，是公共关系调查最常用的一种方法。

总之，在进行公共关系问卷调查时，应特别注意调查的组织工作，要确保调查步骤的每一环节都得到落实。

（四）观察调查法

观察调查法是从旁观察被调查者的行为及现场事实，并以此累积作为调查结果。观察调查法的优点是以从旁观察，或使用摄像机、录音机、测录仪器等来代替询问的方式，使被调查者不感到自己正在被调查，从而可以获得更为客观的第一手资料；缺点是只能观察调查对象的表面活动，不能了解到其内心活动的情况。

（五）实验调查法

实验调查法是选择某一特定的市场或公众范围来进行某项小规模的试验，以了解公众的反应，以便求证假设的结果是否能真正实现，如新产品的新价格、产品的新包装、试销，新企业标志的使用等。在应用求证方法时，可以使用询问法，也可以使用观察调查法，或这两种方法并用。此调查法的优点是调查结果比较真实可靠，可以作为企业决策的重要根据。

四、公共关系调查技术

以上各类公共关系调查方法中，都涉及特定的调查技术和人员，掌握这些技术、技巧的熟练度，将直接影响调查结果的质量。在这里，着重介绍调查问卷的设计、样本的确定和调查原则。

（一）调查问卷的设计

问卷调查法是在进行社会调查中使用较广泛的方法，也是进行公共关系调查时最常用的方法之一。

1. 调查问卷的分类

问卷主要分为开放型问卷和封闭型问卷两种。

（1）开放型问卷的设问方法是给出一个问题，对象自由作答，称之为开放型设问。例如：

"您对××企业有何了解？"开放型问卷能给回答者更多的回答选择权，但需较多的精力，有较高的拒答率；并且，开放型问卷的回答不统一，多且复杂，难以进行统计分析。

（2）封闭型问卷是采用语意差别或选择回答方式。例如：

您认为××企业的服务态度：①很好，②好，③一般，④不怎么样，⑤很不好。

在您心目中，以下这些商标按名气大小的排列顺序是（　　　）。

a. 雪花　海尔　美菱　上菱　容声　格力
b. 容声　美菱　海尔　上菱　华凌　雪花
c. 海尔　容声　美菱　华凌　上菱　TCL
d. 美菱　海尔　容声　格力　华凌　雪花

封闭型问卷回答可信度高，调查结果便于统计分析。但是，由于设问的局限性，不利于调查者发现更多的新问题。

2. 调查问卷的构成

调查问卷一般由题目、说明语和问题三部分构成。

1）题目

通常情况下，题目是调查问卷中可有可无的部分，这应视调查内容而定。如果有必要设置题目，则应注意几点：一是要简洁明了；二是要使题目本身紧扣调查目的；三是要注意题目不要给调查对象以不良的心理刺激。

2）说明语

说明语是问卷的第二部分，它是用来向调查对象说明调查的目的、意义等情况，以期得到调查对象的合作。说明语一般由以下几部分组成：①称谓；②调查的出发点和目的；③调查与调查对象自身利益的关系；④强调调查对象的合作对这次调查的重要性；⑤回答问题的原则、具体要求及双方的责任；⑥对有关问题的解释等。如有必要，还应注明联系人、联系地址、电话号码等。说明语语气要热情、恳切，用语应简洁明确。

3）问题

问题设计是调查问卷设计的关键。一份好的调查问卷，不仅要通过问题表现调查内容，还应确保达到调查目的。因此，问题设计应注意以下几点：

（1）设计问题时，不仅要注意准确表现调查内容，还应注意措辞简洁、易懂，不带倾向性、强迫性、引导性，要使调查对象能够真实、客观、容易地作答。

（2）一般来说，完整的问卷应包括两类问题，一是事实问题，二是态度问题。事实问题一般采用多项选择的设问方式；态度问题则一般采用开放型设问方式，以给调查对象畅所欲言的机会，也便于调查者探测调查对象的意见和评价。

（3）对于开放型问卷（或问题）应注意留出足够回答者填写用的空白空间。对于封闭型问卷（或多项选择问题），主要注意印刷整齐、标准。一般来说，多项选择的设问方式包括单项选择、多项选择、对比选择、排序选择、程度选择等。

（4）一张问卷上的问题不宜过多，应考虑调查对象能在短时间内填完。此外，问题的顺序应按其类型、逻辑关系和调查对象心理进行精心的安排，以期取得较好的调查效果。

（二）样本的确定

确定样本包括抽样和确定样本数两个方面。

抽样方法主要包括随机抽样、非随机抽样等。在一般公共关系调查中，不一定非按理论抽样方法进行抽样，多数情况下，只要抽出的样本具有代表性即可。此外，从理论上讲，样本的适当数目可以利用统计方法计算。在实际工作中，公共关系调查的经费有限，因此，一般在一定预算下，取许可的最多样本数即可。

（三）调查原则

为了保证公共关系调查的科学性和可靠性，公共关系调查人员进行公共关系调查时应遵循以下原则。

（1）客观性原则。指在调查时调查者应该按照事物的本来面目了解事实本身，无条件地尊重事实，如实记录、收集、分析和运用材料。调查者在实施调查计划时，对调查对象不抱任何成见，收集资料不带主观倾向，对客观事实不能有增减或歪曲，这是调查中必须遵循的实事求是的科学态度，也是从事调查研究最基本的原则。

（2）全面性原则。指调查者在调查中应该多角度、多方面地获取有关材料，即进行全面调查，注意横向与纵向、宏观与微观、多因素与个别因素的结合，使调查既有全面性又有代表性。

（3）时效性原则。在现代市场经营中，时间就是机遇。丧失机遇，会导致整个经营策略和活动的失败；抓住机遇，则为成功铺平了道路。

（4）计划性原则。调查者在特定的工作环境和时空条件下，要充分发挥主观能动作用，这是调查方法与技巧是否运用得当的依据之一。

（5）伦理原则。①社会调查必须尊重每一个人的人格，这是最基本的伦理原则。社会调查要把每一个被调查者作为一个独立的法律主体来看待，无论其是何民族、是否富有、是否受过良好的教育等。②社会调查必须保护个人的隐私。当我们进行各种具体的调查项目时，常会涉及被调查者的个人隐私，如年龄、家庭情况、个人爱好等，这些在伦理上都应该受到保护，所以我们在调查时要注意这项原则。

第二节　公共关系计划

在公共关系调查基础上，确定了公关问题之后，就要进行第二步的工作——制订公共关系计划，即公关人员根据组织的现有公关状态和目标要求，构思和设计实现公关目标的行动和活动方案。

一、公共关系计划的类型

1. 按计划的期限划分

公共关系计划按期限划分可分为公共关系长期计划、公共关系年度计划、公共关系项目活动计划等。
（1）公共关系长期计划是指三年以上的公共关系计划，又称为公共关系战略规划。
（2）公共关系年度计划是指在一个计划年度内公关活动的内容、措施制订及目标实现的计划。
（3）公共关系项目活动计划是指企业为开展专门性的公关活动而编制的计划。从时间上看，项目活动计划属于短期计划（年度以内，或季、月、旬、周、日）；从性质上看，项目活动计划属于执行性计划。因此，要求计划的编制应细致、深入，对活动的形式、内容、时间、地点、预算等应有明确、具体的安排。

2. 按计划的综合程度划分

公共关系计划按综合程度划分，可以分为综合性计划和专项计划。
（1）综合性计划是指导企业整体公关工作的纲领性文件，如公共关系战略计划。
（2）专项计划是针对某些公关业务制定的计划，如公共关系培训计划、公共关系传播计划、社区公共关系计划等。

3. 按企业组织层次的隶属关系划分

公共关系计划按隶属关系划分，可分为总公司计划、分公司计划等。

二、公共关系计划的制定步骤

广义的公共关系计划包括公共关系战略计划、短期（年度、季度）计划和公共关系活动策划三种。制订计划的基本原则：①生产企业提供的解决问题的能力；②企业把顾客满意作为最大利润；③饭店业需遵循"100－1＝0"的准则；④政府部门要增强透明度；⑤非营利组织要有社会效益。

公共关系计划的制订一般涉及的内容和步骤：确定目标、制订方案、安排时间、编制预算、编写计划。

（一）确定目标

公共关系目标是公共关系计划的核心。确定公关目标实际上是一个目标顺次展开，逐层分解的过程。目标的确定与计划期内存在的公关问题紧密关联。下面根据不同的标志对公关目标进行分类：
（1）按公关工作的对象不同，可分为顾客公关目标、媒介公关目标、政府公关目标、社区公关目标等。
（2）按公关工作目标的性质不同，可分为一般性目标和特殊性目标。

一般性目标是依据以往公关工作经验和本年度内企业管理的一般要求来确定的常规性的公关目标。这类目标一般具有相对稳定的特点，如定期收集消费者对于企业产品的意见，定期为消费者提供某种特殊服务的活动，以及例行的节假日公关活动等。

特殊性目标是指配合本年度企业管理的特殊举措，以及其他特殊活动而制定的公关目标，如本年度企业要推出新产品，或在经营结构上有重大调整，或是本年度内有重大社会活动（如亚运会的召开等）和具有特殊意义的纪念日、节日等。特殊目标在公共关系计划中占有非常重要的地位，需要认真地进行目标分解，制订相应的分目标，以求得到较为详细具体的计划。

（3）按公关工作的活动类型不同，可分为传播信息、联络感情、改变态度、引起行为等目标。

（二）制订方案

制订方案就是对如何实现公关目标设计出具体的行动方案，它包括活动方案和传播方案两个方面。在制订方案时，主要应做好以下工作。

（1）进行公众细分。即根据一定的标准对企业所面对的公众进行排队、分类，以掌握公众的类型和态度。

（2）确定目标公众。即根据企业的环境、条件和公关目标等来确定企业公关活动的主要对象。

（3）分析目标公众的权利要求。企业应分析掌握不同的目标公众的权利要求，根据他们的特点来进行方案内容的确定与实施。

（4）分析目标公众对企业的态度。企业应从大量的调查资料中总结分析出公众对于企业的态度，并据此设计公共关系对策。

（三）安排时间

为保证公关工作有序开展，还必须对年度内的各项公关活动的进程做出具体的时间安排和控制。实际工作中，可以用条形图来表示公关工作的时间安排和进度。

（四）编制预算

编制预算是落实公共关系计划、有效控制成本和考核公关工作的重要方法。

1. 公关预算的基本方法

公关预算的基本方法有以下两种。

（1）总额抽成法。从企业年度销售额或产值总额中按照一定的百分比提取作为年度公关预算经费。这种方法简便易行，主要适用于那些经营状况比较稳定、历史资料数据齐全的企业。

（2）项目经费累加法。即先核定单项公关活动的预算，然后进行汇总，便可得出全年公关预算经费总额。

2. 年度公关预算的内容

年度公关经费预算的内容主要包括以下几项：工资及劳务费、咨询培训费、行政办公费、资料费（各种宣传资料、印刷、邮资费等）、器材费、公共关系广告支出、赞助费、交际费用（如礼品、宴请、座谈会、招待会费用等）、机动费用等。企业应对以上各项费用进行科学的核算与管理，确保资金的使用效益。

（五）编写计划

编写计划是指形成公共关系计划的书面材料，它是指导组织公关工作的行动纲领和依据。

年度公共关系计划的内容主要包括年度公关目标和主题、公关活动计划和传播计划、资金预算、有关负责部门和人员及其相应职责等。

公共关系活动计划的内容主要包括：活动名称，活动目标和主题，活动的主要内容及活动范围，活动的筹备、设计、实施的时间表，信息传播方案，经费预算，负责人员及其各自的责任，活动效果的考核标准及办法等。

第三节 公共关系计划实施

公共关系计划的实施是指在公共关系方案被采纳以后，把计划所确定的内容变为现实的过程。公关实施这一环节被看作公关四步工作法中最复杂多变的一个环节。公关实施结果如何，直接决定了公关传播效果和公关工作的成败。具体而言，公关实施的意义为：第一，公共关系计划的实施是解决问题的中心环节；第二，公共关系计划的实施决定了计划能否实现，以及实现的程度和范围；第三，公共关系计划实施的结果是后续方案制订的重要依据。

公共关系计划的实施包括公关措施和传播沟通方案的制订与实施。在这个过程中，组织必须以有效的传播沟通来配合公共关系行动方案的实施，这样才能增进企业与公众的相互了解和支持，实现公关（计划）的目标。

一、影响公共关系计划实施的因素

1. 公共关系计划实施中的障碍

（1）语言障碍。语言是人类交流思想的工具，它是以词汇为建筑材料，以语音为物质外壳，以语法为结构条理而构成的符号体系。语言与人的思维紧密相连，人们借助语言才能更方便地向外界传播信息和接收信息。所以在传播、沟通时，一定要强调语言的运用技巧，如修辞、音调等，否则会对某些特定的接收对象造成语言方面的沟通障碍。

（2）习俗障碍。风俗习惯是指在一定的文化历史背景下形成的具有固定特点的调整人际关系的社会因素，如道德习惯、礼节、审美传统等。风俗习惯是世代相传的一种习俗，不仅不同国家、不同民族的风俗习惯不同，同一国家、同一民族因居住地区的距离远近不同也会形成不同的风俗习惯。

（3）观念障碍。观念是指在一定的社会条件下人们接受、信奉并用以指导自己行动的理论和观点。观念对沟通起着巨大的作用，相同的观念会极大地促进沟通的顺利进行并取得良好的沟通效果，而不同的观念则会成为沟通的障碍。因此，有必要认真对待沟通障碍中的观念障碍。

（4）心理障碍。心理障碍是指人的认识、情感、态度等心理因素对沟通造成的障碍。例如，由于人们的认识程度不同，在说服受教育程度较低的公众的时候，只提供所述论点的有利方面比利弊俱陈更为有效，而对受教育程度较高的公众同时晓以利害才更为有效。

（5）组织障碍。传递层次过多造成信息失真；机构臃肿造成沟通缓慢；条块分割造成沟通断路；沟通渠道单一造成信息量不足。

2. 公共关系计划实施中的突发事件障碍

（1）人为的纠纷危机。如公众投诉、新闻媒介的批评、不利舆论的冲击等事件。

（2）不以人的意志为转移的突变危机。如自然灾害等。

二、选择公共关系媒介的原则

（1）根据公关工作的目标要求选择。公关目标是组织开展活动的目的，公关活动是为了达到目标。

（2）根据公关工作的对象选择。公关对象是各类公众，而公众的需求就是公关活动的前提。

（3）根据需要传播的内容选择。传播内容决定传播形式和传播媒介，公关活动需要用最适合的媒介才能保证公关活动成功。

（4）根据经济条件选择。公关活动是需要成本的，公关活动必须考虑企业的承担能力。

三、公共关系活动方式

（1）宣传性公关。是以扩大社会组织的社会影响为特征的公关工作，即运用各种传播手段宣传社会组织的公关信息，以影响组织的相关公众和社会环境。其主要用于组织开业等宣传，可以扩大影响。公关宣传工作的方法主要有发布新闻、公关广告、组织宣传物、出版各种宣传手册或视听资料，开展各种演讲或表演活动等。宣传性公关的特点是具有主导性和时效性，影响面广，能迅速扩散组织信息，推广组织形象，特别适于提高社会组织的知名度。

（2）交际性公关。主要是针对特殊公众，可以获得特殊公众的关注和支持。即运用人际交往手段，与相关公众建立情感关系，协调特殊公众关系，创造社会组织"人和"环境。交际的具体方法有面谈、联谊、慰问、参观、谈判、座谈等。其特点是直接交流沟通，灵活调整、富有人情味，又与相关公众保持持续的了解和支持。

（3）服务性公关。是指以实际的各种为公众服务的行动，即向公众提供各种实在的服务，以期获得公众的了解和好评的公关工作。这类工作可以得到广泛的公众认可和提高美誉度。

（4）社会性公关。是指以发起或参与各种影响社会的公益性活动为手段，向社会表明组织对社会公益活动的热心和支持，以塑造社会组织的良好形象。社会性公关工作的形式主要有社会赞助、竞赛活动等，以及参与社区活动，举办有意义的大型庆典活动等。社会群体可以得到社会的认可，建立知名度与美誉度。

（5）征询性公关。是指以开展调查研究、意见征询活动为途径，向公众采集各种公共关系信息，并在此过程中传播社会组织求真务实精神的公关工作。征询性公关工作的形式有开展公关调研、开办有关咨询、举办有关信息交流活动等。征询性公关的作用是能提高社会组织的美誉度和可信度。

（6）建设性公关。是一种高姿态的传播方式，其工作目的是为社会组织建立良好的社会形象，奠定广泛的社会基础。它主要用于组织的开创阶段，以及社会组织的某项事业、某项产品、某项服务初创、问世阶段。建设性公关的具体方式有举行开业庆典、举行落成典礼、举办剪彩活动、召开新闻发布会、发布开业广告等。它的特点是具有开拓性、拓展空间广。

（7）维系性公关。是一种较低姿态的传播方式，一般适用于社会组织的稳步发展阶段或顺利发展时期，是长期合作性公关，可以在静态发展，拥有长期公众持续性，可以持续发展。其工作的基本任务是维系社会组织已经享有的社会声誉，稳定社会组织已经建立的广泛联系。维系性公关工作的主要方式：在一些大型建筑物上安设长期广告，与广大公众保持经常的信息交流活动，逢年过节向有关公众表示慰问，给新老顾客适当的优惠和奖励等。维系性公关的特点是心理效应，持续不断。

（8）防御性公关。主要在竞争类型企业，可以防御危机发生。其基本工作是监测社会组织的整个公共关系系统，对社会组织的公关进行预警预控，以防止社会组织的公关状态失调。这种公关工作适用于社会组织的各个发展时期，因为任何社会组织都在动态发展变化，都可能潜存问题和危机，或因自身原因，或因人为破坏，突然显现出来，使社会组织措手不及，造成巨大危害。因此，开展防御性公关是必需的，并且是社会组织的一项长期的、持续不断的工作。

（9）矫正性公关。具有发展性，即在社会组织公关状态严重失调的情况下，采取一定的方法与措施，平息风波，矫正组织自身行为，挽回不良社会影响，重塑组织形象，以使社会组织重振雄风。矫正性公关工作一般适用于社会组织遇到危机，环境状态严重失调，组织形象严重受损的时候。开展矫正性公关的目的主要在于防患于未然，并且扭转广大公众对社会组织的印象，取到更好的突破，维护和重塑社会组织的良好社会形象。

（10）进攻性公关。是危机时期的特殊公关，其特点是反守为攻，化危机为机遇。即在不利时机和不利条件下抓住有利时机和有利条件，主动摆脱被动局面，可以化解危机，积极开拓新的领域，以使社会组织的公关工作更好地获得生机，适应环境的变化。进攻性公关工作一般用于社会组织与社会环境发生某种冲突、摩擦的时候，为了有效摆脱公关的被动局面，社会组织必须抓住现存的有利条件和有利时机，主动改变公关决策，迅速调整公关策略，积极采取各种可行的公关措施，以便改变自身的公关环境，把组织未来工作做好。

案例 6-1

1973 年 8 月，在英国的《新国际主义者》上发布的一份报告称，"据统计资料表明，只有 2%的母亲由于生理原因不能哺育婴儿和只有不到 6%的母亲是因为不在家而不能哺育婴儿。部分食品公司为了商业利益而片面宣传其产品的母乳替代作用，发展中国家由于相信了这些宣传，每年有 1 000 万婴儿因非母乳喂养而导致营养不良、引发疾病或死亡"。由此拉开了一场最初由慈善团体和宗教团体发起、耗时长达 10 年之久的抵制雀巢产品的世界性运动。反应最为激烈的是美国市场，这场抵制运动高举"维护母乳喂养"的大旗，指责以雀巢公司为代表的世界食品工业企业不负责任地在发展中国家大量销售其婴儿食品，反对雀巢公司等在这些国家倾销婴儿牛奶。

直到 1980 年年末雀巢公司才意识到具有对抗性的法律手段并不能解决所有的问题，公司需要一种能更好地协调各方关系的国际公共事务管理机制，并重金聘请了世界著名的公关专家帕根商量对策。其实，雀巢公司这时候做的是"亡羊补牢"的事情了。帕根把工作重点放在抵制情绪最严重的美国，专心听取社会批评，开展游说活动；还成立了听政委员会，审查雀巢公司的经销行为，并调整产品推广方案，在广告上加入了母乳喂养的好处等营养学常识；在华盛顿还成立了雀巢公司营养学协调中心，要求各地经销商注意平衡市场推广和营养常识普及的宣传力度。

1981年，雀巢公司停止雇佣公关公司，公关部开始自我名誉恢复工作。

（1）调查研究：①其产品的营销方式受到公众指责；②危机由社会舆论造成。

（2）提出目标：①与知名公共关系专家建立联系；②确立危机处理小组在舆论制造者心中的地位；③使雀巢公司有机会发表自己的言论；③确保与公众不间断的信息交流。

（3）具体措施：①批准采用世界卫生组织的《母乳代用品销售守则》；②大力改善和新闻界的关系；③建立10人委员会来监督雀巢公司对《母乳代用品销售守则》的遵守情况，并处理消费者投诉；④雀巢公司每年用60亿瑞士法郎，从发展中国家购买原料，每年拨出8 000万瑞士法郎来帮其提高农业产量。这一系列的举措逐步挽回了雀巢公司的信誉。

（4）结果：1984年，雀巢公司的年营业额高达311亿瑞士法郎，并且收购了三花食品公司。

案例分析：

公共关系计划的实施必须依靠切实的公共关系措施和有效的传播沟通，组织必须利用传播沟通来配合公共关系措施的实施，并利用各种传播沟通手段来加强公众对于企业的了解和认识。从一定角度看，公共关系计划的实施过程实际上就是信息传播的过程，正如美国著名公共关系学者卡特利普所认为的：传播沟通手段是促进企业与公众之间相互了解的催化剂（沟通语言可以被看作一种催化剂）。因此，在公共关系计划实施过程中，信息传播工作占有非常重要的地位。

第四节　公共关系评估

公共关系评估是指根据特定的标准，对组织公关工作进行检查、评价和审核。是改进公关工作的重要环节，是开展后续公关工作的必要前提，是鼓舞士气、激励内部公众的重要形式，能使组织领导人看到公关工作的效果，从而重视公关工作。

公共关系评估不仅是对公共关系计划实施效果的分析、总结的过程，而且是根据特定的标准，对公共关系计划、实施及效果进行检查、评价，以判断其优劣的过程。在20世纪20年代，美国公共关系先驱者罗特扎恩就说过："当最后一次会议已经召开，最后一批宣传品已经散发，最后一项活动已经成为历史记录的时候，就应该在自己的头脑中把所使用的方法重新过滤一遍，以总结经验和教训，供下一次活动借鉴。"在这里，罗特扎恩已经意识到公共关系评估的重要性。实际上，它贯穿于公关工作的始终，是对公关工作程序的各个阶段，以及公共关系计划实施总体效果的评价。

科学的公共关系评估可以及早发现问题和偏差，及时对公关工作进行修正、补充和完善，从而提高公关工作的有效性。因此，公共关系评估对于公关工作程序的进行具有非常重要的反馈和控制作用。

一、公共关系评估的基本程序

公共关系评估的形式多样，但都应遵循以下基本程序。

1. 设立统一的评估指标体系

统一的评估指标体系是进行公共关系评估的依据。从内容上看，它包括评估项目和评估标准两部分。

1）评估项目

评估项目就是评估的具体内容。它可能是定性的，也可能是定量的。这就要求评估人员将有关问题，如评估重点、提问重点形成书面材料，进而形成评估的基本项目。此外，在具体的评估过程中，还应将这些基本评估项目进一步分解、具体化，如谁是目标公众？哪些具体的效果将会发生及何时发生等？没有评估项目的分解，评估就无法进行。

2）评估标准

评估标准说明了企业的期望效果。其中，质量标准是衡量产品质量水平的尺度，评估标准是用来评价、审核公关工作成效的尺度。例如，如果企业要使公众了解自己支持当地的教育事业，以改善自己的形象作为公共关系评估项目，那么评估这种公关活动的标准就应是了解公众对企业认识的情况，以及他们对企业的观点、态度和行为变化等。

2. 充分考虑，周密筹划

取得企业最高管理层的认可，并将评估过程纳入公共关系计划之中，使之成为贯穿于公关工作始终的重要组成部分。因此，对评估的方法、程序等问题应予以充分考虑和周密筹划。

3. 在公关部门内部取得一致评估研究意见

公关部门的负责人要认识到，即使是公关人员也不能立刻把公关活动没有实物性结果的性质和它的可测量效果联系起来，要给他们足够的时间认识评估的作用和现实性，并允许他们通过自己的亲身体验来加深这一认识。

4. 确定评估实施的具体办法

公共关系评估可以沿用公共关系调查的方法，但也有其他的灵活有效的方法。例如，分析组织公关活动实施的记录资料。总之，方法的选择取决于评估的项目、提问方式及评估标准。

5. 保持完整的评估记录

评估资料能够充分反映公关人员的工作方式和工作效果，尤其重要的是反映计划的可行性程度，哪些策略是有效的，哪些策略是无力的或者无效的，哪些环节衔接比较紧密，哪些环节还有疏漏或欠缺等。

6. 运用评估结果

公共关系评估的结果既是对前一个周期工作的总结和评价，又是对下一周期工作进行修正和完善的根据。所以，由于评估结果的运用，将会使组织公关工作的每一个周期都比前一个周期表现出更大的影响力，使公关目标更加符合组织发展方向的要求。

7. 将评估结果向组织管理者报告

将评估结果向组织管理者报告应该成为一项固定的制度。它的作用：一方面，可以保证组织管理者及时掌握情况，有利于进行全面的协调；另一方面，可以说明公关活动在持续保持与企业目标的一致性，以及在实现企业目标过程中的重要作用。

二、公共关系评估的内容

公共关系评估涉及所有的公关工作，从组织内部公共关系到外部公共关系，从组织形象到公共关系信息传播，从公共关系调查到公共关系计划及其实施的结果，从日常公关活动到年度公关活动，以及各专项公关活动等，都需要进行科学的评估。在这里，评估的具体指标会因评估对象的不同而有所区别，但评估的内容均涉及以下三方面。

1. 准备过程评估

（1）目标确定的深度与广度。
（2）计划与预计的目标是否一致，成功的机会是否最大。
（3）确定目标公众时是否遗漏了关键公众。
（4）哪些关于公众方面的假设被证明是错误的。
（5）新闻界所需要的材料哪些没有准备充分。
（6）企业环境中的所有关键因素是否都已确定。
（7）公共关系信息资料是否符合问题本身目的及媒介的要求。
（8）沟通活动是否在时间、地点、方式上符合目标公众的要求。
（9）是否存在对沟通信息和公关活动的对抗性行为。
（10）在策划活动方面做得如何。
（11）预计或实际费用是多少，以及可能取得怎样的效益。

2. 实施过程评估

（1）传播沟通活动是否达到预定的公众目标区域。例如：①发送信息的数量；②信息的内容；③信息的表现形式（或信息的传播方式）；④信息被媒介采用的数量；⑤信息的公众数量及公众构成。
（2）社会关系的协调是否正在按公共关系计划设计的程序进行。例如：①了解组织公关信息内容的公众数量；②改变观点的公众数量；③实施期望行为的公众数量；④重复期望行为的公众数量；⑤达到的目标与解决的问题。

3. 效果评估与原因分析

（1）公关工作是否达到了预期的效果，存在哪些差距，主要原因是什么。
（2）实现的效果是否包括计划外的其他活动作用的结果。
（3）这项活动是否产生了预料之外的影响，是什么原因造成的。
（4）成本收益状况如何，主要原因是什么。

（5）同可利用的信息与媒介资源比较是否充分运用了这些资源。

习 题

简答题

1. 公关工作程序包括哪几步？
2. 公共关系调查的内容及方法有哪些？
3. 编制公共关系计划包括哪几个环节？
4. 影响公共关系计划实施的因素有哪些？
5. 公共关系评估的方法有哪些？

第七章

企业文化与品牌建设

品牌建设。

品牌及品牌战略，品牌建设。

第一节 企业文化

21世纪是一个文化冲击的世纪，以人类利益为中心的文化价值观念，必将在竞争中获得更大的社会认同。文化是一定社会政治和经济的反映，又对一定社会政治和经济产生巨大的影响。文化和经济是一种相互推动又相互制约的关系，从它诞生的那一天起，就与人类社会结下了不解之缘。对资源的掠夺式开发，片面追求经济效果，形成恶性循环的趋势状况——以当代人眼前利益为中心的"秩序、公平、平等"作为传统的价值取向令人担忧。企业能否培育自己的文化并发挥其作用，将决定其在21世纪的生存能力，企业的文化将成为未来企业的第一竞争力。企业作为一个营利性的组织，不仅是一种经济存在，而且是一种文化存在，是一个由文化决定的经济组织。企业进行文化建设，理顺价值差异，统一管理思想，澄清共同准则，通过对内整合达到对外部竞争环境的适应，提高组织运作效率，塑造整体形象，增强企业核心竞争能力，实现企业经营业绩的持续健康增长。

一、企业文化的意义

企业文化是一种如何使企业的战略与战术和管理达成目标的一种氛围，是企业在生产和管理活动中所创造的具有企业特色的精神财富及其物质形态。

（一）体现的是人本经济

企业的发展、实现利润最大化的首要因素是人。只有充分发挥了人的作用，企业才能步步为营、蒸蒸日上。

企业文化是人力资源经济的开发与互动,成员的一致性是创造企业经济效益的前提。员工在企业工作,企业就是其个体生存的环境,也是员工实现个体价值的舞台,组织的团体价值只有通过个体价值来创造与实现,团体中的每个成员都能在团体中追求和实现个人的价值。当你创造了这样一种团体环境——在这个环境中,个体能够充分展示自己兴趣,追求自己的价值,那么这个团体就具备了足够的凝聚力并且使团体的价值通过许许多多的个体活动得以充分实现。对此,马克思曾精辟论述:只有在集体中个人才能获得全面发展其才能的手段。

松下幸之助曾经说过:"造物先造人。"有学者认为,企业文化就是在企业具体的历史环境条件下,将人们的事业心和成功的欲望化成具体的目标、信条和行为准则,形成企业职工的精神支柱和精神动力,为企业共同的目标而努力。企业文化是一种重视人、以人为中心的企业管理理论,它强调把企业建设成为一个具有使命感和责任感的命运共同体。以往的管理理论大多以物为中心、以生产和利润为中心,人仅仅成为生产和利润的工具与手段。公司文化理论强调人是管理的中心,在管理实践中贯彻尊重人、理解人、关心人、信任人的原则,重视对人的激励、培训、考核、任用和晋升,重视开发公司员工的精神素质,使他们能够得到个性的培养与全面的发展。

优秀的企业就是要创造一种能够使企业全体员工衷心认同的核心价值观念和使命感,一个能够促进员工奋发向上的心理环境,一个能够确保企业经营业绩的不断提高,一个能够积极推动组织变革和发展的企业文化,才是企业长足发展的有效保证。企业文化是以人为中心,以文化引导为手段,以激发职工的自觉行为为目的的一种企业经营管理思想。员工与作为一个整体的组织保持一致的程度是获得经济效益的保证。公司文化就好像是一只看不见的手,常常不自觉地对企业的经营管理起着重要的引导作用。美国一家调研公司曾做过调查,表现出色的公司,其员工往往有一套较清楚的企业价值观(或称信念)。

企业对于员工来讲,已经不是一个简单的求生场所,而是对其一生都产生重要影响的社会组织。员工的一生大部分时间生活在企业里,企业的生存与发展决定了员工的生活水平、社会地位、社交圈子、生活趣味、思想方式及生活信念等。可见,企业的文化是决定其内部员工凝聚力的关键所在。尤其是在当今市场经济的条件下,企业生存与发展不仅要建立在内部良好的凝聚力之上,还建立在外部强劲的竞争力之上。从企业的外部竞争力上来看,公司的公共关系、形象策略、广告传播无一不是企业文化的外在表现,无一不是在展示公司的文化实力。企业文化管理是一种全新的管理方式,它的魅力就在于它以文化管理的方式,内求团结,外求发展,增强企业内部的凝聚力,增强企业外部的竞争力。所以,企业文化的根本任务是重视人、相信人、理解人、发动人、引导人、教育人、培养人和塑造人。例如,花旗银行、英特尔公司的企业文化围绕以人为本进行建设,甚至三菱公司提出了"做三菱人、买三菱产品"的思想;又如,松下公司所树立的"松下精神"不仅体现了公司的价值观,还体现了团体的重要性、对人的关注、一体化的风险承受程度。

因此,优秀的企业文化的实质是建立企业内部的动力机制。这一动力机制的建立,使广大职工了解了企业正在为崇高的目标而努力奋斗,这不但可以产生具有创造性的策略,而且可以使职工勇于实现企业目标而做出个人牺牲。

企业文化是一种黏合剂,能形成一种极强的凝聚力量。把各个方面,各个层次的人都团结在本企业文化的周围，对企业产生一种凝聚力和向心力，使职工个人思想和命运与企业的安危紧密联系起来，使他们感到个人的工作、学习、生活等任何事情都离不开企业这个集体，将企业视为自己最为神圣的东西，与企业同甘苦、共命运，一起去创造企业的经济辉煌。

（二）形成组织共同的价值观，实现可持续发展经济

企业文化的核心是要创造出共同的价值观念，起到价值导向作用，即把企业员工的目标引导到企业所确定的目标上。在激烈的市场竞争中，企业如果没有一个自上而下的统一的目标，很难参与到市场竞争中，更难在竞争中求得生存与发展。在一般的管理概念中，为了实现企业的既定目标，企业需要制订一系列的策略来引导员工，而如果有了一种先进的企业文化，员工就会在潜移默化中接受共同的价值理念，形成一股力量向既定的方向努力。例如，海尔集团的目标导向是创中国的世界名牌，为民族争光。这个目标使海尔集团的发展与海尔集团员工个人的价值追求完美地结合在一起，每一位海尔集团的员工将在实现海尔集团"世界名牌"大目标的过程中，充分实现个人的价值与追求。

在发展过程中，公司管理人员尤其是最高管理层不仅要重视如何安排和配置公司的资金、技术、设备和组织结构等硬件要素，更需要重视如何运用和发挥公司中的非经济要素，即软件要素，如公司价值、公司精神、公司传统和公司风气的作用。与硬件要素相比，软件要素对公司的生存和发展更具有决定性的意义。文化管理是把企业管理的软要素作为企业管理的中心环节的一种公司管理方式。

这样可以取得文化效果。在中华民族传统文化中，存在"万事德为先"的思想，这也是一个优秀企业内在品质的表现。正因如此，企业文化的核心要素是组织成员共同的价值观，也就是一个企业的基本信念和信仰。企业文化理论强调塑造企业员工普遍认同的价值观，创造和谐一致、积极向上的企业文化氛围，发掘企业的整体文化优势。它所重视的人，不仅仅是个人，而是由个人所组成的群体；所要研究的不仅仅是如何满足不同个体的需要，而是如何塑造整个企业的价值观；其目的不仅是单个个体价值的自我实现，而是要使企业这个人格化的组织在激烈多变的竞争环境中发展壮大。从这个角度上来看，一个人的行为在很大程度上取决于其个人的价值观。无论是品质文化、制度文化，还是企业的精神文化；无论是企业的共同愿景、企业风气，还是企业道德；无论是企业的规章制度、行为规范还是风俗与礼仪等，皆发源于此。

企业的价值观是企业在追求经营成功的过程中所推崇的基本信念及奉行的行为准则，亦即企业为获取成功而对其行为做出的价值取向。价值观是公司文化的核心。在西方企业的发展过程中，企业价值观经历了大致三个阶段的演变：最大利润价值观、经营利润合理价值观，以及企业与社会互利价值观。

最大利润价值观是指企业的全部管理决策和行为，以及全体员工的行为都必须从获取最大利润这一标准来评价，符合的就值得推崇，是好的；不符合的则是不好的，要加以约束。经营利润合理价值观即以人类利益为中心的文化价值观念，是指企业成功的标志不在于一时的利润最大，而在于在合理利润条件下，企业的长远发展和企业员工自身价值的实现、组织与社会的双效益的实现。所以，符合企业长远发展，又带来合理利润的一切行为与决策都是可取的，反之则是不可取的。企业与社会互利价值观则是当代企业兴起的一种价值观，它倾向于在确定的利润水平上统筹考虑员工、企业、社会的利益，即把社会责任看作公司价值体

系中不可缺少的部分。

当前,有战略眼光的企业都从追求单纯利润转到了企业长远发展的价值观方面。因为在投资者(业主)直接经营企业时,在其利益驱动下,他必然希望利润最大;而法人治理的公司则不然,只有公司长远发展,才符合公司各方的利益。因此,公司的价值观被印上了深深的时代烙印。企业作为经济组织,它赖以生存的基础是有效利用资源,尽量推出令社会满意的产品。所以,公司的价值观一定含有经济方面的内容。例如,引导员工树立"一切为了顾客"的价值观,使员工不仅有 "顾客是我们的衣食父母"的经济意识,还有一种为公众与社会的责任意识。因为当我们的产品能够给顾客带来利益、当我们对顾客服务周到、当顾客乐意购买我们的产品或服务时,当我们因为自己的努力而为社会做出了贡献,我们的经济目标就能够得到实现。例如,通用汽车公司的汽车游行,展出了本公司不同时期生产的汽车,体现的是为社会发展进步的推动作用。

(三)体现的是形象经济

发展企业文化、锻造企业形象灵魂,是企业经济持续发展的基石。

企业文化就是企业塑造自己独特的形象。优良的企业形象是企业成功的标志,包括两个方面:一是内部形象,它可以激发企业职工对本企业的自豪感,责任感和竞争意识;二是外部形象,它能够更深刻地反映出该企业文化的特点及内涵。市场经济的实践中,企业文化有着巨大的辐射作用,逐步成为全体员工所认同、遵守,带有本企业特色的价值观念。

例如,海尔集团文化塑造的是海尔集团人的形象——创新形象。海尔集团文化以观念创新为先导、以战略创新为基础、以组织创新为保障、以技术创新为手段、以市场创新为目标,伴随着海尔从无到有、从小到大、从大到强,从中国走向世界,海尔集团文化本身也在不断创新、发展。员工的普遍认同、主动参与是海尔集团文化的最大特色。

新时期企业管理方式建设的理性思考是建立优秀的企业文化,这将极大地促进企业的发展,反之则将削弱企业的组织功能。如今全球许多大公司,如奔驰公司、麦克唐纳公司、微软公司、福特公司、通用公司、可口可乐公司,国内知名的企业如海尔集团、长虹电子控股集团有限公司、康佳集团等,都具有独特的企业文化。

例如,青岛啤酒股份有限公司也注重企业形象建设,将企业形象概括为精干高效的队伍形象、品质超群的产品形象、严明和谐的管理形象、优美整洁的环境形象、真诚奉献的服务形象。青岛啤酒有限公司认为,良好的企业形象是一笔巨额的无形资产,有利于提高企业的社会地位和市场上的竞争力,有利于增强与消费者长久不衰的亲和力。

由此可见,品牌塑造是企业实现价值追求的首要和必然的步骤。那么运用企业文化,打造企业品牌就是取得经济效益的重要途径。因为企业品牌它展示着一个企业的形象,它是企业经济实力和企业文化内涵的综合体现。

二、网络企业文化的建设

网络企业如果要想做大做强,企业文化的建设是必不可少的。网络企业的文化意义包含了企业文化的经济意义和社会意义两个方面。这两个方面是相辅相成的,必须注重并处理好这两个方面,只有这样才能体现出企业文化在网络企业发展中的重要作用,从而为企业的发展提供理论支持和精神动力。同时，营造一个良好的网络环境对于网络企业的发展也是十分重要的，它将是企业文化建设的前提与保障。

（一）网络企业文化概述

网络企业是高风险高收益的企业。虽然这类企业在创业初期的投入无法从利润或者现金流反映，未来的成长也伴随着很高的风险，但是网络带来的递增的规模效应、无边界的市场以及大量交易成本的节约，使得大量投资者仍然青睐这类企业。

与此同时，这类企业不得不面对众多的文化缺失现象。实践证明，最好的解决措施就是重视网络企业的文化建设。

在现代社会中，网络企业竞争已逐渐演变为自身硬件和软件的竞争，然而硬件的建设是多数网络企业无法控制的，于是自身软件的建设就成为网络企业竞争的焦点。因此，网络企业要想更好地发展，企业的文化建设是必不可少的。

1. 网络企业

所谓网络企业，是互联于互联网络中的各类企业，是由网络经济拉动起来的企业系统。它大体可以分三大类：一是网上虚拟企业，即在网上进行完全资源配置，网上进行产品创新、技术转让、产品下单、营销交易、商务谈判与种种信息交流的新经济企业；二是实现网络化的传统企业，即将资源配置、技术产品创新、产品营销、商务办公与种种信息交流搬上网络运营的企业；三是网络项目公司，即不同企业、经济实体乃至网络人之间的网络项目、网络业务与网络经济关系，通过网上项目公司形式来实现。

2. 网络企业文化

1）网络企业文化的含义

要明白什么是网络企业文化，首先要明白什么是企业文化。《企业文化实物手册》中对企业文化有如下描述："企业文化是影响变革的主要因素，文化是价值观和信念的体现。它决定公司的决策，指导公司的行动，并影响公司的行为。在大多数组织中，文化是行为的支柱，就像隐藏在细胞中的基因密码，决定组织决策和行为模式。"企业文化是企业在生产经营实践中逐步形成的，为全体员工所认同并遵守的，带有本组织特点的使命、愿景、宗旨、精神、价值观和经营理念，以及这些理念在生产经营实践、管理制度、员工行为方式与企业对外形象的体现的总和。它与文教、科研、军事等组织的文化性质是不同的。

企业文化是企业的灵魂，是推动企业发展的不竭动力。它包含着非常丰富的内容，其核心是企业的精神和价值观。这里的价值观不是泛指企业管理中的各种文化现象，而是企业或企业中的员工在从事商品生产与经营中所持有的价值观念。

据此，我们可以这样认为：网络企业文化是网络企业在生产实践中逐步形成的，为网络企业员工所认同并遵守的、带有网络企业特点的使命、愿景、宗旨、精神、价值观和经营理念，以及这些理念在生产经营实践、管理制度、员工行为方式与企业对外形象的体现的总和。它具体包括网络企业使命、网络企业愿景、网络企业精神、网络企业价值观及网络企业经营理念等方面。

2）两种企业文化关注度的差异

传统企业和网络企业在文化方面其实是比较类似的，如它们都有企业使命、企业愿景、企业精神及企业价值观，但它们关注的方面有着明显的差异。

传统企业要做到长远发展，企业文化建设是必不可少的环节，因此传统企业关注的是企业文化的灌输与融合。一个传统企业的失败可能归结于资金、人员、市场等，但归根结底在于企业没有正确的心态，没有一个可供长期发展的企业文化环境。纵观国内外一些能够长期发展的企业，企业文化已经成了企业发展的灵魂，一个新加入的员工、一个新并购的企业，怎样迅速地融入企业的文化环境之中已成为最为重要的事情。

与传统企业不同，现在的网络企业赖以生存的依然是大量的资金与新经济形势的吸引，但大家的注意力已经不仅仅局限于传统的圈地、上市、融资等内容。对于网络企业来说，人是最宝贵的资源，发挥人员的能动性和提升企业内部的凝聚力才是网络企业最为关注的方面。目前网络企业所暴露出来的问题表面上是资金和管理的问题，而根本上还是内部文化建设的问题。在网络企业，人是最大的财富，如果人员的能动性、凝聚力只靠高薪来支撑，人员流失是网络企业最大的伤痛。

企业文化的建设不是一朝一夕的事，在创业阶段，它受领导人的智慧和个人品质的影响。随着企业的发展，它是一批创业者的经验与精神的结晶，是所有员工的共创与共识。只有把企业团结成一个整体，才能形成强大的竞争力与长久的生命力。

3）网络企业面临的文化缺失现象

随着社会经济的不断发展，网络企业也取得了巨大的进步，但随之而来的各种各样的负面信息也阻碍着网络企业的发展势头，这些负面信息对网络企业的文化底线形成了巨大的冲击，它们已成为了网络企业不得不面对的棘手问题。具体到网络企业而言，其中的文化缺失现象包括以下几个方面。

（1）虚假信息和虚假广告。诚实守信是网络企业的企业价值观的核心要素之一，然而现实生活中各种各样的虚假信息和广告却极大地刺激着网络企业的神经。互联网的开放性使其成为一个商业宣传的优良媒体，越来越多的企业可以方便地在网络上建立和发布自己的信息资料，供他人浏览和利用。但是，也有一些不法企业利用这种电子媒介进行诈骗，通过网络发布虚假信息吸引他人签订合同，待钱财到手后溜之大吉。这种极其不负责任的做法不仅给广大的消费者带来了巨大的伤害，还诋毁了优秀企业的声誉，给这些网络企业的发展蒙上一层阴影。

（2）违约行为和对客户信息的泄密。使企业保持可持续发展是网络企业的企业愿景的内容之一。网络企业肩负着维护本企业可持续发展的使命。然而一些网络企业在网上进行交易时，交易双方一方根据商情的变化，出现一些违约的情况，从而损害另一方的利益。对客户信息的泄密也是一个棘手的问题。在网上进行电子商务的询价、成交、签约，涉及许多商业秘密和公众隐私，如果信用卡的账号和用户名被别人知道，就可能被盗用；如果订货和付款的信息被竞争对手获悉就可能丧失商机。网络是一个较为开放的环境，一些企业为了自己的私欲置客户的利益于不顾，客户信息的泄密是经常发生的现象，这样的情况如果过多的出现将在很大程度上妨碍网络企业的发展，使企业保持可持续发展的目的就自然不会达到了。

（3）市场强占与垄断和知识产权的侵犯。公平公正是网络企业的企业精神的要素之一。此前人们认为互联网市场进入门槛低，大量企业可以很容易地参与到该市场中，因而不会存在垄断的情况。这种情况对于像美国那样的发达国家的市场可能是有基础的，但在发育中的市场，特别是只有一家运营商的情况下，市场的强占就不可避免地会存在。即使在成熟的市场中，现在也存在着对互联网某些方面，如域名登记和 IP 地址分配、互联网干线提供及分销市场的集中化趋势的担心。一旦形成市场的垄断，将破坏公平公正的网络企业精神，从而对网络企业的发展造成一定的影响。

类似的是，对知识产权的侵犯也是当今的一个严重问题，互联网的出现加剧了其严重的程度。在世界上的很多地区，虽然制定了相应的法律规范，并采取了一系列防范措施，但由于相关国家有关软件保护条例不够完善，对盗版软件实施查处的执法部门不集中等原因，使得这种现象仍然没有完全根除。究其根本原因，仍是某些网络公司被过分膨胀的经济利益驱动。它们的这种行为完全违背了公平公正的企业精神，给相关企业的发展带来了不可估量的影响。

（4）质量、服务与承诺不符。为顾客提供优质服务是网络企业的企业使命的一个重要方面。供需双方的网上交易，相互信任是成交的根本保证。但是，面对信用度较低、三角债情况比较严重、假冒伪劣商品泛滥的现实商业环境，人们对网络上的电子交易望而却步就不难理解了。因为担心网上所提供的有关商品的质量及服务与网络承诺不符。当然，一些网络企业没有向顾客提供出它们所承诺的优质服务，这其实是与网络企业的企业使命所矛盾的，这也对企业健康发展产生了不良影响。

面对这些文化缺失现象，网络企业该如何应对呢？做好企业文化的建设是网络企业的出路。要做好网络企业的文化建设就必须明白网络企业的文化意义，这是不可或缺的一环。

（二）网络企业文化的意义

网络企业应对文化缺失现象的主要对策是做好网络企业文化建设，所以网络企业的文化意义的重要性是不言而喻的。根据企业文化对社会和经济的作用，可以把网络企业的文化意义分为两个方面。

1. 网络企业文化的经济意义

网络企业文化之所以会逐渐得到网络企业家的重视，最重要的还是企业家们已经意识到了它所带来的经济效益。企业文化建设作为现代企业管理的重要内容，对企业经营业绩的促进作用已得到企业家的公认。著名的管理行为学权威、哈佛商学院教授约翰·科斯在研究"企业文化与企业经营业绩之间是否存在真正的联系"后认为，企业文化对企业的长期经营业绩有着重大的作用，在 21 世纪将成为决定企业兴衰的关键因素。因此，依据网络经济的特点，做好企业文化建设，从根本上提高企业综合素质，对于网络企业应对网络经济的挑战是具有深远意义的。

作为优秀的网络企业之一的实达网络，它的许多规范、行为、作风、观念等一系列能充分体现文化的东西在网络公司得以沿袭。

走进网络市场的实达网络很快发现，在这一新的领域，他们面对的是更多的客户层面和更快的技术更新周期，而此时，工程师文化开始了更深层的应用，培养出了服务工程师、系统工程师及技术支持工程师。不必说明也不必强调，面对各种经销商、行业用户、最终用户的业务员们马上意识到他们的工作离不开为客户进行技术培训、更离不开为客户提供技术性的服务,如系统的安装、维护与检修。于是,实达网络的业务员融入了工程师文化体系,做一个合格、全面的技术人员便成了他们对自己的要求。在这样的企业文化氛围中,员工在工作中学习,在学习中得到了成长。当然,对于研发人员、技术支持人员、客户服务人员等技术人员而言,网络时代日新月异的技术正鞭策着他们加速奔跑,紧迫感与危机意识使网络通信研究院里彻夜灯火通明。新时代的工程师并不代表封闭、机械、脱离市场,而是实达网络不断发展前进的动力之源。

我们可以看到,创新被放在工程师文化的首要位置。与其他经济形态相比,它一改过去那种资源、资本的总量和增量决定模式,更加强调创新的作用。创新是知识经济的核心,对于实达网络而言,创新涵盖了学习创新、管理创新、技术创新与市场创新,只有不断创新,才能获得持续的竞争优势。

服务也是实达工程师文化的重要因素,它意味着要全面满足客户的服务需求,强调诚实和正直的服务作风,为客户提供个性化的服务。在"以客户为中心"的市场理念下,服务成为实达网络品牌的关键。他们具有快速高效的市场应变能力,在企业流程全面信息化、扁平化的今天,一切都在迅速地改变,他们已经习惯于变化,对变化做出快速反应并具备比对手更快的学习能力,才不会被时代所抛弃。

就在实达网络公司享受自身工程师文化带来的经济效益的同时,社会效益也不断涌现了出来。

实达网络公司明白团队精神的重要性,他们懂得团队精神是企业成功的重要保证。他们倡导努力并携手合作实现目标,只有相互尊重和信任、开放式的团队学习和沟通,才能实现最大的成功。实达网络提倡全体员工互相鼓励,相互支持和学习,有困难的时候大家都互帮互助,这一做法起到了明显的作用。特别是在2000年左右实达网络公司经济最为困难的时候,全体员工没有一个人为了自己的私利离开实达网络公司,被当时互联网业界誉为"永远不倒的企业"。

同时,实达网络公司也没有忘记诚实守信这一准则。实达网络的全体员工牢牢地记住了这点。实达网络的客服人员和技术人员强调诚实正直的作风,坚决维护客户的利益,充分及时地为客户排忧解难,并努力地与客户保持和谐的关系,充分取得了客户的信赖,赢得了客户的广泛好评,还被业界评为了"最有信赖企业"。可以说实达网络能够获得如此殊荣与他们紧紧扼守诚实守信的价值观是分不开的。

实达网络的工程师文化充分体现了企业文化对于网络企业促进自身经济发展的重要作用,相信这一文化一定会成为实达网络永远前进的不懈动力。

2. 网络企业文化的社会意义

网络界著名的北电网络公司的企业文化很好地体现了网络企业文化对社会的发展所起到的重要作用。

优秀的企业文化带来了丰厚的经济成果。北电网络公司由一个碌碌无为的小企业成长为一个繁荣昌盛的大企业,企业的文化举措起了决定性的作用。北电员工的凝聚力得到了进一步的提高,忘我的工作带动了公司效益的不断提升,公司的销售额得到了大幅度提高。以前接受北电资助的社区已逐渐成为该公司的忠实拥趸,而现在这些地区也已成为该公司重要的销售区域。公司的资助行为使社区的人们受益,而社区的人们又反过来成了公司的消费者。

同时，随着北电网络企业在社会的知名度和信誉度的不断提升，公司的发展也日渐呈现出迅猛的势头。这样一个和谐共赢的格局使得北电网络公司不断发展壮大，这既让北电网络公司的经济效益得到了显著提高，又让北电网络公司的企业文化得到了社区的认可，可以说这是网络企业与社区和谐共赢局面的一个完美体现。

北电网络公司只是数以万计的网络企业中的一个，但是它的企业文化很好地诠释了网络企业文化的社会意义。

据此可见，网络企业的文化意义包含两个方面的内容：一是网络企业文化的经济意义；二是网络企业文化的社会意义。

由于网络企业的营利性决定了其发展的巨大潜力，人们才对其投入了如此多的关注，所以对其经济意义的研究是不可或缺的。因为企业也是社会的一分子，它不能够脱离社会单独进行盈利活动，同时网络企业与其他企业一样承担着繁荣社会经济，促进社会发展，提高人民生活水平的重任，它需要也必须承担社会责任，所以对其社会意义的研究也是必不可少的。这两个方面是相辅相成、不可分离的，必须注重并处理好这两个方面，只有这样才能体现企业文化在网络企业中的重要作用，从而为企业的发展提供理论支持和精神动力。

网络企业必须明白企业文化的意义，要将企业文化的经济意义和社会意义有机地结合起来，只有这样网络企业才能更好地建设自身的企业文化，并最终为企业的发展打下良好的基础。

（三）网络企业文化的建设内容

由于网络企业文化意义的重要性，我们应更加重视网络企业的文化建设。网络企业文化建设主要包括以下几个方面。

1. 网络企业文化的观念建设

在以观念取胜的网络时代，企业的核心竞争力由传统经营模式下的业务能力转向网络化经营模式下的研究开发能力，强化企业文化的观念建设已成为网络企业应对网络经济挑战的最重要的方略。网络企业文化的观念建设具体来讲包含以下几个方面。

（1）创新观念建设。这是企业文化观念建设的重要内容。在网络经济时代，创新将渗透于企业发展的方方面面，它是企业生存的基本条件，是企业发展的根本推动力。网络企业只有不断创新才能在激烈的竞争中立于不败之地。

（2）竞争观念建设。没有竞争就没有发展，这一观念也深深地植根于网络企业文化的观念建设之中。随着经济网络化、全球化程度不断加深，企业面临的竞争对手越来越多，竞争将更趋激烈，竞争的领域不再局限于本行业，如全球最早的网上银行——安全第一银行就是完全诞生于技术人员手中。所以，企业必须具有危机感和竞争意识，抓住机遇、加速发展以适应网络时代对企业提出的新要求。

（3）效益观念建设。追求效益永远是企业经营的根本原则和主要目标，所以把效益观念作为网络企业文化的观念建设之一也是必不可少的一环。网络企业必须把追求效益作为经营企业的出发点和归宿点，不断推出提高效益的新举措，以便更好地发展自己。当前，一些网络企业只注重占有注意力资源，而忽视企业的经营效益，这种状况发展的结果就是企业的破产。这几年的网络公司破产风潮就是很好的前车之鉴。

2. 网络企业文化的行为建设

在网络企业文化体系中,行为建设居于主导地位。网络企业应从以下三个方面抓好企业文化的行为建设。

(1) 创新行为建设。创新是网络企业发展的第一推动力,所以创新行为是网络企业文化的行为建设的一个重要方面。通过创新增强企业的产品、服务对客户的吸引力,扩大市场份额,是提高企业竞争力的有效途径。创新行为涵盖了产品、管理、服务和市场等各个方面,成为企业经营活动中的主导行为。

(2) 营销行为建设。营销是企业实现经营目标的关键环节和重要手段,网络企业必须尽力做好营销工作,所以营销行为也是网络企业文化的行为建设中不可或缺的部分。在确定了战略目标、明确了市场定位以后,企业的经营活动就要围绕市场营销组合策略展开。网络企业在营销产品时应考虑该产品能否满足客户的需求、是否安全便利,同时要拓展有效的营销渠道,提高营销效率。

(3) 服务行为建设。为顾客提供优质服务是网络企业的使命之一,所以服务行为建设在网络企业文化的行为建设中具有至关重要的地位。网络企业的服务必须向意识超前化、手段现代化、功能多样化发展,要多层次、多方位的为客户提供最便捷、最准确、最优质的综合服务。在服务形态上,要业务渗透、竞争合作;在服务设施上,要提高网络化程度;在服务方式上,要更加符合多层次经济主体、投资主体和利益需求的多样化。

3. 网络企业文化的制度建设

制度建设是企业持续发展的基本保障,也是网络企业文化建设的重要组成部分。网络企业文化的制度建设具体包括以下内容。

(1) 建设领导体制及相关机制。领导者是企业的决策者,其决策影响和制约着企业的发展前途。网络时代的到来对领导者提出了新的要求,也要求形成高水平领导的新型机制。

(2) 改善组织制度。在传统的组织结构中,中层管理者起着上传下达的作用,现在这一角色由网络企业文化承担。这就要求网络企业建设适应网络时代需求的组织制度。

(3) 合理制定各项规章制度。在工业时代,企业的各项规章制度主要是针对如何管理好企业的人、财、物等有形资源制定的。但网络时代,在网络企业的经营管理活动中不仅存在着有形的物质流和资金流,还存在着无形的、主导网络时代经济规则的信息流。网络企业的各项规章制度必须反映网络时代的重要特质。

这些制度是帮助网络企业实现经营目标的有力手段,是确保网络企业健康发展的基本规范。网络企业要严格贯彻执行各项规章制度,使网络企业文化深入人心,不断提高服务质量与效率,促进各项业务持续稳定的发展。

4. 网络企业的形象建设

网络企业的形象建设是网络企业文化建设的重中之重。网络企业形象的本质是信用。信用是网络企业形象塑造的基本要求,也是衡量网络企业形象好坏的基本尺度。在竞争激烈的网络时代,谁的品牌响、信誉好,谁的客户量就会越来越大,市场竞争力就会越来越强,利润就会越来越高。

在网络化的经营模式中，营造企业信誉对网络企业有着至关重要的作用，实现网络化经营的基本前提是很好地解决信誉问题。如何让人相信网络企业的服务和产品、相信网络企业的需求，都依赖于良好的商业信用。网络企业的信誉在网络上是无价的资本，一个名不见经传的网络企业在虚拟的网络世界是很难让人信赖的，尤其在网络市场并不发达的时候。所以，在网络企业的建设过程中，产品信誉、网站信誉、网站的知名度、服务质量等都是营造企业信誉的重要渠道，网络企业都应当给予足够的重视。

此外，一个优良的网络环境对于网络企业及其文化的发展也是十分重要的。国家对网络环境的治理对于网络企业文化的建设和发展具有深远的影响。我国对网络环境的治理主要有以下几条措施。

（1）健全管理法规。网络环境的管理法规建设是一个动态的管理过程，回首网络环境的治理工作可以看到这是一个循序渐进的过程，任何法规建设几乎都有滞后期，网络文化发展迅速，法规建设任务就更加艰巨，这就要求我们的管理人员密切关注网络文化发展的动态，把握方向和原则，研究新问题和新技术，依靠技术专家和技术的力量及时出台管理政策，推出有技术支持的管理措施，要创新管理思路和管理方式，找到技术发展与政策的结合点，实现发展与管理的平衡，综合运用法律、行政、经济、技术、思想教育、行业自律等手段，形成依法监管、行业自律、社会监督、规范有序的互联网信息传播秩序。近几年，我国多个部门联合开展了打击网络游戏和色情、网络赌博、诈骗、网吧违法接纳未成年人、垃圾邮件等专项行动，应该说效果是明显的。

（2）充分利用技术手段提升管理水平。中国在逐步推行实名制，禁止未成年人进入网吧，保护未成年人不受有害信息的侵害，并鼓励支持企业研究开发并提供过滤色情淫秽信息的服务，尽快推行绿色上网软件，为青少年提供健康的网络环境。开展和治疗预防网络成瘾，这对于净化网络环境具有十分重要的作用。

（3）保护知识产权，促进文化创新。互联网作为信息社会的最大载体，为创新提供了条件，但推动创新需要对创新成果进行保护，网络知识产权保护势在必行，点对点的下载技术和软件的出现，使得低成本传播大容量软件、游戏成为可能，为文化传播提供了方便，也为网络不法侵害提供了条件。

我国于 2006 年 7 月 1 日开始实行的《信息网络传播权保护条例》，对网络环境下作品的合理使用与法定许可做出了详细的规定，该制度通过设立通知与反通知的机制，实现了与网络保全的合法保护，同时服务商要严格按照此机制开展信息服务，可以说我国互联网内容产业已经形成较为良好的法律制度环境。2007 年 7 月，由世界知识产权保护组织管理的世界知识产权管理版权条约，即《世界知识产权组织表演和录音制品条约》在中国生效，《国际互联网条约》将《伯尔尼公约》和《罗马公约》确立的传统著作权延伸到网络环境下，以解决新技术给版权保护带来的新问题。

（4）努力维护国家网络环境安全。不同国家文化交流与融合的速度在加快，也使各文化之间的利益冲突凸显出来，尤其是强势民族文化对弱小民族文化的发展形成了巨大的压力。发达国家互联网用户占到了国际互联网用户的 70%以上，把信息技术等高科技方面的优势转化为制订规则的优势，并支付巨大的商业与文化的利益，这是美国等西方国家成为世界上最大的文化输出国的重要原因之一。互联网上 80%的信息资源都是以英语为语言的载体，成为西方国家对其他国家和地区进行文化扩张渗透的重要手段。随着国际利益竞争的不断加剧，国家对信息的控制和管理能力由于这一超越时空技术的出现而面临着新的挑战。除此之外，网络环境安全的另一个重要方面是我们必须高度重视有害信息的过滤和抵制。应该说网络文化发展的主流是好的，但也存在着一些不好的现象，淫秽色情、网络赌博，以及对优秀传统文化的恶搞等，这些有害信息通过网络的传播对网民、特别是未成年人身心健康造成了很大的危害。

在现代社会中，网络企业的健康发展不仅需要企业做好自身的文化建设，还需要一个优良的网络环境。维护网络环境的健康和安全对于网络企业文化的建设和发展具有重大作用，只有这样才能够促进文化的创新和文明的传承，促进社会的进步和发展。

第二节 品牌建设

当前，国际上有许多的学者对品牌战略进行了研究，他们从品牌战略的历史出发，分析现状，得出今后的发展方向，并且提出了他们关于品牌的各种观点。美国达特茅斯大学塔克商学院营销学 E.B.奥斯本是品牌、品牌建设和战略品牌管理等研究领域的领导者之一。凯文·莱恩·凯勒所著的《战略品牌管理》论述了品牌资产理论和品牌理论研究与实践领域的前沿进展。营销学基础框架的创立者菲利普·科特勒提出了要素品牌战略，它是指为某些品牌成品中必不可缺的材料、元素或部件等构成要素所制定品牌的战略。

对于国内而言，品牌战略涉及品牌的出现、品牌策略的形成、品牌策略的迅速发展等三个时期。1978 年 12 月，中国开始了改革开放，随着进口产品的进入，一些企业家对品牌有了一定的认识，相关研究也才开始。20 世纪 80 年代末 90 年代初，这一时期大量的商品涌入中国市场，随着商品的增多，消费者开始更多地关注产品的质量以及产品的品牌，从而消费者开始有了清晰的品牌意识，中国的企业开始了它们在品牌策略方面最初的开发，各种各样的品牌和广告出现在许多城市，并且国内关于品牌的概念和定义及其内涵研究也才逐步深入和细致。20 世纪 90 年代中期，这一时期市场处在一个优势品牌淘汰劣势品牌的阶段，关于品牌战略的研究大多在于体现优势品牌和价值品牌。

品牌是企业形象的标志，也是企业重要的无形资产，它在企业公关营销中扮演着重要的角色。它体现了一个企业的经营管理水平、规模效益、创新能力及科学技术水平。所谓品牌战略就是公司将品牌作为核心竞争力，以获取差别利润与价值的企业经营战略。品牌战略是市场经济竞争的产物，品牌战略的正确与否也就直接关系到企业产品发展的好坏，所以品牌战略已成为企业发展的重要指标。鉴于品牌战略对于企业发展的重要性，有必要对其进行分析。

一、关于公关营销中品牌战略的问题

（一）公共关系及其公关营销

公共关系其中一个定义是指某一个组织机构为了改善与社会公众之间的关系，通过沟通与传播的方式促进公众对组织的认识和了解，从而达到树立良好的组织形象和促进商品销售

目的的一系列双向交流的公共活动。这个定义反映了公共关系是使双方达到相互了解和相互适应的管理活动。所以公关关系是一种传播活动和管理活动的结合体。

公关营销即公共关系营销，也被称为社会市场营销，是指直接支持企业市场营销的公共关系活动，主要是以公关为主要工具的营销。在公共关系营销阶段，企业不但要使用传统的促销方法（如媒体广告宣传、社会市场的促销），更要提高企业形象和信誉，并且要把企业形象和信誉作为现代企业营销活动的重点手段，从而建立企业的品牌形象。

（二）品牌及品牌战略

1. 品牌

品牌，也就是产品的牌子，是销售者给自己的产品规定的商业名称。它的一个比较成熟的定义是在 1960 年由美国市场营销协会提出的，该协会认为"品牌是一个名称、术语、标志、符号、设计或是它们的组合，其目的是识别某个群体销售者的产品或劳务，并使之同竞争对手的产品或者劳务相区别开"。品牌由属性、利益、价值、文化、个性、使用者六个部分组成。

2. 品牌战略

品牌战略就是公司将某个品牌作为核心竞争力，以获取差别利润与价值的企业经营战略。它是围绕着企业经营战略目标制定的品牌发展方向、目标等。

品牌战略包含多种因素，这些因素有品牌资产、品牌知名度、品牌形象、品牌评估、品牌联想、品牌名称、品牌象征、品牌口号、品牌扩展、品牌复兴等，每一个因素都在整体品牌战略中发挥着重要作用。

（三）公共关系、公关营销与品牌战略的关系

公共关系从本质上来讲是一种传播活动，其过程也就是组织的主体与公众个体之间的信息传播与交流，从而为组织塑造良好的形象，通常采用传播、沟通、交流等手段来影响公众思维及选择。对于企业来讲就是运用公共关系建立一种与社会组织、社会公众相互信任的关系。在建立良好的公共关系的时候也就会运用到一些策略，我们称其为公关营销，为了使企业获得长期稳定的市场，通过公共关系来建立良好的形象，企业必须实行品牌战略。

目前，我国已进入品牌竞争的时代，很多企业实施品牌战略，而公共关系在企业品牌战略中发挥着不可替代的作用。品牌产品的产生和发展都离不开诸多条件，然而公关关系是企业争创品牌的必要条件，良好的公共关系不仅是指企业与外部公众的关系，还包括内部员工的关系。因为良好的企业公共关系可以使员工形成企业归属感凝聚力、责任感等。从而促使员工以最佳的工作状态投入到生产活动中，并且运用高度现代化的技术设备，实现产品的定位，为企业创造出品牌产品。除了公共关系对品牌的影响很大以外，公关营销的影响也是不容忽视的。在促进企业品牌发展的时候，企业都会从各个方面来提升产品的知名度，如产品的质量、价格、广告、包装及促销等，这些方面的改进也都涉及公关营销。

总之，公共关系和公关营销的目的是在社会公众面前树立一个良好的品牌形象，建立产品在市场中的地位。品牌战略则是在具体实施中采用的方法策略，品牌战略与公共关系和公共营销是理论与实践的关系。企业的产品想要引起公众注意，占有市场份额，就必须实行正

确的品牌战略，从而引导消费者。

二、企业建立品牌战略的必要性

随着我国加入世界贸易组织，我国的经济发展也随着全球经济的变化而变化。企业为了适应国际化潮流，增强企业自身的品牌实力，就必须建立强势的品牌，提高品牌意识，做好品牌定位，塑造良好品牌形象，从而提高产品的竞争力。近年来，我国企业在建立品牌战略方面都取得了显著的成效，树立了良好的企业和品牌形象，促进了产品的促销和品牌的发展，所以建立品牌战略，是非常有必要的。

建立品牌战略的必要性可以从以下两个方面进行分析：第一，从小的方面来说就是企业的市场竞争；第二，从大的方面来说就是企业的长远发展。下面以可口可乐和永久为例，来说明建立品牌战略的必要性。

（一）从企业的市场竞争分析

中国饮料市场有娃哈哈、康师傅、乐百氏、统一、汇源果汁、百事可乐、可口可乐等品牌，其产品的数量也十分巨大。但是可口可乐公司在中国饮料市场上占主导地位，其产品超过了五十种，其大类有汽水类、不含汽饮料、水以及果味营养素水等。

可口可乐公司之所以在激烈的市场竞争中占据了主导地位，最主要的原因就是树立了品牌战略。具体战略可以从以下两个方面进行分析。

第一，可口可乐公司对品牌的形象进行了分类，从产品的地域性分为国际品牌和中国品牌，从产品的年龄分为多个年龄阶段的饮料。确立了自身的核心品牌：可口可乐、健怡可口可乐、雪碧、芬达。通过品牌形象的分类和其他品牌也就有了区别，品牌针对的消费者也更加明确，这样的品牌战略就能更有效地促进产品的推广。

第二，在进行品牌的包装方面，从最初的玻璃瓶到塑料瓶再到易拉罐，都是遵循方便消费的宗旨。可口可乐公司在中国市场上也采用了本土化的策略。首先，在颜色采用方面，采用了传统的中国红；其次，紧跟时代的潮流，在北京申奥成功之前，就特别设计了"申奥金罐"的包装，并且加入中国主要的名胜建筑天坛、长城等形象，颜色基调也是传统的中国红和黄色。这样的包装提升了对奥运的情节，更加贴近消费者的心理。

通过可口可乐公司品牌战略的分析得知，建立品牌战略在市场竞争方面起着重大的作用。品牌战略就如在市场竞争中取得成功的敲门砖，是不容忽视的一个方面。

（二）从企业的长远发展分析

随着当代社会经济的快速发展，消费观念也在不断革新，消费者的消费行为不再仅仅取决于购买力或者生理需要，而是越来越取决于对企业或者品牌的综合印象。因此，大部分企业都十分重视品牌建设，并且花费大量的时间和金钱进行品牌的宣传和公关活动，从而形成良好的品牌形象。通过上述可口可乐公司品牌战略的分析，我们不难得出：企业如果想得到长远的发展必须建立品牌战略，并且品牌战略要不断更新以适应市场和社会的发展，因为企业品牌的竞争不是短期竞争而是长远竞争。

但是，我国大部分企业在建立品牌战略并取得成功后，就忽视了品牌战略的持续发展。例如，在20世纪80年代，我国被称为"自行车王国"，永久和凤凰也就成为当时人们交口称赞的自行车品牌，但是之后它们的发展却不尽人意。以永久为例，在产品大量销售时没有用长远的发展眼光来看待企业的发展，只是进行产品的销售，并没有建立属于本企业的品牌战略，在广大消费者心目中没有形成一个属于自己的品牌形象。由于永久公司没有从企业的长远发展出发建立品牌战略，所以很快就被新兴的品牌捷安达所代替，并且取代了其原有的市场份额。捷安达取得成功不是偶然的，而是必然的。因为它是从企业的长远发展出发建立品牌战略的，并且在产品的外形和宣传方面都在永久的基础上进行了突破。

通过永久自行车的发展历程，不难看出企业的长远发展和品牌战略息息相关。因此，企业要用长远的、全局的眼光制定有利于自身发展的品牌战略，这样企业才能得到长远的发展。

上述可口可乐公司和永久自行车集团的正反两个方面的例子证明了建立品牌战略的必要性。不管从企业的市场竞争还是长远发展来看，建立品牌战略是势在必行的，企业在进行产品的研发、生产、销售时，必须牢固地树立品牌战略的思想。建立品牌战略的必要性在理论上可以从品牌的形象和品牌的定位来分析。第一，品牌的形象从侧面反映了品牌所面对的消费者，树立良好的品牌形象有利于促进产品的销售和提高企业的知名度；第二，品牌相应的定位决定了其企业的发展方向，一个符合自身发展的现实和长远定位是建立品牌战略的重要方面。

三、企业建立品牌战略的方法

当代经济就是品牌经济，企业必须不断提高产品的核心竞争力，树立产品的形象，提高产品的认知度，增强消费者对产品的忠诚度，最终建立与产品相适应的品牌战略，以海尔集团、内蒙古伊利实业集团股份有限公司（以下简称伊利公司）两个例子做介绍。然后从企业的社会公益活动来树立品牌形象，以可口可乐公司为例做介绍。

（一）建立品牌战略

海尔集团是从电冰箱这个产品做起的，在20世纪80年代，电冰箱的品牌林立，对于刚重组并成立的青岛电冰箱总厂（海尔集团的前身）而言，可谓困难重重。厂长张瑞敏看到这样的现状，意识到了问题的严重性，提出了创名牌的策略，也就确定了企业的道路是质量效益型。海尔集团从以下三个方面建立品牌战略。

（1）以技术为支撑。品牌战略的核心就是要树立企业自身的品牌。海尔集团一方面从国外引进先进的技术，另一方面在不断吸收国外技术的同时，企业自身也不断地进行技术研发。

（2）以市场为导向。企业始终从消费者的需求出发，制定适合本产品的营销策略，提高产品的市场占有率，从而提高了产品的知名度。

（3）以消费者为目标。海尔集团坚持市场竞争就是服务竞争的观点。海尔集团不管是在售前服务还是售后服务始终坚持以消费者为重心的观点，努力营造一个融洽的买卖关系。

通过海尔集团的发展道路，我们可以得出这样一个结论：当代企业要想获得发展首先要确定一个品牌。通过建立品牌才能使产品顺利销售，企业才能不断地前进。

（二）明确品牌定位

不是所有的企业都有一个正确的品牌定位，有些企业在品牌定位时没有明确的指向，所以最终造成了定位错误，并由此带来了一系列的问题。

伊利公司最初在牛奶市场上的定位也有一些错误，因此在和内蒙古蒙牛乳业集团股份有限公司（以下简称蒙牛乳业）的竞争上就处于稍微劣势的地位。过去伊利公司在品牌形象上一直都缺乏自身的鲜明特色，外包装方面缺乏现代气息，整体感不强烈。这就与伊利公司奶香浓郁、口感纯正的高品质口碑的产品地位极不相称。伊利公司及时地意识到了定位的错误，随后便采取了正确的产品定位。

伊利公司首先与奥美广告公司进行了合作，对公司的品牌开始了全方位的扫描和定位。因为伊利公司的标志是由两个月牙形状和伊利汉字组成，外包装的两种颜色代表了蓝天和草地的草原风光，也就正好切合了伊利纯正的品质。随后伊利公司坚持从消费者出发，坚持心灵牧场这一品牌定位，这样就与蒙牛的品牌定位有了区别，突出纯天然的绿色食品形象。通过伊利公司品牌定位的成功让更多的企业认识到在建立品牌战略时，要根据本企业产品的特点进行正确的品牌定位，然后再建立品牌战略，这样的品牌战略才能够吸引消费者，从而促进产品的销售。

（三）通过参与社会公益活动树立企业形象

可口可乐除了自身的品牌实力之外，还有一个至关重要的因素就是公关活动，而其中的社会公益活动就是重要的策略。可口可乐公司的社会公益活动分为六个板块：第一，农村教育，其中里程碑的事件就是可口可乐公司在1993年加入希望工程，提高农村孩子的教育水平；另外，还建立了网络学习中心和设立了大学生奖学金项目。第二，环境保护，可口可乐公司首先是从自身出发，推出环保包装策略（可回收饮料瓶）。第三，健康生活，倡导青少年保持健康的生活方式。第四，抗击艾滋病，可口可乐公司于2005年9月与中国预防性病艾滋病基金会合作，致力于宣传艾滋病预防知识。第五，公益类奖项，可口可乐公司每年会有大量的资金支出用于颁发公益类的奖金。第六，希望之旅杂志，希望通过杂志的宣传，可以使更多的人投入社会公益事业。

通过上述这些社会公益活动，可口可乐公司在中国人民心中树立起了"认真、负责、积极"的社会形象，赢得了社会的认同，更加提高了其品牌的美誉度，这样建立起来的品牌在面对同类产品的竞争时更具有竞争力。

公益活动与企业的品牌形象是密切相关的，可以说是公益活动成就了企业的品牌形象。企业通过公益活动，一方面可以在社会公众面前树立一个负责、积极的社会形象，另一方面也可以增强公司的凝聚力，提高企业的社会归属感，促进企业的发展。所以企业应该树立这样一个观点：企业的发展离不开社会的发展，更多地参与社会公益活动，有利于塑造企业公民的形象。

上述海尔集团、伊利公司和可口可乐公司的成功从三个不同的方面介绍了企业建立品牌战略的方法：①在企业刚生产出产品时应该确立一个品牌；②确立品牌后要进行正确的品牌定位；③在建立品牌战略后，可以通过举办社会公益活动来树立品牌的形象。

总之，随着市场经济的发展，在进行公关时，品牌战略起着重要的作用，它不仅为企业树立了一种良好的公众形象，还促进了企业自身的发展。品牌战略涉及的领域也很广泛，包含经济、文化、社会等多个领域，在今后的一个时期，它将成为公关人员和市场营销人员研究的重要课题。

通过对品牌战略建立的必要性和怎样建立品牌战略的认识，我国的企业应当且必须建立和企业产品相符合的品牌战略。特别是在我国加入世界贸易组织以后，企业的国际化程度不断加强，影响品牌战略建立的因素越来越复杂，如何认清这些因素，才是建立品牌战略的关键。因此企业在建立品牌战略时一定要根据当前的市场需求、顾客需求及品牌本身的特点，对产品进行不断的更新，建立适合企业自身发展的品牌战略，促进公关营销的发展。

在激烈的市场竞争中，实施品牌战略，创建自我品牌，已成为企业规模发展中一个重要的组成部分，也是企业发展的重要推动力。在公关营销中品牌战略已成为必不可少的重要组成部分，也成为企业竞争的重要部分。因此，企业建立品牌战略是非常必要的。

案例 7-1

松下幸之助认为：工作占据了人们一生中一半以上的清醒时间，因此公司对员工个性的塑造、心灵的美化、精神的抚慰责无旁贷。日本松下电器产业株式会社（以下简称松下电器）在日常经营管理中给予员工两种训练方法，一是基本的业务操作和生产技术训练，二是公司特有的"松下精神教育"。每隔一个月，员工就要在他所属的团体、部门中进行10分钟演讲，阐述公司精神价值观，使其领会公司整体组织意识，此举非常成功地将员工目标与企业目标融为一体。

松下电器早在创业之初就提出了"松下七精神"。

（1）产业报国精神。作为员工，认识到这一精神，方使自己更具使命感和责任感。

（2）光明正大精神。光明正大为人们处世之本，不论学识才能有无，如无此精神，即不足为训。

（3）友好一致精神。友好一致已成为公司信条，公司人才济济，如无此精神，就是乌合之众，无力量可言。

（4）奋斗向上精神。为了完成使命，只有彻底奋斗方是唯一途径，和平繁荣要靠精神争取。

（5）礼节谦让精神。为人若无谦让，就无正常的社会秩序。社会礼节谦让的美德，能塑造情操高尚的人士。

（6）适应同化精神。如不适应社会大势，成功就无法获得。

（7）感激精神。对为我们带来无限喜悦与活力者应该持感激报恩之观念，并铭记心中，便可成为克服种种困难，招来种种幸福之源。

案例分析：

第一，经济组织作为现代社会的重要组成部分，除了通过正常的生产活动创造社会效益和经济效益外，还在创造着文化效益，即引导整个社会向积极、健康、绿色的生活道路上前进。而对人的教育和培养，就是创造文化效益的核心工作。松下幸之助提倡的"松下七精神"无一不是在对员工的精神和心灵进行有意识地塑造。这种正面的教育反映了企业家的社会责任感，也让作为内部公众的员工在被熏陶的过程中体会到组织的苦心，在心里树立良好的组织形象。

第二，松下公司把每月一次的"松下精神教育"作为与工作技能训练并列的常规训练的重要内容。精神教育常规化避免了一曝十寒，使员工在日积月累的过程中受到潜移默化的影响。这种员工作为传播主体"自己教育自己"的方式，对价值观的内化作用很大，长期坚持，就会使员工的价值观与公司的价值观相一致，员工的个人目标也会渐渐与组织目标重合。

习 题

简答题

1. 收集成功企业形象塑造的案例。
2. 企业形象的意义是什么?
3. 如何树立企业形象?

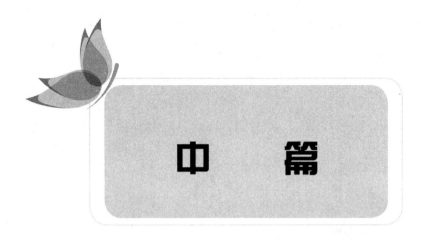

中 篇

公共关系策划

　　根据上篇基本原理,本篇主要从什么是公共关系策划、为什么要进行策划、如何进行策划、策划程序、国际公关策划,以及公共关系专题活动的策划对公共关系策划理论进行专题介绍。

　　公共关系策划是公共关系系列的一门重要课程,是一种科学的现代管理方法,是公共关系的高层次应用,是谋划协调处理现代社会组织与组织、组织与公众之间各种关系、保证事业成功的一门不可缺少的学问。它主要是在公关调查与分析的基础上,研究社会组织如何运用各种信息传播、双向沟通等手段,为自己创造良好的社会关系环境,使自己和各有关公众保持良好关系,以求得社会的认可,赢得市场机会,从而发展组织。

　　公共关系策划又是一门新兴科学。它一出现就以其特有的管理功能受欧美各国的重视和广泛运用。

　　公共关系策划是一门综合性运用科学。它由公共关系学、信息传播学构成其理论基础,吸取现代社会学、心理学、经济学、市场营销学、行为科学、广告学等最新成就,并综合多种思维方法和丰富的经验,应用于实际,指导组织工作。

　　公共关系策划概括了现代科学的一些重要思想,方法和艺术技巧是现代新兴的管理科学之一。学习公共关系策划艺术,是适应市场经济的需要,是发展与交流的需要,是高品经济发展的需要,是培养学生能力的需要。

第八章

公共关系策划概述

公共关系策划的要求及技巧。

公共关系策划的必要性,创意策划的掌握。

第一节 公共关系策划的基本知识

一、公共关系策划的含义、分类、内涵和地位

(一)公共关系策划的含义

策划是指为了达成某种特定的目标,根据现有条件和变化趋势,借助一定的科学方法和艺术,为决策、计划而构思、设计、制作、策划方案的过程。公共关系策划(简称公共策划)就是公关人员根据组织形象的现状和目标要求,分析现有条件,谋划、设计公关战略、专题活动和具体公关活动最佳行动方案的过程。

公关策划就是在利用公共关系原理的基础上,在公关活动之前,做一些调查、了解等准备工作,以组织要达到的目的为中心,围绕着这一中心策划一次或者一系列的活动,这种活动是可控的、有预见性的、有科学程序的。

公关策划直接关系到公共关系能否良好地建立与发展,直接关系到组织的经济效益。科学的公关策划可以使组织更好地与公众之间进行沟通交流,利于信息的传播,宣扬企业文化,提高员工素质,提高民族凝聚力和团结力。公关策划对企业长期的经营发展有重要作用,反过来,企业要谋求长远的发展和抢占更加广阔的市场,很有必要进行公关策划活动来宣传自己。公关策划活动有不同的方法,营利组织、政府和公益事业组织三个不同主体所常用的公关策划方法也是不同的。

当今时代是信息爆炸的时代,社会联系越来越密切,公关策划是利用公共关系的基本原理进行传播、宣传活动，以达到自己的目的。科学的公关策划活动可以为组织带来长期的经济效益，密切与公众的联系，让企业明白公众的需求，也让公众了解企业。特别是对企业而言，科学的公关策划会是一次使公众对企业留下深刻印象的宣传活动，会使公众更加关注企业的产品及动向，对企业产品的推广和销售有着重要作用。

公关策划是公共关系更好地向前发展的一种手段，公关策划的良好进行直接影响到公关关系，进而影响组织利益。

公关策划是策划理论在公关活动过程中的具体运用。

（二）常见的几种策划理论

1. 程序说

程序说是一种广义的理解，即把公关策划理解为公关活动四步工作法中的第二步。公关四步工作法包括调查、策划、实施、评估。公关策划就包含其第二步全部内容，包括公关目标、计划、策略等，即在公共关系调查分析的基础上，做好公关活动实施前的一切准备工作，公关策划过程的完成也就是实施前的一切准备工作的完成。

2. 谋略说

谋略说即把公关策划仅仅理解为谋略或策略，理解为一种简单的设计。按照这种观点，公关策划就不应把具体的实施计划包括在内。

3. 计划说

计划说即把公关策划理解为计划，理解为依据一定目标建立起来并可用来进行具体操作的方案步骤。

此三种说法只是侧重公关策划的一个方面，都具有一定的针对性，但是对公共关系策划的理解都不全面。

（三）公共关系策划的内涵

（1）公共关系的策划过程，就是在调查研究的基础上，通过综合分析，提出可行性计划，确立目标体系和实现手段，通过实验、反馈、调查、实施，使组织达到理想公关状态的过程。所以，公关策划是一项专业性很强的工作，必须由专业人员来完成。它是以公关目标为起点，努力把工作或活动从无序转化为有序，从模糊变为清晰，从而达到预定的目标。因此，公关策划是公共关系学科的核心部分，它集中体现了这一学科理论与实务的精华。

（2）公共关系与公关策划是分不开的，公共关系是一种管理职能，而公关策划是一种具体行为，是有计划有谋划的事先行为，是为了实现公共关系的更好发展而进行的一种辅助行为。公关策划的成败直接关系着公共关系建立的成败。一个组织、集体或者个人进行公关策划活动都是为了发展公共关系，以达到拉近与公众的距离，与公众之间更好地相互了解，从而实现更好的经济效益。因此，公关策划是为公共关系更好地建立而服务的，公关策划只是公共关系实现的一种手段。

例如，日本一个生产咖喱的企业为了吸引公众的眼球，抢占市场，做了一次成功的公关策划。公司在电视广告、报纸上大量宣传某月某日我们要用自己生产的咖喱撒满富士山，给人们一座"金顶富士山"。有很多媒体也对这则消息进行报道宣传，进而又引起了更多公众的关注。大家对这个公司的咖喱产生了兴趣，纷纷去买来品尝。这家公司的咖喱销售量也突破历史，前所未有地畅销。这是一次成功的、别出心裁的公关策划。这次公关策划大大拉近了组织与公众的距离，使组织与公众的关系更加密切。

（3）公关策划是公共关系实现的手段之一。经过长时间的研究、发展，公关策划已经成为一门完整的管理艺术，直接关系到公共关系的建立和发展，进而直接影响企业的经济效益。

（4）公共关系由社会组织、公众和传播三个要素组成，其中传播是关键，是预先进行的一种有组织、有目的的筹划和预谋活动，目的就是使社会组织和公众之间相互沟通了解，达到双赢的效果。事实上，公关策划更多的是为传播这一过程服务的。

公关传播应事先考虑到如何传播、通过什么途径传播，其实在这预先思考的过程，就已经进入了公关策划活动的范畴。如果一个组织、集体或者个人没有去思考如何发展好公共关系，就不存在公关策划活动；换句话说，如果一个组织、集体或者个人想方设法为了发展好公共关系，那么在这个活动中就必然要思考，选择哪些公众，怎样传播，公关活动的步骤与方法，运用哪些专题活动……因此，公关策划的成功与否直接关系到公共关系能否成功地建立和良好地发展，进而直接影响到企业的经济利益。

（四）公共关系策划的地位

公关策划在现代企业处于公关活动的关键核心地位，其作用和影响都很大，它要求企业公关人员从事该项工作时必须高水平、科学地进行，以保证公关活动的成功。公关策划在组织公关活动中的地位，可从以下三个视角来分析。

1. 从线的角度思考

从组织公关活动的全过程来看，组织公关策划处于调查研究之后和传播沟通之前的关键环节。公关调查是为公关策划服务的，调查分析所发现的问题及所收集的其他信息为公关策划确立目标和策划方案所利用。组织公关策划指导着传播沟通活动。组织公关策划的最后产物是公关计划。它是组织公关策划方案具体化的书面形式，是指导传播活动的行动纲领。公关策划还决定了评估效果。它预先确定了检测公关活动效果的标准、原则和方法。

2. 从面的角度来思考

从公关策划与策划内容的关系来看，公关策划处于中心位置。这里有两层意思：第一层是从具体的公关策划来考察，每次公关策划都必须确定公关目标、公关主题、公关时机、公关媒体和公关效果等重要内容。而这些内容都是公关策划的产物，公关策划居于所要确定内容的中心位置。第二层是从组织整体公关策划来考察。无论哪种类型的策划，都离不开公关策划，它们都是公关策划智慧与心血的结晶。公关策划又处于组织整体公关策划内容的核心位置。

3. 从企业的公关策划在公关活动中所处的层次思考

公关活动有高低层次之分，大体上可分为三个层次：初级公关活动、中级公关活动和高级公关活动。

（1）初级公关活动是接待型公关，即主要从事接待应酬一类的公关活动，如迎送客人、布置会场、礼仪服务、日常联系等。其特点多是常规性的运作，一般不需要什么创造性的活动，创新能力弱。从业者只要懂得一定的礼仪规范和工作程序，略知公关的基本知识则可胜任。

（2）中级公关活动是传播型公关，即主要从事组织信息传播的公关活动，如撰写新闻稿、举办新闻发布会和编辑公关刊物等。其特点是既有常规性的运作，又有创造性的活动，具有一定的创新能力。从业者必须经过专门的公关训练，具有较好的专业素质与能力。

（3）高级公关活动是策划型公关，即主要从事公关方案策划的公关活动，如专题活动、公关广告、危机公关处理和 CI 策划等。其特点是常规性的运作很少，创造性的活动很多，具有很强的创新能力。从业者必须经过系统严格的专业理论教育和策划实践的锻炼，具备全面的知识能力结构，尤其是必须具备强烈的创新意识和强劲的创新能力，因此公关策划是衡量公关活动水平的标尺。

二、公共关系策划的意义

公共关系策划是对公共关系实践活动的运筹、谋划和设计，一次科学的影响深远的策划活动可以为组织带来巨大的经济效益，可以更好地与公众沟通交流，可以教育和启发公众。

1. 可以实现巨大的经济效益

营利性企业通常可以利用公关策划更好地宣传产品、服务，与公众更好地进行沟通交流，塑立企业形象，赢得更好的经济效益。王老吉以前一直无法找到自己正确的市场定位，处于凉茶和饮料的尴尬地位之间，经过市场调查之后，王老吉进行了准确的市场定位：预防上火。围绕着这个中心，王老吉在每一则广告宣传中会加上一句耳熟能详的一首歌曲："不用怕什么，尽情享受生活，怕上火，喝王老吉。"这是利用了公关形象策划，对产品形象进行了重新思考、定位，为企业赢得了巨大的经济利益。

2. 可以使组织更好地与公众沟通交流，有利于信息传播，宣扬文化

公关策划活动中包含了大量信息，这些信息通过具体活动传播给公众，让公众更好地了解组织的产品，宣扬组织或个人形象。

3. 可以提高民众素质，提高民族凝聚力、团结力

公益专题片足以说明公关策划的传播能够拉近人与人的距离，这些正面的公关策划都可以提高人民素质，提高民族凝聚力和团结力。对于企业而言，一次科学的策划可以促使员工更加团结奋进，而对于一个国家而言，公关策划能够提高民族凝聚力，使人民更加团结。

案例 8-1

百年校庆启动世纪专列

——北大校庆最成功的公关策划

1997年8月，北京大学未名生物集团参股的深圳科兴公司为宣传公司形象，曾在北京举办了一次别开生面的晚会。晚会成功引起了一位校领导的关注，他鼓励科兴公司的几位北京大学毕业生用心设计百年校庆方案。

经过再三商讨，他们决定发一趟校庆专列。因为北京大学的百年是与祖国风雨同行的百年，它的每一件大事都与中国的大事件紧密相连，而最能表达这个意境的就是一趟校庆专列。这是一列世纪列车，尽管有颠簸、有风雨，但永远是向前的。

另外，这趟校庆专列还象征着时代列车。深圳是改革开放的前沿，专列从深圳始发，象征着祖国沿着改革开放之路滚滚向前。

本趟专列还有一个切实的考虑：校友们毕业后即奔赴四面八方，从事不同的工作。工作繁忙，使他们很难有机会相聚畅谈，通过乘坐本趟专列校友们则可以相聚畅谈。

基于以上的各种考虑，发一趟百年校庆专列的大胆想法形成了。

这个创意得到了中国铁路总公司及下属单位的大力支持。北京到深圳有106次列车，但京九线路途经的省会城市少，不方便，所以决定走京广线。可是京广线的始发站是广州。中国铁路总公司做出了一个前所未有的决定：专列起始站改到深圳，然后走京广线。他们还专门组织召开了有关铁路部门与北大校庆筹委会提出的有关车内彩旗、横幅等宣传布置问题、车上就餐问题、车上广播娱乐活动问题、老弱病残服务问题及车上安全问题，对这些问题双方逐一进行了协商。同时为了保证落实，广州客运段陪同北大校庆筹委会人员到站实地察看了16次列车车底，为他们做好准备工作提供了条件。

1998年4月30日21点5分，专列在盛大的欢送队伍的注视下顺利发车，激昂的情绪始终伴随着大家。

列车每到一站，车上的校友就敲锣打鼓地迎接上车的校友，"欢迎北大专列'新生'"的横幅令每一个准备上车的校友倍感亲切。已经60多岁的胡树海说："新生"两个字让他想起了刚入学时的情景，仿佛自己又是一个青年，再次回到北大的怀抱。

案例分析：

这个方案策划最令人赞叹的是它的创意。创意者以宏阔深邃的目光凝视北大百年历史，又与中国百年历史联系起来，在发散与集中思维中进行类比联想——北大的百年是与祖国风雨同行的百年，它的每一件大事都与中国的大事件紧密相连。从而从北大对中国百年历史的贡献中开掘和精炼出北大的传统、北大的精神。再运用联想找到最能深刻表现北大传统和北大精神的象征物——"尽管有颠簸有风雨，但永远是向前的"列车。又联想到专列这种特殊形式，进而大胆迁移想象出一个新颖超俗的方案——开北大专列。又紧密与今天与未来密切联系起来，从深圳始发，沿改革开放之路前行。这样不仅宣扬了北大的传统、历史、精神，也宣扬了科教兴国战略。一个有鲜明主旨，能令世人瞩目的方案就这样诞生了。特色鲜明、整体性强是这个方案的一个特点。

这个方案的另一特点是可靠性强。虽大胆，但切实。这不仅表现在对方案实施中每一细节问题都做了考虑并同有关方面进行了具体协商落实，尤其表现在策划者对北大在国内外极高的知名度、美誉度，对中国高校第一个百年校庆在国内外的重大影响，对社会广泛的鼎力支持的可能性有充分估计和自信。否则，他们也就不会去找中国铁路总公司，而且不到10分钟就拿到了中国铁路总公司领导的签字。可见创意还不能只顾大胆、新颖，要在异想天开和限定之间探寻思路。

第二节　公共关系策划的重要性和必要性

一、公共关系策划的重要性

一个组织要谋划发展，必须与公众建立良好的公共关系，促进与公众之间的交流和沟通。在交流和沟通的过程中很有必要进行公关策划活动。一个科学的公关策划活动可以增进与公众之间的互相了解，别有用意的策划活动也可达到很好的宣传效果，使公众对组织的印象更加深刻。

1. 对于企业内部，公关策划活动有重要作用

一个组织要良好发展，其内部必然有一个具有高度凝聚力的团队，他们应该有着一个奋斗目标和一个奋斗中心。但是当一个组织内部涣散，没有共同的奋斗目标和态度消极时，内部就急需举办一次公关策划活动。成功的内部公关策划活动可以使组织与员工更好地沟通交流，让员工更加了解组织的奋斗目标，同时又让组织明白员工的需求，这样可以提高内部凝聚力，促使内部团结，围绕着共同的利益奋进。

2. 对于企业外部，公关策划活动有重要作用

企业与外部公众能否建立良好的公共关系，能否良好地进行沟通交流直接关系到企业的经济利益，直接关系到企业能否长远发展。

案例8-2

在市场准确定位之前，消费者只是认为王老吉是传统凉茶，因下火功效显著，甚至被普遍当成药物服用，无须也不能经常饮用。在重新进行市场定位之后，王老吉公司选择了以广告的方式来进行全面宣传，使其在消费者的脑海中重新树立形象和加深印象。红罐王老吉确定了"怕上火，喝王老吉"这一主题，在传播上尽量凸显红罐王老吉作为饮料的性质。在第一阶段的广告宣传中，红罐王老吉都以轻松、欢快、健康的形象出现，避免出现对症下药式的负面诉求，从而把红罐王老吉和传统凉茶区分开来。为更好地唤起消费者的需求，电视广告选用了消费者认为日常生活中最易上火的五个场景：吃火锅、通宵看球、吃油炸食品、烧烤和夏日阳光浴，画面中人们在开心享受上述活动的同时，纷纷畅饮红罐王老

吉。结合时尚、动感十足的广告歌反复吟唱"不用害怕什么，尽情享受生活，怕上火，喝王老吉"，促使消费者在吃火锅、烧烤时，自然联想到红罐王老吉，从而促使其进行购买。

案例分析：

王老吉这次策划非常成功，彻底打破了以前模糊不清的形象定位，它让"怕上火，喝王老吉"的观念深入人心。这说明，企业要在市场上取得一席之地，需要有科学的公关策划，如果企业不管不顾，不主动推广宣传自己，不拉近与公众的距离，这样的企业是不能得到长期发展的。

案例 8-3

四川的宝元通公司从上海进货时，有两个装有电池的货包被江水浸湿。这个公司便将因水湿而受潮的电池集中起来，扔进了垃圾堆。其实，这些电池只是光度稍弱而已，完全可以用。一些人把电池拿回家后发现能用，便在传言中说宝元通公司干了傻事，把好电池都扔了。传言日盛，宝元通公司突然想到，这不正是为自己增光添誉的好机会吗？于是，宝元通公司在出售电池时挂起一块牌子，上写"请放心，电量不足的电池已被我们当垃圾处理掉了"。久已流传的传言似乎被证实了，宝元通公司果然商誉大增。后来，宝元通公司将自己出售的电池都贴上特殊标志。在川南一带，凡是带有这种象征信誉标志的电池皆供不应求，所有的电池生产厂家也都争先恐后地向宝元通公司供货。

案例分析：

宝元通公司的思路是以反为正，巧借传言并为传言扩散增效。

舆论对主体的生存发展至关重要，反映着公众对主体的态度和相互关系。因此，主体公关方法之一便是造舆论。现代人比较重视利用大众传媒进行炒作，其实传统的人际传播有其独特的功效，传言就是其中重要的一种方法。巧用传言便于工作是一种谋略。两千多年前，陈胜、吴广就曾用在鱼腹中藏入写着"陈胜王"的丝绸，在夜晚学狐狸叫"大楚兴，陈胜王"的方式来激励人心，为起义造舆论。

在公关策划时，无论是巧借传言还是妙造传言，都应以能抓住公众心理为准则。

二、公共关系策划的必要性

为了建立良好地公共关系，组织要进行公关策划活动。为了追求更好的经济效益，让更多的公众来关注自己、了解自己，同时也让组织本身了解公众的需求，建立互利的关系，组织需要进行公关策划活动。

1. 企业需通过科学的公关策划活动创造经济效益

为了使企业的形象与企业自身的情况、社会公众的需求、社会环境的改变更好的适应，企业有必要进行公关策划活动。

2. 企业在面临公关形象危机时，须有科学的公关策划活动

企业在出现了有关差错、纠纷甚至事故，使其形象遭到严重损害时，为了及时挽回形象损失，或创新与重塑形象很需要一次公关策划活动。这种策划一般是先找出引起形象危机的原因，根据形象选择策划方式，如原因在企业内部，多采取低调策划。

> **案例 8-4**
>
> 1995 年 12 月初，因郑州紫荆山百货大楼出售日军第二次世界大战时期的大和号和武藏号战舰玩具，被新闻媒介连连曝光，并引起社会公众的强烈谴责，又因紫荆山百货大楼对舆论置之不理，采取"鸵鸟政策"。
>
> 面对众多的指责，紫荆山百货大楼是如何对待和处理这件事呢？他们在消息见报后的第三天才通过舆论了解到此事，然后他们就悄悄地把大和号和武藏号战舰玩具撤下柜台，想以此不声不响的让事件平息。然而，紫荆山百货大楼这种闭口不言、听而不闻的"鸵鸟政策"，不仅没有使事件平息，反而激怒了更多的公众，他们强烈要求紫荆山百货大楼的领导公开向人民道歉。但紫荆山百货大楼无视公众舆论，一直没有明确的态度，使事态严重恶化，最终导致形象危机。
>
> **案例分析：**
>
> 上述实例充分说明当一个组织遇到公关危机时，采取置之不理的"鸵鸟政策"是不可取的。只有采取积极有效的正确对策才能使组织化险为夷，走出危机。这是一个典型的反例。我们在遇到形象公关危机时要坦然面对，低调处理，而不是逃避，不能以为沉默就能使一切成为过去。在危机面前，受伤害的不仅是企业，还有广大公众；在危机面前，公众需要一个解释、一个说法。这时，企业需要一个形象危机处理策划。公共关系的工作应分如下几个方面。
>
> （1）查明事实真相，弄清问题症结。面对受损的组织形象，公共关系部门应向有关部门和公众了解事情的来龙去脉、前因后果，并协同有关部门分析原因，分清责任及承担者。
>
> （2）如果主要责任在于企业、组织或者个人这一方，应该采取低调策划；如果责任在于外部，多采取高调策划。
>
> （3）采取积极有效的措施，变被动为主动。找出原因与分清责任之后，若平时已备有应急方案，可立即照章行动；或略加修改，变通执行。若是完全出乎意料，公共关系部门应立即会同有关部门、人员，制定对症下药的补救措施。
>
> （4）调查事后影响，检验公众反映，及时做好反馈工作。事件处理完毕，问题解决以后，还应对这次行动的效果进行调查、检验，看原有的问题是否彻底解决、公众对组织的印象是否符合预期要求、不利局面是否好转。这样，既能使自己对这次工作的成败心中有数，又可为今后处理类似问题总结经验教训，提供借鉴。
>
> 总之，面对危机既不能推卸责任，又不能不管不顾，而应以积极进取的姿态，迅速表明自己的诚恳态度，争取公众的谅解与合作；或及时以有说服力的事实，尽快平息风波，消除公众的误解。企业在面临危机之时需要一次科学的公关策划活动来解除危机，但是不能推卸责任，逃避责任，应该尽量消除误会，或者取得公众的谅解。如果在面临危机之时不解除危机甚至逃避、推卸责任，这样只会导致企业形象更加恶劣，直接导致经济损失。

第三节　公共关系策划的基本原则

一、企业目标原则

1. 企业目标是策划立项的基础

公关策划本身就是为企业目标服务的，要搞好公关策划，公关人员必须清晰地了解企业的目标是什么，然后审时度势，考察其实力能否达到。这时既要有敢为天下先、迎接挑战的勇气，又要有冷静客观的态度，方可通过努力满足客户的立项。能力达不到、条件不允许、违背科学的目标，以及有这样那样问题的就不能立项。

2. 企业目标是公关策划评估的主要依据

公关策划需要奇特的创意，但是评估一个策划方案，首要的依据不是看其信息含量有多少、智慧含量有多少，而是看能否实现企业目标，能在多大程度上实现为总目标服务的公关目标。

从理论上，公共关系一直提倡双向对称原则，利益和信息沟通双方是对等的，缺一不可。但在公关策划的评估时应从企业目标着手，因为公众利益是全方位、无所不在的，换句话说，企业不是为人民服务的，因此企业投资是有成本的，公关人员搞策划，有着十分明确的目的，是要在一定时空范围内，解决企业某些困难与问题。即使是企业慷慨的无偿赞助，也都是有明确公关目标或是要求社会回报的。

因此，进行公关策划时，应寻找企业利益与公众利益的结合点，力争双赢。不能只满足企业利益，损害公众利益；而只满足公众利益，损害企业利益，企业的目的就受到影响。

二、公众心理原则

研究公众心理，是公关策划的起点和评估重点。

（1）主体的目标必须作用于客体才能得以实现，无论是知名度，还是美誉度，必须是公众说了算，所以公关策划在本质上就是公关人员为企业做公众的工作，在赢得公众。

（2）商战如战场，胜者生存，欲占有市场，必先征服公众、消费者，欲征服公众、消费者，就要先获得他们的认可。

消费者的购物在追求使用价值、物质价值的同时，也很注意追求审美价值、心理价值，寻求更能满足于自己归属、尊重、情感乃至自我实现需求的感性商品。人们的情感世界已成为企业的主战场。一些世界著名大企业都密切关注消费者的情感世界，如麦当劳提出"我们不是餐饮业，我们是娱乐业"，法国极品香水店都宣传"我们不卖香水，我们卖文化"，精品服装屋是"我们不卖服装，我们卖文化"等。

在对公关策划方案进行评估时，首先是要看公众喜欢什么，方案是否投合公众所好。如果只是从企业目标出发，忽视公众心理，往往就会在塑造形象时脱离群众、自我标榜，那只适于企业内部誓师会上的决心、目标拿到企业外的公众中宣传的做法显得愚蠢。

三、信息个性原则

信息个性，是指公关策划所要传播的信息要具有鲜明的个性，新颖独特，明显区别于同类其他信息，有独特的含义与价值，也就是说应是不可替代的，不与他人雷同的。

1. 信息个性是竞争的要求

公关策划之所以要具有信息个性是由现代竞争所决定的。现代竞争经历了三个阶段：以科技为先导的生产力竞争阶段，以利润为导向的行销力竞争阶段，以文化为导向的形象力竞争阶段。科技是基础，利润是目标，文化是手段。当科技发展到一定水平，许多产品可以达到同时代化、同质量化时，产品文化附加值的地位就会上升。

当人们从追求温饱的必须消费转向追求感性消费时，就表现为追求名牌、特色、新颖，力求体现个人审美情趣、个性完善、个人风度、身份展示，此时文化导向地位会继续上升，个性消费时代到来。这是强调信息个性的基础。

2. 信息个性能使公共关系策划方案脱颖而出

从传播效果上看，在美国曾有人作过统计，每周电视中播放的 4 000 条广告，受众人均只看到 120 条，其中仅有 1/3 留下一点印象，其中又仅半数被正确理解，而在 24 小时内能记住的仅为 5%。因此，在信息爆炸的今天，公关策划没有好的创意就没有信息个性，就会被信息的汪洋所吞没。

3. 信息个性是评估的主要依据

对企业来说，公关策划要突出个性，口号要把企业名字嵌进去，让别人没法用，同行也不能用。例如，北京喜来登长城饭店的口号是"在喜来登，小事不小"，体现中国第一家五星级豪华饭店，店大不欺客，关怀无微不至；贵宾楼饭店是"昔日帝王宫，今日贵宾楼"，展示他们的地理优势与格调：紧靠紫禁城，拥有套间和乾隆用过的家具；全聚德烤鸭店展示老字号的凝聚力、吸引力，提出"全聚的时刻，当然在全聚德"。这样的方案，个性鲜明，各有千秋，服务特色一目了然，令人回味无穷。

四、审美情趣原则

审美情趣，是指人理解和评价自然界和社会生活中各种事物和现象的审美特点的能力。公关策划方案需要满足公众的审美需求，需要考虑公众的审美情感和文化心理因素。

例如，天津最著名的头号食品"狗不理"包子，成名几十年，享誉大江南北，可是在新兴城市深圳却碰了南墙。受港台文化影响较强的深圳人认为这个名字太过不雅，最后只好改为"喜盈门"才转换了形势。

所以，塑造新形象，赢得新公众，审美情趣则是作为策划的要素之一。

习 题

简答题

1. 公共关系策划为什么要坚持"创造性与可行性"相统一原则？
2. 公共关系策划在公共关系活动中处于什么地位？
3. 信息个性指的什么？
4. 公关策划要重视审美情趣的原因是什么？

第九章

公共关系策划的一般程序

公共关系策划的程序、步骤、方法；公众传播渠道及传播时机。

公共关系策划的程序、步骤、方法。

第一节 确定公众和传播渠道

一、对象公众的确定和分析

公共关系工作的成效在很大程度上是通过对公众的影响程度来衡量的。

1. 对象公众的确定

企业公关活动的对象公众是由企业所面临的公关问题所确定的。它指的是直接地卷入这一问题的，或对这一问题能够产生影响的，或受到和即将受到这一问题影响的公众。

在确定对象公众时一般可用以下简单的方法，即：谁被卷入这一问题？谁会影响这一问题？谁受这一问题的影响？谁将受这一问题的影响？

当然，确定对象公众还需紧紧地依靠公关调研所提供的有关公关问题的调查资料，特别是对于较复杂的问题。离开对调研资料的分析就很难完整地把对象公众确定下来。确定对象公众，只是对对象公众认识的第一步，要深入了解公众还需根据调研所提供的公众资料对对象公众做更深入的研究分析。

2. 对象公众的分析

全面分析、判断对象公众对企业的期望和要求，并把它与企业利益加以权衡，对确定公共关系目标的层次，制定完成各目标的行动方案都有特别重要的意义。分析、判断的准确与否,是公关工作是否能切中要害、能否成功的关键。

首先,分析判断各类对象公众对企业的期望和要求是什么,尽可能列出企业面对的各类公众以及他们对企业的期望和要求。例如,对于某一个企业的公关问题,它的对象公众有职工、股东、顾客、竞争者、协作者、社区公众、政府公众及新闻媒介公众等,这些对象公众各自的期望和要求可能是多种多样的。

其次,分析各类公众对企业期望和要求的相关程度,即各类公众的期望和要求的共同点、不同点及其异同的程度,先要列出各类公众的期望和要求的共同点。各类公众的这种共同点是制定公关的总体目标,策划总体形象,制订公关计划的重要依据。例如,前面所列举的各类公众的共同点应是增加销售、安全和公平竞争等。增加了销售,职工可增加收入,股东会得到更多的红利,顾客有充分选择商品的余地,政府可增加税收,社区可增加就业机会。在这里应注意的是,有些期望要求只存在于某几类公众之中,对这些也应将其概括列出,作为制定总体目标,设计公关总体计划的参考。然后,评价特定对象公众的特定期望和要求,将选定对象公众的特殊要求列出,以作为制定特定公关目标、针对特定对象公众的具体公关方案的依据。

3. 对象公众的构成特征与期望要求的相关分析

在对对象公众调研和对象公众期望要求分析的基础上,在各类公众中进一步将各构成成分细分,并将其与期望要求作相关分析,是更深入了解对象公众,确保设计制定具体公关方案的科学性的重要手段。

同类对象公众由于在年龄、性别、居住区域、收入、所从事的工作、受教育程度等方面的不同,他们对企业的期望和要求,对企业采取的各种政策和行动的态度等方面,仍存在着很大的差异。例如,同是员工公众的一般操作工人、工程师、管理人员,同是顾客公众的不同收入阶层的人士,对企业的期望、要求、态度和行为或多或少都有程度上的差异,有时甚至会有截然相反的态度。因此,把某一类公众不加区分地视如一人,这在具体方案的设计上是很危险的。

进行对象公众的构成特征与期望要求的相关分析,可帮助企业在制定具体公关方案时进行科学的决策。例如,它可帮助企业有根据地决定采取何种传播方式,确定信息的内容、形式以及对传播渠道的选择;可帮助企业采取正确的公关策略。

二、传播渠道的确定

渠道选择和媒介战略的制定:
(1)从公关的目标和对象公众确定。
(2)从传播行为、接触媒介的特点出发,综合考虑信息特点的限制和需要。
(3)考虑不同类型的媒介本身所具有的不同功能,以及财力等问题。

三、传播时机和传播环境的确定

"机不可失,时不再来",充分说明时机的重要性。"机"的含义很广,从普遍意义上看,牵涉事情成败的关键因素都可以称作"机"。对公关策划来说,更加需要刻意去捕捉"天时"

"地利""时机",去充分地选择运用时间和空间。

（一）时机的捕捉

1. 时机的含义

简而言之，时机是指时间变化所带来的机会。从传播学的角度而言，时间是影响传播效果的重要因素之一。能否捕捉并抓住利用时机，是共系策划水准最为重要的衡量标志之一。

时机的选择或捕捉，有两层意思：第一是捕捉时机要准确；第二是把握时机要及时。前者指的是对那些可以预先选定的时机，一定要先看准其时间区间；后者所指，则是说对那些预先不可选定、稍纵即逝的时机，要及时抓住，不可犹豫。

一般来说，比较有利于举办活动引起公众注意的时机有：①企业创办或开业之际；②企业更名或与其他企业合作、兼并、资产重组之际；③内部改组转型品牌延展之际；④迁址；⑤推出新产品、新技术、新服务之际；⑥周年庆典或周期性纪念活动；⑦新股票上市之际；⑧国际国内各种节日和纪念日。

需即时捕捉、稍纵即逝的时机主要有：①重大的社会活动和社会事件出现；②形象出现危机；③企业或社会突发性灾害爆发；④国家或地方政府新政策出台或新领导人就任；⑤公众观念和需求发生转变；⑥经营出现困难；⑦国际国内政治经济大环境转变；⑧内部资源条件发生变化。

时机具有不可逆转性，"难得者时，易失者机"。公共关系策划须抓住不可复得的机会，迅速果断地采取对策。时机又具有机会的均等性，它公平地赐予每一个企业和公共关系策划者，就看能否抓住它。谁先抓住它，谁就将在竞争中获得先机，谁就可能获得成功。

2. 时机的选择

选择时机时要注意以下几个方面。

（1）尽量选择那些能够引起目标公众关注，又具有新闻"苗头"的时机。

（2）要善于利用节日，去做可借节日传播企业信息的项目；但又要学会避开节日，和节日毫无关系的活动项目不能借节日之势，反会被节日气氛冲淡效果。

（3）尽量避开国内外重大事件。因为这时公众关注的焦点、热点是这些重大事件，企业的活动项目弄不好会毫不起眼。但国内外大事件发生之时，又是企业借势之机，关键看是否能借题发挥。

（4）重大的公关活动不要同时开展两项以上，以免分散人们注意力，削弱或抵消应有的效果。

（5）选择时机时要考虑公众，尤其是目标公众参与的可能性，避开那些目标公众难以参与的时日。

（6）选择时机时要考虑媒介，尤其是大众传媒使用的可能性，避开那些因其他重要新闻而使组织信息上不了媒体的时日。

（二）空间的选择

公关策划对于空间场景的利用非常必要。一方面，企业应尽可能地考虑如何充分利用环境的有利条件，回避不利条件如对当地资源土特产的利用、对地理和人文构成的旅游资源的利用、对特殊民俗风情的利用以及对恶劣气候条件的回避等。另一方面，企业应尽量去选择便于公关活动实施的场所，具体应顾及以下几个方面：

（1）空间大小。空间大小以活动参与者与活动所需物资的多少为转移。场地过大既是浪费也无美感，会使活动气氛显得冷清；过小则显得拥挤、混乱，也易造成事故。

（2）空间位置。活动空间的地理位置很重要，选择位置要与活动内容相吻合，大型活动还要考虑与机场、港口、车库的距离。

（3）空间环境。这主要指公关活动场地周围的建筑环境、交通环境、人流环境、生态环境等。

（4）空间条件。主要指组织活动场所具有的基本设施和基本条件，如通信设施、医疗急救条件、治安条件、文化娱乐条件、购物条件以及食宿条件等。

（5）备用空间。主要指为防止各种因素或条件的偶然变化，策划时应对空间作一些应急和临时性变动的考虑。

（6）空间美感。指的是公关活动地点场所给人的感官审美印象。它包括建筑的造型、布局和结构，场地设施布置与环境装潢，实物摆设与商品柜台设计，橱窗展示、展品陈列以及活动宣传现场广告的张贴、悬挂、放置等。

四、人员安排

在进行公关策划时，应对将来的实施人员及机构进行考虑和安排。策划中对人员分配一般要考虑以下几个步骤。

1. 人员选择

根据组织公关活动规模的大小、内容的繁简、层次的高低、经费的多少等因素，为达到活动开展的效果，要对活动实施的人员进行挑选。

2. 人员培训

对于选出的人，为保证策划方案的有效实施，在策划时便需要考虑如何对其进行培训，就策划目的、宗旨、方法技巧、应急措施等方面准备一套行之有效的培训计划。

3. 人员分工

策划中对于将来活动中的各个岗位，事先要对现有人才或培训人才作一个量才施用的考虑，尽量根据其过去的表现和经验，使之能做到人尽其才，既能发挥特长，又能完成任务。在策划中确定人员安排的同时应注意机构的设置。合理的机构设置和人员分配才能保证公关策划方案实施达到理想效果。在做此项工作时应考虑到以下几个问题。

（1）优先考虑公关职能机构和专职人员。企业中有特色各异的职能机构和某方面的专职工作人员。一般说来，公关活动应以企业公关部或职能相当于公关部的机构为主体，以企业自身的公关人员为主力，再争取其他机关机构、部门的支持与合作。总之，职能机构和专职人员应占主导地位，工作主要由他们来做。

（2）临时工作小组灵活精干。在大的职能机构中，公关工作的各小部分一般由两三个人协力完成，这样，临时工作小组即告组成。小组成员因阶段性工作集中到一起，也因活动的结束而解散，再与另外的人员组成另一阶段新的工作小组。这就要求其人员能尽快适应迅速变化的工作内容。要考虑各人员的能力、特长，进行优化组合，两个人就能够做好的事绝不要三个人插手。

（3）注意人力资源优化。工作组成员的精干组合是人力节约的一个方面，另一方面体现在工作人员工作方式和性格的互补性、融洽性上。工作互补可使工作更完备，人际关系融洽可造成和谐的环境，提高工作效率。同时，工作人员前后阶段工作的交替要预先计划，安排妥当，避免出现人员无所事事的情况。

第二节　公关活动方案与公关策划书

公关活动是建立在一个完善的计划基础上的，因此，计划和方案是公关活动成功的关键。在确定了公关目标和对公众、信息、媒介等基本问题进行深入分析、研究的基础上，围绕着目标，依据研究的结果，进一步着手研究编制可供实施的公关活动方案。

一、公关活动方案的基本内容

公关活动项目实施计划方案是为公关计划中的各具体项目的开展而制定的，为使这些项目的实施能有效统筹安排，具体有章可循，项目计划方案所应包括的内容如下。

（1）项目的名称及项目的目标。
（2）项目的负责人，实施者及各自的责任。
（3）项目筹备、实施的程序设计时间表。
（4）项目所涉及的对象及各种条件分析。
（5）项目所需的传播媒介、器材设备、外部环境等。
（6）项目的经费预算。
（7）项目的成果考核标准和考核方法。

二、编制实施公关活动的工作程序表

编制实施公关工作程序表，是一项工作量十分浩大的工作。有时甚至有上百个步骤。对公关人员来讲，编制程序的工作量大，时间紧，并有强大的精神压力。

工作程序时间表不可抽象化，要和具体的条件相结合，而且要一定能够实现。如果程序表中的某一细节无法实现，就会直接影响到下一步细节的发展，进而影响到整个活动项目的实现，以及影响整个公关计划的实施、目标的实现。

三、优化方案

公共关系是创造性的劳动，公关策划是公共关系人员创造才华的施展，他们常常可能针对不同的公众，选用不同的公共关系模式，选择不同的媒介，提出各种不同的方案，做出各种形式的公共关系设计，但这些方案未必都适宜和尽善尽美，也不可能同时都采用，因此必

须进行方案优化。

方案的优化过程，就是提高方案合理性的过程。方案的优化可以从三方面考虑：提高方案的目的性，提高方案的可行性，降低耗费。方案优化有以下几种方法：

1. 重点法

当在对一个方案进行优化时，可先把影响最大的方面确定为重点。哪个方面的提高或降低对该方案的合理值影响最大，即如企业的方案中合目的度与可行度都很高，就是费用太高，企业就可将耗费度定为重点；如果是合目的度与耗费度都很合适，只是可行度差，企业就应以提高可行度为重点。总之，就是重点地突破薄弱环节，使方案整体优化。

2. 轮变法

轮变法具体运用如下：在影响整体的要素中，将一个要素作为变数，其他要素作为定数，对作为变数的要素作数量的增减，以期在其他要素不变的情况下提高合理值，直到不能再增减，然后换一个要素作变数，又将原来的那个要素与其他要素一起作为定数，直到最后合理值不能再提高为止。

如在运用中，我们可以设问："在可行度不降低，耗费度不增加的情况下，合目的度还可提高吗？""在合目的度不降低、耗费度不增加的情况下，可行度还可增加吗？""在合目的度和可行度不降低的情况下，耗费度还可降低吗？"

反复评判要素中每个要素的组成项目，轮变进行，即可获得最佳方案。

3. 反向法

轮变法是以其他要素不变为前提，去增减一个要素的值。反向法则是以一个要素的较小变动去求得其他要素的较大变动。人们通常往往只是考虑如何降低成本，以增加利润，而反向增益法则是考虑如何增加少量成本，以求增加大量利润，取得舍寸进尺的效果。例如，用增加保修费、为大件商品保险来扩大市场销售量，就是反向增益。虽然成本总额增加了，但利润的增加会更多，信誉会更好。

4. 综合法

每个方案设计出来都有优点和缺点，未被选上的方案未必就没有一点优点，被选上的方案也未必就没有一点缺点。优点综合法就是将各方案可以移植的优点部分综合到被选上的方案中，使被选上的方案好上加好，达到最优化。

四、编制公共关系策划书

企业公关策划书即用书面形式表达出来的企业公关策划方案。公关策划书的形成要经历一个完整而严密的策划过程：界定公关问题、搜集已有资料、进行市场调查、将资料整理成情报、产生策划创意、形成多种方案、优化选择方案等，最终确定下来一个经论证最优秀、最适当的策划方案，将这种方案按一定格式用书面形式表达出来，就是公关策划书，也称为公关策划案。

公关策划人员在设计方案后，必须将方案的内容写成公关策划书，以便于企业领导的审批和组织实施方案。

公关策划书是公关策划的书面方案。公关策划的理性创造告一段落后,便将进入实践验证阶段,策划书即是这两个阶段的中介点。

习 题

应用题

1. 请结合所在城市,对其企业或者组织进行形象策划。
2. 攀枝花市若水之滨,传说是颛顼的诞生地,请在旅游项目中,策划一个传播活动。

第十章

国际公关活动策划创意

国际公关活动策划的方法，策划目标。

国际公关活动创意策划的方法。

第一节　国际公关活动策划创意的特征和多维视角

在公关策划的各项要素中，创意乃是最为关键的要素。

创意就是将创造性思想转化为具体策划方案的过程。因而，创意作为思想创造是策划的前奏，是策划的构想阶段，也贯穿于策划全过程，它是策划的支撑、策划的灵魂、核心和精髓，决定着策划的层次和水平。同时，创意也有着自身的特点和规律性，只有掌握和熟悉创意的特点与规律性，才能创造出好"创意"，也才能提高和升华策划。

一、创意的特征

创意作为创造性思维活动中所爆发的思想火花而形成的灵感，或启迪意念，或是某种思想萌芽、某种假设、某种构思，具有以下特征。

1. 发现性

发现性是指创意是思想中的新发现。这就是说创意不是重复的、常规的，而是在原有思想基础上的新发现或形成的某种新思想。所谓新发现就是发现以前或别人尚未发现的某些新的东西，即见人所未见，想人所未想。所以创意的重要特征就是思想的新发现。其实在创造性思考过程中，人的脑海里总会浮现许多奇奇怪怪的念头、奇妙的幻象，或是某种启示，这时就会形成许许多多的新思想、新认识、新感想、新见解、新体验等，这些都是新发现。如没有新发现就不能成为新创造，也就谈不上创意。新发现越是不同寻常，创意也就越卓越。

2. 即兴性

即兴性是指创意的即景性。创意往往是客观环境某些信息与储存于思维中的信息发生碰撞，"一触即发"而产生的某种新思想，即即兴而生的思想。如人们常说的"触景生情""急中生智""突发奇想"之类都是即兴创意。创意是灵感的产生，一般说来人们在开始进行寻求某种答案的思考时，就会在头脑中产生若干的思维信息，一旦这些思维信息遇到外界客观信息刺激大脑时，就会马上与客观信息发生碰撞，撞击而迸发思想火花，即是灵感。创意如果碰撞越激烈灵感就越多，创意就越多。这种即兴性不是随时随地都可以无条件产生创意的，而必须是大脑要有思考的准备或处于思考的状态时，即处于需要寻找某种"触发点"的状态时与外界相关信息碰撞，才会产生灵感或创意。这时，外界的某种相关信息即使是轻撞了一下触发点，大脑思维之门也会立即打开，思维急速启动，随之而来的就是某些新思想、新念头，这就是即兴性。由此说明，创意和大脑的思考准备都不能缺少外界的相关信息。

3. 突发性

突发性是指创意的产生是瞬间的事情，往往没有任何预兆。创意在思维不受严格的逻辑约束，无须进行严格的逻辑推理下，唤起思维深处的某种记忆，从而产生某种念头、某种醒悟，或受到的某种启迪。

4. 开拓性

开拓性是指创意的创新性。创意应是首创的，是第一次出现的、新颖的、有价值的。创意的开拓性就是创意必须适应客观世界的发展变化，适应社会时代的需要，能够走在时代的前面。因而，创意就是要敢于走在别人前面，超常地发挥想象，创造出别人尚未想出的思想。

5. 独创性

独创性是指创意应是独特的，是与众不同的，具有鲜明的创造性特点。创意就是自身创造的主意，因而它应是独特的，具有鲜明的个性色彩，显著区别于其他创意。这就是说创意应该是根据不同的客观条件和不同的要求，灵活地有针对性地独特地创造。创意最忌讳雷同、俗套、模仿，一个好的创意应是超凡脱俗、不同凡响、独具特色、独有新意的。正如歌德所说："现代最有独创性的作家，原来并非因为他们创造出了新东西，而仅仅是因为他们能够说出一些好像过去还从没有人说过的东西。"

二、策划创意的多维视角

成功的创意往往是多个视角、多个方向、多种手段的产物。公关创意主要考虑的视角点有以下几个。

1. 科学角度

公共关系本身的发展就与现代科学的进步有着千丝万缕的联系，没有现代科学的发展，公共关系是不可能作为一门学科的，而公关创意的科学角度主要包括以下三个方面的内容。

（1）要运用科学的思维方法进行创意。科学的思维方法是优秀公关创意的前提，主要包括逻辑思维、直观思维、辩证思维等。

（2）应用科学的理论和知识进行创意。公共关系发展至今已经有了自身的理论体系，必须对其进行认真的研究。公关创意是一种难度很大的智能性活动，没有巨大的知识积累和深厚的理论功底就好像无本之木，是很难成功的。除此之外，公关创意的成功还需要其他的专业知识作为辅助，如心理学、舆论学、传播学、民俗学、文化学、法律、商务、行政等方面的知识。

（3）创意的科学角度还指要采用科学的技术手段进行创意。这些手段是指以电子计算机的信息传送系统为核心的现代科学技术和其他学科中采用的科学方法和手段。

2. 文化角度

公关创意要把握住公关活动所处的文化氛围，因为公关活动所要影响的公众是有受同一特定文化熏陶和濡染的人组成的，而人从某种角度上讲是文化所造就的产物。不掌握文化氛围的特点就无法将公关创意实际运用于现实的公关活动之中，而且公关创意本身就是一种人类的文化成果。在这一点上创意人员要做好两方面的工作。首先是明确认识到公关环境的文化氛围与特点，寻求企业公共关系与该文化的契合点；其次是应该顺应时代的发展，在公关创意中追求较高的文化品位。如果公关创意有了包含这两点在内的文化视角，不仅会在情感上缩短企业与公众的距离获得公众的认可接受，还会使企业的员工具有强烈的认同感，并使得企业的形象由于浓厚的文化味道而得到提升。

从总体上了解和把握公关环境的文化氛围可以使公关活动比较容易得到公众的好感与认同，因为现代人已经越来越向高智能、高品位方向发展，对于那些平庸的公关作品，人们往往不屑一顾，企业也就达不到预期的效果。因此优秀的公关人员常常会在了解文化背景的基础上，巧妙地利用文化和民俗做文章。而追求公关创意中的文化品位，是要让公关创意具有文化特色从而使公关活动给人以隽永的回味。

3. 创意的艺术角度

艺术不同于科学的求真，也不同于文化的求同，艺术是为了求美。人有求美的本能，美丽的东西往往会对人的情感产生强烈而又持久的震撼力。从艺术角度进行公关创意已经越来越受到公关专家的重视。对于公关创意中的艺术视角应该把握好以下两点：首先，一个好的公关创意必须要以美感为最终追求的目标之一，因此一定要以艺术的标准要求公关创意，使公关创意遵循美学原则。其次，在公关创意中应该考虑到以艺术的表现方式进行公关活动。企业不一定非得直接进行宣传推销，扩大影响，还可以通过艺术的表现方式含蓄委婉地向公众传达信息。艺术的表现方式多种多样，音乐、舞蹈、戏剧、美术、电影电视等都可以为创意人员所用，从而形成文图并用、情景交融的良好效果，使公关信息在艺术形式中得到传达。

4. 对公关创意的总体把握

对于公关人员来讲，创新性是最需要具备的素质，也是最难具备的素质。一个好的公关创意就是：用不同凡响的设想及构思产生不同凡响的意境和效果。其重点在于设计，设计的主要内容是公关活动的主题和意境以及表现这种主题和意境的具体方案。

公关创意的工作重点在于通过设计为公关策划和公关活动注入强烈的美感和情感，使公关活动不落俗套，超越一般，具有鲜明的个性。设计的落实也是公关谋划整体中不可分割的一部分。设计的落实主要包括：选择最理想的公关活动方式和最有效的公关传播手段，协调好每一个具体的公关步骤。只有做好上面这些工作，才能真正使主题在公关活动中现象化、具体化，真正使公关创意达到卓尔不群的效果。

创意虽然十分强调灵感，强调创造性思维，但是公关创意也有其一定的活动规律，用以引导创意的可控性、条理性。公关创意的具体过程分为创意的准备阶段、创意的酝酿阶段、创意的闪现阶段和创意的验证阶段四个阶段。

1）准备阶段，是指公关人员从策划的具体目标和需要出发，搜集和整理各种相关的信息和资料。这涉及的方面很多，如公关对象、公关目的、公关活动的范围和规模、可能投入的资金、人力和物力等。

2）酝酿阶段，是指公关人员最大限度地调动自己的知识、经验和想象力，展开多种思维方式，以自己的主观能动性对相关信息进行处理，提出各种方案。

3）闪现阶段，是指一个新奇的构想忽然形成，然后通过对思维的整理，使其明朗化、清晰化，最终成为一个有一定可行性的方案。

4）验证阶段，实际上就是对创意进行各方面的审核和考察，看看该创意是不是有严重的纰漏和缺陷、是否可行、短处和长处等。这一阶段一般是以领导和专家的审查和批准作为最后结论。

第二节　国际公关活动策划创意的方法

一、国际公共关系发展的背景

第二次世界大战结束以后，国际公共关系出现并迅速发展，在进入20世纪90年代以后，国际公共关系更是出现加速发展的趋势，其主要原因有两个：一是一体化国际大市场的形成，二是全球传播信息时代的到来。

二、国际公共关系的操作方法

国际公共关系是一个双重概念，一方面指国际公关界的交流和合作，另一方面指跨国的公关实务活动。本书所指的国际公关是后者。原则上，国际公共关系和一般公关活动在操作程序上并无太大区别，同样要采取公关的四步工作法。但国际公共关系由于其设计的范围更广，环境差别甚大，因此，在国际公关实务上有其自身的特点：①国际公共关系的调查；②国际公关项目策划和实施；③国际公关活动的评估。

三、国际公共关系的新发展

1. 绿色公关和环境传播

环保运动的兴起，使很多企业开始意识到企业今后的发展战略、行为和形象都日益受到环境保护这一因素的影响。因此，避免在环境问题上出现失误，树立企业良好的社会形象，而针对有关公众开展传播、沟通和协调工作，成为绿色公关的基本内容。具体来说，包括以下几个方面：①树立企业的绿色形象；②引导消费者树立绿色消费观念；③建立并拓展绿色市场，淡化消费者对绿色产品的价格反应；④寻求各国政府对绿色营销的支持。

绿色公关的实施：①新闻传播；②公共关系专题活动；③提供有关影像材料。

2. 问题管理

问题管理（Issue Management）出现于20世纪70年代。今天，问题管理已经成为一种专门的公共关系实务，主要指公关人员针对已经出现的问题（特别是将要进入立法程序、有争议的问题），以及这种问题对组织的潜在影响进行分析、预测并施加影响，帮助组织制定应变对策与措施。问题管理的过程是：识别问题、分析问题、确定问题的核心和重点，制定行动战略，采取行动，评估效果。问题管理主要表现为组织对环境变化的一种主动积极的反应，丰富了公共关系这一管理职能的内容。

3. 财经传播

财经传播其实是一种金融公共关系，它主要是针对投资者、金融公众、新闻媒介以及相关公众开展公关工作，其目的在于确保企业股票的市场价格能准确反映企业的现有业绩和发展前景。当前财经传播的主要内容有：①企业股票上市发行的宣传；②与证券分析师的交流和沟通；③参与编制企业有关财务报表；④处理与新闻媒介的关系。除此以外，还包括了解企业股票分布情况的调查，开展企业兼并与反兼并活动的信息传播，每年股东大会的策划，处理与政府有关部门的联系，以及加强与企业内部职工股东的交流等。

4. 整合传播

在市场竞争日趋激烈、信息爆炸的今天，信息传播渠道的繁多和信息量的日益增多，相对稀释和淡化了消费者对某一具体商品信息的注意力，为此出现了整合传播这一概念。这里的整合传播主要指公共关系与广告、大型活动、促销、包装设计、企业识别系统、企业行销等结合，其核心就是面对市场的"立体传播"。

整合传播的最大优势就是"以一种声音说话"，即用多种多样化的传播手段，向消费者传递统一诉求。由于消费者听见的是一种声音，他们能够更有效地接受企业所传递的信息，准确辨认企业及其产品和服务；对企业来说，这有利于企业实现传播资源的合理配置，使其以相对低的成本投入产生较高的效益。

第三节　国际公关活动策划创意思维的培养

创意并非天生，而是后天可培养出来的，那么，应如何培养出创意呢？组合、改良以及新用途就是最常见的培养创意的技巧。

一、组合创意法

以创意扬名整个美国的广告大师詹姆斯·杨曾在所著的《产生创意的方法》中提示：创意完全是旧元素的重新组合。日本千叶大学教授多湖辉就认为："企划内容里的97.9%是任何人都知道的，非常常见的普遍东西，当他们被一种新的关联体系重新组合起来，具有相当的有效性时，就能发展成企划。"这正如：合金是"组合"概念下的伟大产品；生日音乐卡就是旧产品生日快乐歌与卡片的新组合；电子表笔就是旧产品电子表与原子笔的组合；小孩玩积木就是一个典型的旧元素新组合的游戏。

积木游戏的启示：任何旧元素都可能组合，但不是所有的组合都能成功。换言之，并不是所有旧元素的新组合都能产生创意。不过，旧元素的新组合肯定是产生创意最重要的来源。

除了积木外，大家可能都玩过这样一种游戏，在三张纸上分别写下姓名、地点与行动。例如：

张三——在床上——睡觉
李四——在珠穆朗玛峰顶上——探险
王五——在水里——游泳

经过重新组合后，可能变成：

张三——在水里——睡觉
李四——在床上——探险
王五——在珠穆朗玛峰上——游泳

当这些重组的结果公布时，常会引起大家哄堂大笑。原来非常平淡无奇的东西，经过组合之后，带来了创意，也带来了欢笑。

二、改良创意法

改良就是把旧的缩小、放大、改变形状或改变功能的意思。其实所有的商品及作品，除了第一代是发明之外，其它也都是经过改良逐步完成的。

如《满城尽带黄金甲》对《雷雨》，张艺谋几乎借用曹氏的全部情节，情节却有重述性的复制和演义。两部作品都是如亚里士多德所说的技高一筹的诗人的杰作，曹禺是天才的创造，张艺谋《满城尽带黄金甲》以其不同凡响的多重效果，非常高明的借用，成为人们谈论的话题，他们共同用这个有震撼性扣人心弦的情节、简练含蓄的语言、各具特色的人物和极为丰富的深层意义，去引起颠覆的悲剧效果。如刀刃一般在读者的心弦上缓缓滑过，那抖颤而出的《雷雨》余音，至今未息，并且极度夸张，使视觉效果与思考意义达到凸显，无比强烈地震撼了每个人的灵魂。它通过对人的感觉方式的革命，配以特别的音响和色彩效果，不惜用浓墨重彩加以表现，带来的是品尝由生活的多汁多味的兴奋，是一种沉重，触动的是心灵。

又如，日本的松下幸之助深谙改良的道理，因此从创业之后，一直秉持"改良旧产品、大量生产、降低成本、低价售出"的经营策略，使企业走向成功。

因此，改良不但是创意的重要来源，也是发展中国家企业进军国际市场的重要利器。

改良的定义，近似哈佛大学教授李维特所说的创造性模仿。创造性模仿绝非假冒，它的基本精神是创新的、积极的。

管理大师彼得·德鲁克说:"创造性模仿者并没有发明产品,它只是将创始产品变得更完美。或许创始产品应具备一些额外的功能,或许创始产品的市场细分欠妥,须调整后才能满足另一市场。"德鲁克这一段话,正好对改良做了贴切的诠释。

三、新用途创意法

新用途,就是发现产品的新用途,或是改变产品用途的意思,如美术家常把 A 材料用作 B 作品。

无论是发现产品的新用途,或是改变产品用途,产品本身无任何改变,只是用不同的眼光或从另一个角度去看该产品,这正是认知的改变。彼得·德鲁克曾表示:认知的改变就是创意的重要来源。

如著名的法国细菌学家巴斯德,为了研究葡萄酒发酵的原因,发现酵母菌使葡萄酒发酵变酸,于是他发明了一种低温杀菌法,杀死了酒中的酵母菌,而使葡萄酒保持原有的甜味。巴斯德发明的这种低温杀菌法,有人发现了它的新用途,将它应用在牛奶的消毒上,造福了千千万万的人类。

外科医生李斯特爵士更把巴斯德的细菌理论应用在外科手术上。李斯特心想:"假如细菌能使葡萄酒变味,那么外科中许多不明的死因,是否也跟细菌有关呢?"依次深入研究,李斯特证实了细菌的确会侵害伤口,于是发明了划时代的外科消毒术。李斯特改变了巴斯特细菌理论的用途,发明外科消毒术,不但拯救了无数的生命,他自己也因此而永垂不朽。

所以,纵使产品不变,仅仅是认知上的改变,只要发现产品的新用途,就会产生无穷的创意。

由此可见,只要注意观察,开动脑筋多加思考,创意是会产生的。作为一个策划者,更应该如此去观察,去思考,去开发创意。

那么,作为一个能不断引发创意的人,有哪些与众不同?或者说应具备什么条件?日本策划高手高桥宪经过研究发现,能不断引发创意的,一般必须具备以下十种条件。

(1) 要快,须有即刻反应的能力。

(2) 卓越的图形感觉。

(3) 丰富的情报量。其中还包含了相关的情报,应能从中综合更多的信息。

(4) 思路清晰的系统概念。

(5) 战略构造,对未来或各种利益结构有强烈的控制力量。

(6) 概念。能将所有的相关信息归纳成完整概念,同时也能综合象征性概念。

(7) 敏锐的关联性反应。对人、产品、市场的关系要感觉灵敏,要有把它综合起来的能力。

(8) 丰富的想象力,丰富的感性。可随时想象事业或其进行时的状况。

(9) 多角度的思考,才能采取系统概念和战略构造。

(10) 同时进行多种工作,主线与支线同时并进。即使在繁复的情况下,也能妥善地处理工作。

案例 10-1

1993年9月的一天，时任《中国名牌》杂志社副总编辑的奚国金，正在浏览《光明日报》，突然，一幅"法国巴黎蓬皮杜文化中心刚刚竖立起的公元2000年倒计时牌"的照片进入了他的视线。谁也不曾想到，他不经意间的惊鸿一瞥，却诞生了一个轰动全国，并被永远载入历史的伟大创意。

"当时，我们正在寻找一种合适的方式来表达祖国人民对香港回归之日的热烈期盼。倒计时牌，是我们心中最好的载体。"李为民如此描述当年设立倒计时牌的初衷。

1994年12月19日，北京的气温很低，子夜还飘起了雪花。凌晨，整个北京城已是银装素裹。上午10时10分，各界群众入场，此时整个历史博物馆前的广场上聚集了1400多人，比原来发出请柬邀请的人数多了近两倍。10时30分，剪彩仪式正式开始。

时任全国政协副主席万国权、全国人大常委会副委员长王光英、新华社《中国名牌》杂志社社长董辅礽等分别进行发言。

11时10分，王光英、程思远、万国权、孙孚凌、曾宪梓等领导与嘉宾将仪式推向了高潮：彩绸剪开，一块高16米、宽9.6米的浅黄色倒计时牌呈现在了人们面前，整个天安门广场上立即爆发出了热烈的掌声和赞叹声。

揭幕式当天，新华社、中新社均发了通稿，中央电视台在"晚间新闻""焦点访谈"中作了重点报道，中央人民广播电台等也将该消息作为要闻播发。第二天，来自国内外数百家新闻媒体的报道更是铺天盖地。此后的很长一段时间，倒计时牌前，从驻足留影到有组织地进行爱国主义教育的人群络绎不绝。

案例分析：

《中国名牌》杂志社组织策划了高扬爱国主义旗帜的中国政府对香港恢复行使主权倒计时活动，产生了深刻的政治意义与深远的历史意义，其创意如下。

1. 背景：项目调查

（1）历史：香港问题是英帝国主义入侵中国后强迫清政府签订的不平等条约。

（2）立场：香港是中国领土，不属于"殖民地"范畴。邓小平同志明确地表示1997年要收回香港。

（3）结论：1997年7月1日这一天回归，一个世纪的悲欢离合、一个民族的沧桑荣辱将在这一刻凝聚升华。

2. 项目策划

（1）目的：高扬爱国主义旗帜。

（2）切入点：倒计时（让它分分秒秒叩动每一位中华儿女的心弦）。

（3）规模：每字高度不小于1米，总面积150平方米，可视距离1000米以上。

（4）焦点：倒计时牌建在北京天安门广场的中国革命历史博物馆正中。

（5）层次：报呈新华社领导、北京市政府、国务院港澳办，直到中央领导。

（6）时间：启动在1994年12月19日（中英联合声明10周年）至1997年7月1日，运行925天。

3. 项目实施
(1) 高层公关：中央支持。
(2) 政府各职能部门公关：热情赞许。
(3) 横向公关：全国人民振奋。
4. 项目评估
(1) 中央领导高度评价。
(2) 925 天中，参观率最高，也是爱国主义教育基地。
(3) 世界之最：面积、时间、目睹、参与人数、新闻报道。

习　题

简答题

1. 公关策划创意具备哪五个特征？
2. 公关策划创意为何还要从科学角度来考察把握？
3. 试述头脑风暴法的具体应用。
4. 创意技巧能够后天培养吗？应从哪几个方面来培养？

第十一章

公共关系专题活动的策划

社会赞助，展览会。

展览会，策划技巧。

第一节 公共关系专题活动的目的、主题与形式

公共关系专题活动是指围绕某一明确的主题，并且经过公关人员的精心策划而展开的特殊公关活动，是组织公关人员经常采用的、成效比较明显的一种公关活动方式。专题活动组织者通过同某一部分公众进行重点沟通和协同，可以达到树立良好的组织形象，以及扩大社会影响的目的。

专题活动往往是针对某些具体公众的，如果方法选用得当，也可能在其他公众中产生广泛的影响。例如，西安的民生园商场在十周年庆典时，不搞形式主义，而是别出心裁地开展公开向顾客征求意见的活动，提意见多者还有奖励。此事经媒体报道以后，在社会上产生了良好反应。由于公共关系专题活动是经过精心策划的，所以常常以其新颖的形式在群众中引起轰动效应。一旦策划失误，必将在群众心目中留下不良印象。因此，举办公共关系专题活动一定要遵循有关规定，讲究技巧。

案例 11-1

2001年6月23日晚，帕瓦罗蒂、多时戈、卡雷拉斯三位世界著名的男高音歌唱家在紫禁城午门广场联袂演出，在"6·23 国际奥林匹克日"掀起了北京申奥活动的高潮。时任国务院副总理李岚清和数万名热情的中外观众一同观赏了这场精彩的演出。当晚三位歌唱家身着黑色燕尾服，站在紫禁城的古老红墙之间的舞台上演唱了近三十首脍炙人口的歌剧选段或歌曲。从卡雷拉斯的《我知道这个花园》到多明戈的《星光灿烂》，再到帕瓦罗蒂的《今夜无人入睡》，洪亮且有穿透力的歌声，赢得了现场观众的热烈掌声。昔日这里曾经钟鼓齐鸣，如今西方歌剧在这里缭绕；昔日皇帝曾在这里议政，如今三位西方音乐大师在这里纵情高歌。东方建筑的神韵与西方艺术经典在这里达成了完美的交融，古老的紫禁城在一个充满激情的夜晚被唤醒，改革开放的中国以一场东西文化交融的音乐盛会，向世界展示了自己积极走向世界的宽阔胸怀。帕瓦罗蒂、多明戈、卡雷拉斯的深情演绎，取得了空前的成功，音乐会电视直播覆盖了全球110多个国家和地区的33亿观众。

案例分析：

世界著名三大男高音歌唱家在紫禁城午门广场联袂演出，在"6·23国际奥林匹克日"掀起北京申奥活动的高潮是借助了公共关系学中名流公众的效应。

（1）借助于社会名流的知识、专长、知名度扩大组织的公共关系网络、组织的公众影响力，丰富组织的社会形象，无形中使组织增添了一笔知识财富、信息财富。

（2）借助于社会名流的社会声望，一般公众存在"崇尚英雄""崇拜明星"的社会心理，组织与社会名流建立良好的关系，就会将本组织的名字与社会名流的名望联系在一起，利用公众崇拜名流的心理，提高本组织在公众心目中的位置。

一、公共关系专题活动的目的

企业公共关系专题活动的目的是指导和实施专题活动的依据，也是评估专题活动效果的标准。专题活动的目的必须与企业公共关系总目标相一致，遵循企业公共关系的基本原则与规范，即通过各种专门的社会活动树立企业形象，提高企业的社会知名度和美誉度，建立企业与公众的密切联系，扩大社会影响，为企业创造一个和谐的社会环境，并通过社会传播企业的信息。

各项专题活动的目的应当具体化，有明确的内容和任务要求，做到既有利于实施，又便于进行效果检验。

一般而言，公共关系专题活动可以有以下几个目的：①提高企业新产品的知名度；②改善企业与传播媒介的关系；③改变企业原有的形象；④创造良好的消费环境；⑤增强企业内部的凝聚力等。

二、公共关系专题活动的主题

每一次专题活动策划都要有一个与目的相一致、与企业公共关系总目标密切相关的明确的主题。主题应对活动内容高度概括，指导整个专题活动，一切具体操作都必须紧紧围绕主题进行。主题设计要确切、精彩，体现鲜明的目的性，其表现形式多种多样，可以是一个口号，也可以是一句陈述。例如，日本精工计时公司利用在东京举办奥运会的机会，进行了以"让全世界的人都了解精工的计时是世界一流的技术与产品"为目的的公关活动，活动的主题是"世界的计时——精工表"。

确定公共关系专题活动的主题时应考虑下列因素。

（1）要能充分体现专题活动的目的，以实现目的为宗旨。任何有悖于活动目的实现的主题，对专题活动来说都缺乏针对性，设计得再精彩也是败笔，结果只能导致专题活动的失败。

（2）要在分析公众的基础上加以设计，了解公众的需求和兴趣，充分适应公众的心理需要，增强公众对企业的亲切感，从而使公众易于接受。

（3）要能突出专题活动的特色，既富有激情，同时要具有鲜明的个性，切忌空泛和雷同。主题的设计要简明扼要、容易记忆，用通俗易懂的简要文字表达内涵丰富、鲜明生动的主题，否则不仅不易宣传，还会使人厌烦或产生理解上的歧义。

（4）设计主题还应考虑本次专题活动与前后活动的连续性，给人以连贯、整体的感觉和印象，以便收到理想的效果。

三、公共关系专题活动的形式

公共关系专题活动的内容很多，形式亦多种多样，主要有以下几种。

1. 新闻发布性活动

新闻发布会又叫记者招待会，是一个组织把各类新闻机构的新闻界人士召集在一起，宣布某一有关消息，并让新闻记者就此进行提问，然后由召集者来回答的一种特殊会议。新闻发布会曾被作为进行公关宣传的最好方式之一，是企业为向新闻媒介报告或传播企业希望社会公众了解知晓的某些信息或新闻素材而举办的专题活动，如记者招待会、新闻发布会等。

新闻发布会作为一种专题活动，和其他专题活动一样，用于解决特殊问题和处理特殊事件。一般来说，新闻发布会有以下两个典型的特点：①新闻发布会是一种比较正规、隆重、规格较高的传播方式，比起其他传播方式其影响面更大；②新闻发布会是一种技术要求比较高的会议，它是一种双向对称型的传播方式，由举办者根据自己的需要发布消息，然后由记者进行提问，并现场作答，这就要求发言人和主持人有较高的表达能力和反应能力。如果在外地甚至海外举行新闻发布会，还要考虑符合所在地的文化传统和风俗习惯。

2. 促销活动

促销活动是紧密围绕企业营销，直接吸引、刺激消费而举办的专题活动，如展览会、展销会、博览会、新技术新产品介绍会、表演会等。在企业公共关系专题活动中，这类形式最为常用，如车展、食品展。

3. 信息交流性活动

信息交流性活动是企业与社会、企业同行间开展的有关业务信息、技术交流性的专题活动，如研讨会、座谈会、交流会等。

4. 庆典、纪念性活动

庆典、纪念性活动是企业为庆祝某个节日、纪念日或某项成绩而举办的专题活动，如纪念会、庆功会、表彰会、奠基仪式、落成典礼、签字仪式、就职仪式等。

5. 沟通性活动

沟通性活动是树立企业形象、提高信誉、达到企业与公众的双向沟通了解而举办的专题活动，如组织公众参观企业设施及工作现场等。

6. 社会福利性活动

社会福利性活动是企业为搞好与政府或社会的关系，承担一定的社会责任与义务，提高社会声誉而举办的专题活动，如赞助、捐款、设立福利基金仪式、现场技术咨询、服务等。

7. 联谊娱乐性活动

联谊娱乐性活动是为加深企业内部、外部感情，为企业广结良缘，建立广泛的社会关系网络，形成有利于公司发展的人际环境而举办的专题活动，如联欢会、文艺演出、聚餐会、宴会、舞会、体育竞赛等。

随着市场经济的发展，企业公共关系专题活动不断以新的形式出现，这些不断出现的形式新颖、独特、令人耳目一新的专题活动，往往备受人们的关注，因而容易获得成功。

四、公共关系专题活动策划的要求

公共关系专题策划就是对公共关系专题活动的谋划与设计。专题策划的成功与否，直接决定着专题活动的效果。无论策划哪种形式的专题活动，都不应偏离以下基本要求。

1. 主题鲜明、突出

主题是策划的灵魂。主题选好了，策划就成功了一半。所以，策划的主题要求鲜明、突出，以求引起社会的广泛认同、支持和关注。

2. 把握时机

专题活动时机把握是否得当，也是吸引公众的重要条件。每逢重大事件发生时、中外各种重要节日、企业特殊纪念日以及各种与组织有关的时机都可利用。

3. 富于特色

每次专题活动，力求新颖别致、富有特色，力戒平淡、雷同，手法要多样、奇特，如可以是晚会、比赛，也可以是灯谜竞猜。

4. 策动媒介配合

举办专题活动，目的就是让更多的公众认识企业。虽然专题活动本身就是一种媒介，但要想发挥专题活动的辐射功能，还需要借助各种大众传播工具，如印制传单、出版物，请名人出场，在电视台黄金时间播放专题片，举办记者招待会，悬挂大幅标语等。

5. 切实可行

举办专题活动耗资巨大，策划者要充分考虑其可行性，在活动开展前要做好可行性分析与论证，切忌盲目。例如，一家商店于某年（猪年）元旦在店门口举办猪短跑比赛，结果铃声一响，猪四处乱跑，主人急得大汗淋漓。公众感到此举无聊好笑。

6. 有效控制

专题活动的实施过程离不开控制，控制过程就是活动的设计，组织者根据所要达到的目的对整个实施过程进行导向性的进程把握。一次成功的专题活动，绝不可能是被动等待、任其自由发展的结果；一个优秀的设计组织者也绝不会放弃包括控制在内的管理手段。然而这种控制不是凭借任何人的主观想象去加以干预，而是严格按照预定的计划方案来加以实施。

7. 积极预防

突发事件在专题活动中经常会遇到，是不可忽视和回避的问题，如参加人员突然病倒，有关仪器设施突然出现故障，由于拥挤而造成意外事故等。对此组织者要有足够的心理及物质条件准备。要及时采取果断、灵活的手段与措施，力求妥善解决，不要因此而影响全局。要尽量不轻易改变原有的计划，否则牵一发而动全身，一旦打乱计划将很难控制局面。

第二节 专门性公共关系专题活动策划

专门性公关活动，是公共关系专题活动中的重要门类，它对于改善企业的社会环境，争取社会公众的理解和支持，加强企业之间的交往与合作，具有非常重要的作用。

一、新闻发布会

新闻发布会，也称记者招待会，是现代企业为发布有关重要信息而邀请新闻记者参加的一种公共关系专题活动。新闻发布会是企业借助新闻媒介广泛传播信息的重要方式，特别是有些问题在非新闻发布会不能解释的情况下，通过与新闻记者的双向沟通，利用大众传播媒介传递真相、澄清事实，有利于企业挽回声誉，树立形象。

新闻发布会事先必须论证其必要性和可能性这两个问题，然后才能开始筹备实施等方面的工作。新闻发布会要做好以下五项工作。

1. 提出中心议题

中心议题的提出，往往根据企业发生的事件和做出的决策来确定，如是宣布重大决策，还是公布新的信息；是就某一事件进行解释，还是就某一事件的背景进行介绍等。这些都必须首先确定，整个发布会即围绕这一中心议题展开。

2. 确定邀请对象

根据中心议题决定邀请对象的范围。如果事件涉及全国，就要邀请全国性新闻单位的记者出席；如果事件的影响仅限于本地，则可邀请当地新闻单位的记者出席；如果事件涉及专门业务，则宜邀请行业或专业性新闻单位的记者出席。邀请的记者覆盖面要广，电台、电视台、报纸、杂志、网络等，各种新闻机构都要考虑到。邀请对象确定后，应提前发出邀请，并通知会议的地点和时间。

3. 选定主持人和发言人

新闻发布会对主持人和发言人的要求很高，因为记者出于职业习惯，大都会提出一些尖锐、深刻甚至很棘手的问题，这就要求主持人和发言人有较高的文化修养和专业水平，并且思维敏捷、口齿伶俐。一般情况下，由主持人介绍会议基本情况和议程，再由发言人进行详细发言。主持人宜由公关机构的负责人担任，发言人应由企业的高级领导担任，因为他们熟悉企业的整体情况和决策方针，回答问题具有权威性。

4. 准备会议资料

新闻发布会召开之前，应充分准备会议的有关资料，如主持人的讲话提纲、发言人的发言稿、答记者问的备忘提纲、新闻统发稿、会议报道提纲、所发新闻的有关背景材料和论据材料以及有关的图片、实物、影像等辅助材料。这样，既可为会议的主持人和发言人提供有益的参考提示，也可为记者充分理解所发新闻信息及有关问题提供帮助，并为记者的采访报道提供方便和参考。

5. 布置会场

新闻发布会的会场，要布置的安静、明亮、整洁、舒适。桌子上要摆好名牌，以分清主次，避免混乱。会场要给记者创造各种方便条件，准备好录音、摄影的辅助器材等。

此外，还应做好经费预算和接待准备工作，准备好必要的礼品和纪念品。举办新闻发布会应注意以下问题。

（1）主持人应充分发挥其主持者和组织者的作用，言谈庄重而幽默，能把握会议议题、掌握会议时间、活跃会议气氛。

（2）发言人讲话应简明扼要、重点突出、清晰流畅，对记者问要随问随答，回答诚恳而巧妙。

（3）发布的信息必须准确无误，发现错误应立即更正。对于不便发表和透露的内容，应委婉地做出解释。

（4）各位发言人在重大问题上要统一口径，切忌说法不一，以免在记者中引起混乱。

（5）不要随便打断记者的发言和提问，也不能以各种表情、动作表示不满。对各方记者要一视同仁，不能厚此薄彼。

（6）会议结束后，要尽快整理记录材料并认真进行总结；全面搜集记者采写的新闻报道并进行归类分析，检查会议效果是否达到预期目的。

二、制造媒介事件

媒介事件，是指企业为吸引新闻媒介报道并扩散自身所希望传播开的信息而专门策划的活动。企业策划的媒介事件在某种意义上说是如何与新闻媒介打交道的问题。事实上，公关工作活动与新闻媒介打交道的目的与策划媒介事件的目的是一致的，都是希望利用新闻媒介的优势来传播企业所希望传播的信息，以扩大社会影响。公关活动与新闻媒介打交道通常有两种情况：一种是企业积极地寻找扩大影响的传播途径，要求最能胜任此职的新闻媒介给予协助，这可称为主动型；另一种是企业中所出现或发生的一些情况引起了新闻媒介的注意或兴趣，新闻媒介要求企业提供事实或给予协助，以便向全社会宣传和推广或解释和澄清，这可称为被动型。

媒介事件是主动型的活动，它的基础建立在企业与新闻媒介保持经常密切的联系之上。

从事这类活动的人员应该知道，新闻媒介有着自己的社会独立性，它不可能无条件地给予企业协助，它有自己的宗旨，即关注社会大众所关注的事物。因此，策划媒介事件并不是无事生非、制造新闻，而是针对企业对社会有意义的事情引申开，通过媒介的宣传，让公众知道。

三、社会赞助活动

社会赞助活动是对社会公益福利事业做贡献，借助于这种活动，也同样极有利于公众对组织机构的了解，密切企业与社会公众及社会各方面的关系，起到改善企业形象的作用。例如，美国的R&G公司通过赞助肥皂剧，在家庭主妇中培养了良好的感情而声誉大增。因此，这类活动也极为公关人员所重视，并经常地加以利用。

社会赞助活动形式多样，涉及的领域广泛，从大型电视剧拍摄、大型体育赛事等文体活动的赞助，到对奖学金、研究基金等教育科研事业的捐赠，从对老年人、儿童、残疾人等社会福利事业的资助，到公园中的座椅、路灯、遮阳伞、果皮箱、路标等市政公共设施的赞助，其目的在于协助政府及有关机构解决某些社会问题，在保持社会繁荣和稳定发展等方面起着积极的作用。也有人把这种从社会赚取的钱用于社会的现象，称为利润还原。

赞助活动要有理想的效果，绝不是不论什么事、不管其影响如何就投资，这与企业赞助的真正意图也是相悖的。事前必须慎重选择、认真筹划。

1. 要把赞助活动纳入企业的公关目标和公关计划之中

社会赞助活动应根据本企业的实际能力和实际需要来有计划有选择地进行，反对为赞助而赞助，或把赞助视为一种孤立事项的做法。社会需要赞助的事项有很多，企业能力又十分有限，样样都想参与，这不但是企业所承受不了的，而且力量分散，效果很差。对此，企业要尽自己的社会责任就需要根据自身能力，集中力量，使自己的捐助能支付一个项目，或是对被捐助者有明显的帮助，这样才能确立起捐助者的明显地位，获得目标公众的赞赏。对具体项目的选择还应依据企业的性质和形象塑造的需要来决定，这样才能使赞助活动与企业公关形象相得益彰，达到事半功倍的效果。

例如，一个以熊猫为标志的企业，如有需要，就可以考虑从赞助保护大熊猫入手，进而开展赞助保护野生动物，直到保护生态环境等一系列有计划的赞助活动，来塑造自己的组织形象，形成自己独特的个性。此外，对于社会赞助活动的选择还要注意主动性和计划性。组织应是积极策划并主动寻找一切可利用的机会，而不应盲目地、有求必应地被动等待活动。主动策划企业就可以根据自身的实力，做到有计划、有步骤地开展活动，使之成为组织公关计划中的有机部分。

2. 尽可能争取一切有利的宣传机会

这关键是要把握好支付赞助费前审查赞助活动合约的有利时机，尽量争取活动中的一切宣传机会。这是参与赞助活动前最重要的具体工作，也是赞助者掌握主动权的最有利时机。组织的委托人或是本单位负责这方面工作的公关人员应清楚所赞助活动的一切具体细节，活动中所有宣传活动的安排情况，根据这些情况，有目标、有计划、具体地提出自己的要求。并据此与主办单位，或接受赞助的单位（或机构）进行商谈，力争把本单位的宣传安排的科学合理。这些问题都得在签约前讨论清楚，并取得对宣传计划安排的一致认可。另外，主办单位（或受赞助单位）应尊重赞助单位的意见，本着互惠原则，尽可能为赞助单位提供宣传的机会，提供应如何科学合理地配合活动进行宣传的咨询，促使宣传和活动协调一致，保证所主办的活动能取得更大的社会效益。

3. 要配合宣传

不少企业在付出赞助费后，认为活动主办单位（或受赞助单位）会替自己的公司做宣传。而实际上，这是不太可能的，主办人的最主要目标是活动本身，而非替某家企业做宣传，他们只是为赞助单位提供宣传的机会。寻找赞助伙伴，其实质是主办单位出卖机会，换取活动经费，达到自己目的的一种努力。所以如何利用这种机会，是赞助者和他所委托的公关公司或广告公司的责任。在付出赞助费的同时，赞助单位应同时考虑付出同样多或更多的经费开展一场公关或广告宣传活动，来宣传这项赞助活动。

4. 做好赞助活动的总结

在参加赞助活动之后，赞助单位应对参加赞助活动所取得的效果进行评估、总结经验，以提高其在这一方面的工作水平。做评估时，可向主办单位有关人员、本单位员工或一般社会公众做一些调查。调查应了解的内容有：是否知道自己的企业赞助了这项活动；对这项活动意义的认识；对本企业在这项活动中所进行的某些重要宣传内容的记忆和评价；对本企业参加这项赞助活动的评价；对本企业在这项活动中的表现提出批评；通过这项活动，公众是否加深了对本企业的认识等。这样做既可对赞助活动的成功程度进行较客观的总结，从中吸取经验教训，进一步提高公关人员的业务水平，又可以再次增加人们对赞助活动的记忆，达到重复宣传的效果。

四、社会公益活动

为了显示企业的社会责任感，增加企业的美誉度，应当经常组织员工参与社会公益活动，以便在公众心目中树立良好形象。举行各种类型的社会公益活动，也容易得到政府有关部门的支持和表彰。为了搞好社会公益活动，需要认识公益活动的性质和形式，掌握举办公益活动的技巧。

公益活动的范围很广，凡是以社会效益为主、利于公众的社会活动，都可以称为公益活动。其常见的形式包括以下几种。

1. 互助性公益活动

互助性公益活动即通过义演、义卖、公开拍卖、募捐等活动，筹集资金帮助某些有特殊困难的地区或人群。这类活动与单纯的赞助还不完全一样，它不是简单地由企业出资，而是通过企业活动在社会上筹集资金。

2. 服务性公益活动

服务性公益活动即为社区或某些特定人群提供社会服务。具体内容有义务咨询、便民服务、免费维修、为残疾人服务等。现在社会普遍提倡的青年志愿者活动，就是一种典型的服务性公益活动。

3. 娱乐性公益活动

娱乐性公益活动即企业通过提供娱乐场所，创造娱乐活动，举办节日娱乐等机会，为社会公众服务。如有些企业在周末开放自己的内部娱乐活动场所，供社会公众活动；有的企业在寒、暑假设立的夏令营，文艺演出等。

4. 劳动性公益活动

劳动性公益活动即通过组织义务劳动、打扫卫生、交通值勤、绿化植树等活动，使内部员工的素质得到锻炼，并达到增强企业凝聚力的目的。

举办一次社会公益活动都要投入相当的人力和物力，因此必须产生一定的回报，不然就是劳民伤财。为达到这个目的，就需要公关人员具有一定的活动技巧。公益活动的种类繁多，但是其具体要求是相同的，主要包括以下几个方面。

（1）主题鲜明。不论是举行哪种类型的公益活动，都必须做到主题明确。然后围绕着需要选择活动的方式，编写宣传口号、标语、歌曲，设计张贴画。这样才能达到宣传的目的。

（2）性质明确。各类公益活动的方法不同，国家有不同的法规进行管理，因此事先必须明确所要举办公益活动的性质。尤其是涉及金钱的互助性公益活动，一定要在国家法律的监督之下进行，向捐款、捐物的群众说明钱财、物资的确切去向，防止个别人借机中饱私囊。

（3）制订周密的活动计划。在活动前要进行深入的舆论调查，了解群众的需求和态度，选择合理的时机与形式安排活动的详尽日程，预计可能出现的各种突然情况。在活动前要和各有关主管部门进行充分的协商，防止出现交通拥挤、噪声扰民、破坏当地消费风俗等情况的发生，避免好的动机引出坏的结果。

（4）标明主办单位。各单位举办公益活动，一个直接目的就是希望通过公益活动促进企业信息传播，提高社会对本企业的认识程度。因而在举办公益活动的场所，要在引人注目的地方摆放写有企业名称的旗帜、徽章、宣传口号，或张贴企业的宣传画等。

（5）媒介报道。在举行公益活动时，应尽可能调动新闻媒介报道，以便引起社会公众的关注，扩大企业的社会影响。为此一定要选准社会的热点，尽可能请名人参与。当然，事先也可请新闻记者参加策划。

五、业务洽谈会

业务洽谈会，是企业之间为寻求某种业务方面的合作而进行洽谈协商的一种公共关系专题活动。业务洽谈会能满足企业和公众需要，协调企业之间的利益和行为，加强各方面的经济交往和合作，有效地实现各自的经济目标。

1. 业务洽谈会的特点

业务洽谈会作为一种协调人们商贸行为的基本手段和特殊的传播形式，具有以下几个基本特点。

（1）直接性。业务洽谈会是以谈话方式进行的，洽谈各方直接接触，面对面进行磋商，可以当面倾听对方的要求和意见，也可以随时调整己方的立场和态度，彼此建立起一种诚挚友好、生动有效的相互关系。

（2）交流性。业务洽谈会是一种特殊的传播形式，是与会者进行信息交流和情感交流的重要方式。洽谈人员通过磋商，可以促进彼此间的了解，增进友谊，从而密切相互之间的关系，建立良好的商贸公关网络。

（3）功利性。举办业务洽谈会的直接目的，是建立和改善各方面的合作关系，深层的动机则是利益的需要。一场成功的业务洽谈会，要使与会各方的利益要求都获得一定的满足，这样才能使各方的良好关系得到巩固和发展。因而业务洽谈会奉行的最基本的原则就是平等相待、互惠互利。

2. 业务洽谈会的组织应做好的工作

（1）确立目标。任何形式的业务洽谈会，都要以一定的目标为导向。会议的总体目标和洽谈业务方向是与会各方制订洽谈方案的基本依据。因而必须事先把洽谈会的目标和宗旨确定下来，如是旨在交流信息，达成意向，还是实现合作，建立协作关系；是旨在加强与本地同行的合作，还是扩大与异地同行的合作关系等。

（2）确定对象。根据确立的总体目标和业务洽谈方向，拟定邀请对象，并即时发出邀请。

（3）地点选择。业务洽谈会是一种技巧性很强的公关活动，洽谈地点的选择就表现出高度的技巧性。一般来说，应尽量将洽谈会地点设在己方。在自己熟悉的环境中参加会谈，可以充分发挥"地利"优势，能使自己具有一种"居家心态"和安全感。如果洽谈会地点不能按自己的意愿去选择，就宜选择中性环境，这也比在对方熟悉的环境中方便。当然，选择洽谈会地点，有时必须得考虑双方的关系或各方的要求。

（4）选择时机。在业务洽谈会的时间安排中，要尽量选择有利于己方获得最佳效果的时机，力争洽谈时间与己方社会影响的最佳时期、与己方会谈人员的生理时间和工作习惯等相吻合。

（5）安排日程。为使业务洽谈会能够有秩序地顺利进行，组织者应拟好会议日程，把与会企业及其代表、洽谈的方式和顺序（是否自由选择对象进行洽谈）、洽谈的步骤和进度以及其他活动等安排好，最好能编印成表，分发给大家。

此外，还要做好如下准备工作：准备会议所用的各种文件和资料，布置会谈场地，安排食宿和娱乐活动，准备必要的纪念品，搞好接待迎送工作等。

六、竞赛活动

举办各种类型的竞赛活动，是当前企业公关工作中常见的一种形式，是企业在公众面前塑造良好形象的大好机会。通过主办或参加各种竞赛活动，可以为企业提供一个公开亮相的机会，传播企业政策，宣传员工的良好素质，推进企业文化建设。随着现代科学技术及传播媒介的发展，竞赛的类型越来越多，传播手段越来越先进，因而举办竞赛也要掌握一定的技巧。

（一）竞赛的类型

1. 知识型

通过笔试和口试检验参赛者对某类知识的理解和掌握程度，以及灵活运用这些知识的综合能力。例如，数学、物理、化学、近代史知识大赛等，都属于这个类型。

2. 智力型

通过迅速判断的选择题、抢答题来检测参赛者的反应速度、判断速度、表达的准确性、知识面的宽窄和对问题的综合能力。

3. 体育型

通过各种体育比赛检验参赛选手的体力、毅力。目前，有企业赞助的国际、国内体育比赛，也有企业职工参加的行业运动会、企业运动会等类型。

4. 文艺型

通过各类文学、艺术性质的比赛，检查参赛选手的审美能力和艺术表达技巧。文艺型的竞赛包括小说、诗歌、散文、报告文学、书法、美术、摄影、工艺等诸多形式，可以是员工的内部竞赛，也可以是面对全社会的公开竞赛。

5. 劳动型

通过本行业的各种相关的劳动技能比赛，检查劳动者的技术水平、熟练程度、服务态度、工作经验、劳动者体能等。

（二）举办竞赛的方法和原则

1. 赛前做好充分的准备工作

准备工作的内容包括：选择和培训大赛的主持人，聘请顾问和评委，确定竞赛的命题和答案，排定竞赛的次序，准备竞赛的奖品和纪念品，准备比赛所用的工具。

2. 认真落实竞赛方案

认真落实竞赛方案包括公开选拔参赛选手，确定和选择比赛的监督者和裁判员，与新闻媒介的沟通与联络，赞助单位的选择与联络，观众的分配与组织等。

3. 竞赛的题目要科学、合理

知识型的竞赛，其题目一定要科学、合理，在确定后要请专家审查，以免闹出笑话。出题既要有一定的深度，又要有一定的广度，做到专业性和普及性相结合，尽量贴近群众生活。

4. 内容丰富多彩，形式新颖活泼

知识竞赛不仅要有知识问答，还应当安插一些文艺节目，如演讲、小品、即兴表演等，以增加竞赛的观赏性。在这里，主持人发挥着重要的作用，许多即兴的话题是不能事先准备的，完全要依靠临场发挥。所以，聘请一名好的主持人，就可以使竞赛活动增色不少。

5. 赛前进行广泛的动员和宣传，造成声势和气氛

这一方面是为了动员社会或企业内员工的普遍参与，另一方面也是为了吸引媒介的报道

和观众的收看。

6. 竞赛公平

为了保障每一个参赛选手的利益，重要比赛尤其是发放高额奖励的比赛，一定要在法律的监督下进行，使每一个参赛者都有平等参与的机会。

7. 组织发奖仪式

发奖仪式不仅是选手的光荣，也是竞赛组织者传播信息的良好机会。发奖仪式要营造隆重、热烈的气氛，使企业的负责人亮相登场，给公众留下深刻的印象。在发奖仪式上，组织负责人可以发表简短的贺词，但一定要精练、流畅、有文采，否则会产生负面效果。

案例 11-2

竹园宾馆通过赞助体育活动曾经获得体育界的好评，知名度也有一定程度的提高。后来，宾馆重视培育企业文化并且获得成功。

竹园宾馆在树立企业形象时的重要手段就是大办"竹文化"。竹园宾馆领导和公关人员认为，既然宾馆名为"竹园"，地处竹子园，竹子具有较高的观赏价值，并且在古往今来一直是文人墨客的歌咏对象及丹青妙手的绘画对象。那么，他们就应以"竹子"为特色，以"竹子"的形象为企业的形象，策划以"竹子"为题材的文化活动。

于是，竹园宾馆广植竹子，让人们在宾馆庭院中开眼便能见到竹子。那丛生的一株株竹子，竹竿修长，竹叶翠绿，像绿色的"喷泉"，煞是好看。竹园宾馆的馆旗，员工佩带的馆徽，大堂正中的迎宾屏，插花的花瓶，处处都可见竹的身影，可闻竹的芬芳。竹园宾馆在广告宣传中引用古人佳句"宁可食无肉，不可居无竹"，把自己的特色告知公众，吸引顾客来观赏竹子，陶冶情操。竹园宾馆开展了多种多样的以"竹子"为题材的文化活动。其一是举办了以"竹"为主题的书法与绘画活动，创作出了一幅书画佳作。其二是举办了"江南竹制工艺展览"，吸引了千万公众前来参观。其三是开设"竹园画廊"，搜集展出了近百幅写竹佳作，把竹园文化推向了高潮。

竹园宾馆的竹子林和"竹文化"，像磁石般吸引来了众多的客人。于是，竹园宾馆的经济效益大幅度提高。

案例分析：

本案例给企划们的启示是现代企业通过企业文化的培养，的确能够给企业注入极大的活力，使企业的竞争力提高。

竹园宾馆从名称出发，广植翠竹，使"竹园"二字真正名副其实，然后，以"竹"为题，举办了开放参观专题竞赛活动，青青翠竹间，塑造出竹园宾馆清新、高雅的美好形象，从众多毫无特色可言的宾馆中脱颖而出，迎合了广大消费者爱"静"、爱"幽"、爱"美"的心理需求，从而使日益追求"情调消费"的顾客趋之若鹜。

可见，一个企业如果能创立自己鲜明的特色，必将充满无尽的生机与活力。企业决策者应当审时度势，把握时机，找出一条适合自身特点的发展道路，帮助企业走向辉煌。

案例 11-3

1992年5月，美的集团通过《羊城晚报》告诉世人一则新闻，该公司已在广东顺德北镇建成初步规模的电器工业城，该工业城占地400亩，规模宏大。

随后，美的集团公关人员几经策划，终于出台了一个规模宏大的庆典方案。这次活动的主题被选定为"让'美的'的新形象高度集中，一次尽显于华夏大地"。

1992年11月29日清晨，顺德北镇焕然一新。千面美的广告旗依公路行线左右林立，从小蓬莱宾馆到美的广场，30组七彩巨大条幅烘托着节日的气氛。在美的工业城西门，少年鼓乐队方阵、儿童彩花环长蛇阵、广州空军军团方阵及香港醒狮队呈梅花状布开，330篮大号鲜花众星捧月般簇拥着不锈钢"美的"标志。在集团公司写字楼前，20名身着国际职业公关服的公关小姐分三部分，列队迎接来自世界各地的嘉宾。另11名"美的"礼仪小姐身着红色旗袍、身披"美的欢迎您"绶带穿梭于人海之中，给每一位中外嘉宾送上一份"美的"热情、"美的"赠品、"美的"祝愿。进入第一分会场，宾客兴致勃勃地参观"美的"展品，饮茶休息，一时间乐声突起，寻声探源，两台34英寸大屏幕彩电同时播出著名影星为"美的"代言的广告。步入生产基地，四栋三层楼的厂房灯火通明，机器轰鸣，三条引进的空调器生产流水线，两条静电喷粉流水线匀速运转，工人着装一色，精心操作。当欢乐的一天结束时，"美的"工业城夜幕低垂，客人似乎觉得有点缺憾，突然间，整个工业城千霓齐亮，万灯齐明，一个梦幻般的不夜城呈现在来宾面前，同时，一台丰富、欢快、高质量的晚会——"美的"之夜，将一天的欢乐气氛推到了顶峰。晚会间，日本三洋电机株式会社特派参加"美的"庆典的贵宾松木宏一郎先生兴致勃勃地跑上台去，十分激动地抓起话筒用日语讲话："中国，了不起！'美的'公司企业文明建设搞得了不起，你们的企业在这一点上已经和世界发达国家看齐……"

案例分析：

大多数企业能意识到企业工程的奠基和落成是一次难得的公关宣传机会。但是其中绝大多数都只是请几位领导剪彩，讲几句话等就草草收场。而深具公关意识的"美的"集团在自己的生产基地落成之日，开展了大规模多功能的宣传庆祝活动，取得了很好的公关效果。

"美的"的策划者并没有将庆典活动搞成纯粹的庆祝活动，而是将多种宣传方式融入庆典之中，不仅制造了声势浩大的节日喜庆场面，以"美的"声音（军乐晚会）、"美的"色彩（彩旗礼花）吸引了众多的嘉宾和观众，更重要的是他们借助这次活动，巧妙地宣传了企业的理念和精神。醒目的绿岛标志，缤纷的产品博览，经典的广告宣传，先进的生产设备，员工的精心操作……这一切比热闹的场面更能打动人心，使来宾深切地感受到"美的"发展、"美的"内涵、"美的"良好形象，以至于前来参加庆典的日本贵宾激动得不能自已，这与"美的"全方位宣传是分不开的。

"美的"庆典活动的成功，是塑造"美的"形象的成功，也是公关策划的成功。

案例 11-4

某天,一大群鸽子偶然栖落在美国联合碳化钙公司刚竣工的 52 层高的总部大楼一间房子内。鸽屎、羽毛一片狼藉,令人生厌。

可是,闻讯的公司公关顾问喜上眉梢,扩大公司影响的机会到来了。他一面命令紧闭门窗,不要让鸽子飞走,一面电告"动物保护委员会"及新闻界:"公司将发生一件有趣而又有意义的保护鸽子事件。"于是,几十家新闻单位蜂拥而至。在三天之内,从小心翼翼捕捉首只鸽子到最后一只鸽子受到"保护",有声有色的现场新闻令人瞩目。

公司首脑充分利用在荧屏上亮相的机会,向公众介绍公司的宗旨和情况,加深和扩大了公众对公司的了解,从而大大提高了公司的知名度和美誉度。同时,借此机会,使公众全盘地接受了这一消息。通过"制造新闻",终于事半功倍地完成了向公众发布此消息的任务。

案例分析:

把弄脏了新房子、令人生厌的鸽屎、羽毛一片狼藉看成成就好事的天赐良机;用保护鸽子间接传播总部大楼竣工的消息,并且趁机提高公司的知名度和美誉度,是"曲"思路的运用。

习 题

一、简答题

1. 美国皮特尼·鲍尔斯公司拨出 25 000 美元,修建公司所在地的公园和游乐场所;美国柯特公司调拨巨款制订一个青少年巡逻计划,旨在训练当地数以万计的青少年;上海不少工厂义务修建了躲避风的漂亮的公共汽车站亭,拨出专款建造公园、厕所等公共设施。

问题:

(1) 美国皮特尼·鲍尔斯公司采用的是何种公关活动?

(2) 美国柯特公司所做的一切目的是什么?

(3) 上海这些工厂在举办此项公关活动时,公司应注意哪些问题?

二、分析题

在世界软饮料市场上,可口可乐与百事可乐之间经久不衰的广告大战,即是狼烟四起的现代商业社会的一个缩影,更成为世人数十年津津乐道的话题。

1. 可口可乐的崛起

可口可乐是世界上目前最畅销的软饮料之一,日销售量为 2.3 亿瓶,遍及世界 150 多个国家和地区。自 1886 年问世以来,一直被视为美国的象征,成为美国生活方式的组成部分,100 多年来,可口可乐发展到今天这样一个兼营多种行业的资产雄厚的商业帝国,成为了世界软饮料的霸主。

可口可乐的信条是"成功在于广告"。早在1891年阿隆·坎德勒买下Coke专利开始经营可口可乐时，就为之大做广告。1893年广告费已是1万多美元，1983年广告费已达近4亿美元。可口可乐公司在说明这笔巨大的广告经费时说："在今天，竞争比以往更激烈。不仅有来自其他饮料的竞争，还有来自正在增多的各种各样的产品的竞争。这些竞争的目的是赚顾客的钱，这种竞争是富有经验、带有攻击性的，需要雄厚的经济力量。这是有史以来广告运用得最多的时期，我们不能花得少。"可口可乐广告策略在过去几年的营销活动中被证实是卓有成效、获得成功的。

可口可乐的成功吸引了许多企业随之效法，早在20世纪初，名目繁多的仿效者如雨后春笋般出现，单在1916年一年间就有135个仿冒牌子被法院判决取缔。有的品牌在商场上未经几个回合就败下阵来。有的尽管生存下来，但对可口可乐未能构成威胁。30年代的经济不景气帮助了可口可乐竞争对手的崛起，特别是百事可乐的出现，使可口可乐的市场地位开始动摇。

2．百事可乐的攻势

百事可乐公司的创建比可口可乐晚了12年，虽然百事可乐比可口可乐甜，味道独特，价格低廉，但由于可口可乐已创名牌，人们对它的味道印象深刻，无法动摇消费者对它的信赖。在第二次世界大战以前，百事可乐销售量一直远远落后于可口可乐。

第二次世界大战以后，百事可乐在敢于与可口可乐争高下的董事长唐纳德·肯特的主持下，开始了与可口可乐激烈而持久的较量。

第一战役：从1929年开始，百事可乐趁可口可乐忙于开拓国外市场之机，发动了一场战略进攻，主要是向公众灌输这样一个概念：同样5分钱，原来只可买6.5盎司一瓶的可口可乐，现在却可买到12盎司一瓶的百事可乐。这个竞争策略运用电视广告予以表现，在一首《约翰·皮尔》的流行歌曲中唱出："百事可乐不多也不少，满12盎司让你喝个够，也是5分钱，可饮两倍量，百事可乐——属于你的饮料。"这个策略十分奏效，以低廉的价格抢走了可口可乐在美国劳动阶层中的部分市场。

第二战役：20世纪60年代，第二次世界大战后的新一代人群已步入社会，成为社会的主要消费对象。许多迹象表明，谁赢得青年一代，谁就会取得成功。百事可乐敏锐地发现了这一变化，便将广告战略的重点放在招徕好动的新生代身上。于是，在其广告中重复出现大批热情奔放的年轻人形象。广告影响甚为广泛，效力非凡。到了60年代中期，美国年龄在25岁以下的人几乎都迷上了百事可乐。

第三战役：进军海外市场。可口可乐虽然开辟了牢固的海外市场，但尚有不少空白之地。百事可乐经过决策分析，决心乘1959年在莫斯科举办美国博览会之机，打开苏联市场的大门。在博览会上，百事可乐国际部经理拿出百事可乐，请赫鲁晓夫鉴定口味，并将此事在报上大肆渲染，掀起了一股品尝百事可乐热潮。事后又在苏联建厂，始终垄断着苏联市场。

1980年，在莫斯科举行的奥运会上，百事可乐行动迅速，宣传有法，盈利超过可口可乐的1/3，使百事可乐在海外名声大振。

第四战役：百事可乐的挑战。为了改变人们总相信老名牌，认为可口可乐更好的传统观念，百事可乐于1972年在美国发动了一次别出心裁的试饮百事可乐与可口可乐的产品比较攻势。在一个公共场所请行人蒙住眼睛免费饮用这两种饮料，然后赠送一瓶饮用者认为更好喝的饮料,结果百事可乐以3∶2战胜可口可乐。从品尝的第一印象来看,百事可乐比较占优势,因为它的含糖量比可口可乐多出9%,在美国这个喜欢直截了当的国家里,产生了令人兴奋的攻击性效果,引起许多一直选用可口可乐的老主顾纷纷改饮百事可乐,许多零售商也改弦易张。百事可乐声誉猛增,销售量直线上升。

3．可口可乐的反击

面对百事可乐的不断进攻,为了维护自己的霸主地位,可口可乐相机对百事可乐给予了有效的反击。

(1)针对百事可乐的战略进攻。为了收复"失地",可口可乐根据战后经济发展较快、美国人民生活水平提高、对低档商品需求量下降这一变化,运用广告宣传,竭力把百事可乐贬成"穷人的可乐""廉价的仿效者"。广告的宣传使不少消费者把百事可乐看成只能在厨房里偷偷喝的饮料,不敢用它来招待客人。这一战略反击给予百事可乐以沉重的打击,使其销售量急速减少。可口可乐又把百事可乐远远地抛在后面,维护了自己的领先地位。

(2)针对百事可乐一代的挑战。可口可乐在1970年终于找到对市场领导者来说最有力的防御战略,那就是领导者地位本身这个有利条件,推出了"地道货"这个竞争概念,在广告中强调"可口可乐是正宗货",并在广告中特别写上7×字样的秘密符号。为了夺回被百事可乐拉走的一大批青年消费者,推出了使青年们入迷的"罗素摇滚"广告,从而夺回了一大批青年消费者,同时还推出不同瓶装可乐,巩固了自己的市场地位。

为了招徕年轻的消费者,广告常是以年轻人欢聚一起喝可乐共度美好时光为主题,其中一个典型的广告是:在炎热的夏天,一群年轻人欢快地开着轿车飞速地冲向湖边。在那里,一群健美苗条喝着可口可乐的女郎向他们欢呼。

为了击溃百事可乐的进攻,可口可乐在1983年就花费近4亿美元在广告中运用美国传统的形象——激烈的垒球比赛、拉拉队,劳动中的农民,以及乡土风味浓厚的音乐歌曲:"你不能掩饰你的微笑,因为它来自内心深处,就像你与亲人朋友共度的时光,当你知道他是真实的时候,你的感觉就像这样,这就是可口可乐!"

(3)为了对抗百事可乐发动的产品比较的进攻,可口可乐在1985年3月突然做出一项决定:宣布改变已有99年历史的配方,严重地动摇了它在人们心理上"真正可乐"的地位,第一次濒临危机。这次改变配方引起了一场轩然大波,遇到了众多消费者的抗议,百事可乐趁此机会幸灾乐祸地大做文章,在整版报纸广告上攻击说:"××可乐从市场上撤走他们的产品,把可乐秘方更改,以便更好地学习百串味道。""大家知道,某种东西如果是好的,就用不着改变它,百事可乐的成就,迫使对方出此下策!"现在是对方"正视现实,向百事看齐"的时候了……

正当百事可乐为可口可乐的错误感到高兴的时候,可口可乐在7月份突然改变了它同对手竞争的战略,宣布恢复原来的可乐配方,更名为"古典可乐",同时推出新配方的"营养可乐",并以1亿美元的预算来推销这两种可乐,以打退百事可乐的进攻,还以降低价格来夺取市场份额。这种大规模的折扣战术取得了令人满意的效果。可口可乐的股票猛涨了2.75美元,而百事可乐的股票却下跌了0.76美元,可口可乐再次扭转了市场的战机。

分析:

了解是人们在认知的基础上对有关信息有一定的掌握程度,也是产生信任的先决条件。可口可乐在同其竞争对手,尤其是与百事可乐的征战中,之所以能使自己作为世界软饮料市场领先者的地位保持下来,很大程度上得益于这家公司始终不忘和牢牢抓住保持公众对组织的了解这一关键,运用各种公关手段与公众沟通,巩固了自身形象。

(1) 建立形象以后,保持公众对组织的了解,是巩固组织形象的一项十分重要的公关工作。

一般来说,企业建立形象的成功,将意味着其市场营销方面的同样成功,同时还预示着更为激烈的竞争、更加重要的公关工作即将到来。因为此时落后一步的竞争者,为了扭转局面,争取与领先者平分利益,必然会加强其攻势。其中颇为有效而竞争力又极强的一种策略,便是跟踪而至——仿效。

由于仿效策略可以节省开发费用,更可以减少市场风险,因而是竞争者蚕食领先者利益的重要武器。一个名牌商品的出现,各种仿制品便很快会接踵而来。对于合法的仿效,法律或其他手段往往无法干预。作为领先者的企业,就有必要利用差别策略,充分显示与众不同的特色,巩固地位。此时运用有关的公关手段,保持公众的了解,使公众认识同步发展,取得其长久的信任,自然是十分重要并极为艰巨的工作。

(2) 利用自身优势,找出对手劣势,以长搏短,是保持领先地位和公众了解的重要途径。

从案例中我们可以看到,面对百事可乐"四大战役"的猛烈攻势,可口可乐多次化险为夷。进攻者和反击者在战略战术上都力争扬长避短,以长搏短。百事可乐利用"同样5分钱,却能喝上两份"发动进攻,可口可乐却力图使公众相信,对手的产品是"穷人的可乐""廉价的仿效者""只能在厨房里偷偷喝";百事可乐推出"百事可乐的一代",宣传"百事可乐令你轻松愉快",可口可乐则声称"可口可乐是正宗货""可口可乐真正令你心旷神怡";百事可乐将行人免费饮用对比夸赞本公司产品的镜头反复播放,可口可乐则请500名肤色各异的儿童齐声高唱"我愿为全世界买一瓶可口可乐"……通过一个个回合,保证公众必需的信息畅通无阻。可以设想,其中哪一方的信息传递被对方压倒,妨碍了公众对其正常了解,便有可能一败涂地,溃不成军。

(3) 广告是巩固组织形象,保持公众了解的重要传播手段之一。

无论百事可乐咄咄逼人的进攻,还是可口可乐的奋力反击,双方都使用了大量的广告。由于现代科学技术的发展,广告不仅能艺术化、声像化、戏剧化地处理信息,而且可以借助大众传播媒介的力量,同时大面积扩散信息。广告的这些优点,使它在公共关系传播中,同样占有无可比拟的重要地位。通过付费购买传播机会,向千百万不见面的公众传递信息,必然有助于迅速及时地保持公众对组织的了解。

问题:

(1) 在公关活动中,应当如何使用广告手段?

(2) 分析可口可乐在保持公众对其了解方面的得与失。

(3) 试以百事可乐的"四大战役"为背景,为可口可乐制定一套可行的巩固形象的公共关系战略。

(4) 可口可乐是如何通过其战略变化,来适应市场竞争形势的发展,并保持公众认识的同步发展的?

(5) 可口可乐于1985年3月做出的改变已有99年历史的配方的决定,如果是一个"错误"的话,那么在公共关系方面,有哪些值得反省之处?

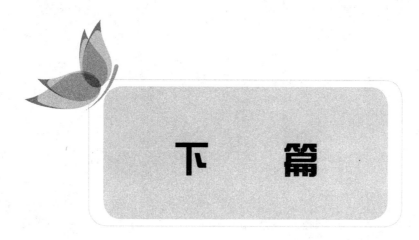

下 篇

公共关系应用

上、中编系统地梳理了公共关系理论后，下编将公共关系基本理论、公共关系策划学纳入公共关系的延展应用，主要对公共关系的现实应用进行介绍，从个人方面、社会应用方面、组织工作方面加以培训。本编内容不仅具有很强的理论性，还具有实践性，兼备公共关系学科化、专业化与职业化综合的优势，目的是方便学习者探讨出学习规律，有指导性地对精选案例进行评析，以强化实践意义，借鉴经验，吸取智慧，进一步培养学生实践能力，促进理论向能力的转化。

第十二章

公共关系应用技术——广告和公关谈判

公关广告的不同类型，公关谈判的技巧。

公关广告的策划，谈判的策略。

第一节 广告的概念及演变过程

一、广告的概念

广告是什么？从字面上看，广告就是广而告之的意思，但这不是广告的科学定义。

广告的含义随着时代的变迁以及商品生产和商品交换的发展而不断演变。早期的广告，其含义仅指唤起大众对某一事物的注意；而现代广告由于运用了现代先进的制作技术，大大扩展了广告的空间范围，因而使广告的目的就不仅仅囿于诱导消费者购买商品，而是带有树立产品形象、提高企业知名度、培养新的消费观念和购买习惯，以及促进社会再生产的明显倾向。

中国广告界对广告的解释："广告是在我国社会主义现代化建设的路线、方针、政策指引下，通过各种传播工具，如实地提供信息，为疏通流通渠道，指导和促进消费，刺激商品的扩大再生产，并为建设精神文明与方便人民生活而服务的综合手段。"

在此，广告的定义可概括为：广告是由确定的广告主以付费的方式，并通过一定的传播媒体公开向目标市场宣传商品、介绍服务或观念等的一种宣传手段。

由此定义我们可以看出广告有以下两个特点。

（1）公开性。广告要借助于各种大众传播媒体（如电视、报纸、广播等）和自筹式传播媒体（如广告牌、海报、招贴等）将信息传递给消费者，目的是让广大公众知晓。

（2）诱导性。广告只有对人的心理产生激发效果才能发挥作用，是一种劝说的形式，具有诱导性，所以可以带有艺术性，有一定的承诺、夸张、渲染等。

尽管现代广告的历史尚不足百年,但从广告的根本思想——传递信息来说,则古已有之。早在几千年前,我国的商人就懂得在店前竖立招牌或挂旗帜招揽顾客。当然,这种广告形式比较简单、技术落后,同现代广告不可同日而语,但它同现代广告有着渊源关系。

二、广告的演变过程

1. 印刷术发明之前

此阶段为 15 世纪以前。在原始社会,人们过着自给自足以渔猎为主的生活,没有什么剩余的东西可供交换,因此,不存在广告。随着社会分工和生产力的发展,剩余产品也随之出现,这就自然形成了商品交换,涌现出一批专门经营商品买卖的人。商人为推销商品,使用了如吆喝、设地摊、陈列商品等手段,于是各种较为原始的广告形式逐步诞生。

这一时期,广告的主要形式为口头、实物、旗帜广告等。口头广告又称叫卖广告,是最原始、最简单的广告形式。

中国古代伟大诗人屈原曾在《天问》中提到:"师望在肆,昌何识?鼓刀扬声,后何喜?"这里的师望便是吕望,即姜子牙。姜子牙在未被起用时,只是个卖肉的,它的买卖方式与众不同,总是"鼓刀",即把肉刀在砧板上剁得很响,并且拉开嗓门,高声吆喝(即"扬声")。

叫卖形式,如今仍然存在,如卖杂货或针头线脑的有货郎鼓,磨剪子磨刀的以手摇串铁为标志,卖油的以打鼓打梆为标志等。还有全靠吆喝的(即以叫卖声为标志),如北京过去卖布头、卖药糖的最有特点,有腔有调,合辙押韵,把所卖物品的特点、优点都唱了出来。如北京的杏以北京南口八达岭的最好吃,叫卖时就要突出八达岭这一产地。

实物广告,其含义有二:一是以物易物,双方摆出各自的商品让对方观看挑选,在各自满意的情况下,交换成功。《诗经·氓》篇中,曾对这一现象做过描述:"抱布贸丝",就是用布这一实物交换丝这一实物。这种广告形式,在今天仍是商业广告中的基本形式,只是实物展示的设计比古代高明得多。二是悬物告示,即在店门前悬挂与经营范围有关的物品或模型,如卖扫帚的店铺,门前悬一把扫帚;卖灯笼的则挂一个灯笼;酒店挂酒壶;乐器店的锣、鼓和首饰店的金簪、银簪等模型,比实物大几倍,以夸张的形式出现。

旗帜广告(又叫幌子)在古代也颇流行。当时不少商家用旗帜作广告,以弥补店堂无招牌之不足。如饭铺的带穗罗圈布条,如果是三根绳,在东北地区则表示有蒸笼食品;如果是双旗,表示店家有较高的烹调技术;挂单旗,多为小吃部,经营简单饭菜等。有的则挑以旗牌布标,直写"酒""茶""烟""药""当""赁"等字,挂于门首或框台两侧。幌子与招牌的作用基本一致,主要是兜揽生意,招徕顾客,扩大影响。如酒店的"陈年老酒",药店的"丸散膏丹、参茸饮片",茶行的"香气宜人",布店的"湖绉南绸"等,都明确表示出行业特点和经营范围。

2. 印刷术应用时期

印刷术应用时期指 15 世纪至 1840 年。印刷术的发明和使用,促使广告得到广泛的发展和应用。我国是发明印刷术最早的国家,到了宋代,印刷业有了迅速发展,广告也有了新的突破。这一时期的广告,在形式上突破了先前的叫卖、实物、旗帜等形式,向着真正的印刷广告迈出了第一步。上海博物馆收藏的北宋济南刘家针铺广告铜版,就是我国最早的工商业印刷广告。铜版上端横排刻有"济南刘家功夫针铺"字样，下边竖排刻着"收买上等铜条，造功夫细针"字样，正中是白兔商标，两侧注有说明文字："认门前问，兔儿为记"。这是至今发现的世界最早的印刷广告物，比西方最早的印刷广告——1473 年英国第一个出版人威廉·坎克斯顿印刷的宣传宗教内容书籍的广告要早三四百年。

三、近代广告的发展时期

近代广告发展时期（约 1840—1945 年）是广告形式发展的最重要阶段，广告经历了这一阶段后，才发展成为现代广告。19 世纪以前，社会化大生产不发达，产品的销售以个体为主，所以广告也以自筹式广告媒体为主要传播渠道。18 世纪末 19 世纪初，随着生产的机械化普及，大型企业开始代替家庭式生产作坊，成为商品的主要生产者。大规模生产可以降低成本，又可以降低产品价格。但大规模销售并非易事，必须把以前等顾客上门的销售方式变成主动催促顾客购买的推销方式，才能把产品销售出去。所以，大众化的广告应运而生了。

19 世纪初，在美国出现了廉价报纸运动，报纸上开始大量登载广告，由此报纸成为最早的大众传播媒体，而报纸上的广告也成为最早的大众化广告。大众化广告超过自筹式广告形式，成为广告的主体。

这一时期广告发展的另一个特点是广告公司的出现。第一家广告公司于 1849 年在美国出现。广告公司的出现，彻底改变了广告活动的形式，使得原来企业自己进行的辅助性推销活动，变成了一个独立的商业性产业。广告公司作为广告主企业同媒体单位之间的中间人，以其专业化的服务，大大促进了广告业的发展，使广告走上了专门化的道路。

我国的报纸广告比西方晚一些。据说 1895 年，我国出版的《察世俗每月统计件》上第一次刊登了一则书刊广告；1913 年，我国的《申报》设立广告部门。

四、现代广告的发展和腾飞时期

第二次世界大战后，随着各国经济的恢复和工业的崛起，商品生产进入了一个突飞阶段，这就促使广告进入了一个新的时期——现代广告的发展与腾飞时期（约 1945 年至今）。这一时期，广告的发展主要表现在两方面。

（1）广告规范的出现。为保护广大消费者的利益，惩治不法商人，政府开始运用广告法规来管理广告，促使广告走向真实可靠的正轨，广告业也由此走上有约束的发展道路。

（2）广告媒体日新月异，广告空间不断扩大。时至今日，除了传统的四大媒体——报纸、杂志、广播、电视仍在传播中起主导作用外，电子广告、投影广告、卫星广告、激光广告、电话广告、网络广告等正在进入显示生活中。广告信息的传播媒体已大大超出了传统的范围，广告的空间已超越了国界、洲界，甚至渗透到人们的生活之中，广告成了无处不在、无时不在的东西了。

广告作为企业的"名片"、产品的"敲门砖"、信息传播的"使者"及产品促销的"催化剂"，在信息高度发展的今天，已越来越成为促进商品流通、促进市场发展的工具，成为传播经济、文化、科技、社会信息的有力手段。在市场经济不断完善的今天，没有广告，就没有市场；没有广告，企业也就难以生存和发展。

第二节　公共关系广告

公共关系广告（简称公关广告）是从广告中分衍出来的一种特殊广告，它与商品广告有着明显的区别。

一、商品广告和公关广告的概念及区别

（一）商品广告和公关广告的概念

商品广告是以促销为目的的广告，我们生活中看到的广告，大多数是商品广告，即介绍某一商品的特点，其与同类商品相比有何优点，售后服务措施如何完善等，促使消费者去购买。

公关广告是通过广告的形式来介绍企业行为，以此塑造良好的组织形象，增进公众对组织的整体了解，提高组织的知名度，从而赢得公众对组织的喜爱和支持。例如，在元旦、春节、国庆节等重大节日时，组织法人以组织的名义，向大家致以节日祝贺之类的广告就是如此。它的用意不在于宣传组织某一种技术或产品，而在于使更多的公众认识组织、了解组织，从而提高组织的知名度和影响力。

（二）商品广告和公关广告的区别

1. 二者的直接目的不同

商品广告多以推销商品为直接目的，因而往往采取"自赞其物""自夸其美"的方式，给商品冠以"国内首创"的美称；而公关广告的直接目的在于引起社会公众对组织的重视，产生对组织的信任和好感，从而树立组织的良好形象，刺激用户的潜在需求。有人通俗比喻为"商品广告卖商品，公关广告卖企业；一个是买我，一个是爱我"。

2. 二者的内容不同

商品广告的主要内容多通过宣传商品的名称、商标、质量、功能和价格来介绍商品和服务；而公关广告在宣传内容上注重长期性和系统性，通过宣传组织的发展目标和经营计划、经营方针和政策、职工的素质和水平、先进技术在组织内的渗透推广度等方面的内容，间接地介绍组织的产品，从而提高人们对组织的信赖程度。

3. 二者的效果不同

商品广告侧重于它的营业效果，亦即广告对于产品销售额、利润额或服务收入增加的促进作用；而公关广告侧重于传播效果，即它播出后，对提高组织的知名度、美誉度所引起的作用。

4. 二者的应用范围不同

商品广告只是为工业、商业、服务业等经济行业所采用，而公关广告不仅可为这些经济

行业所用，还可为行政管理部门所用。

5. 二者的报道方式不同

商品广告的目的决定了它较为直接地列出商品的种种优点，总有催促人们购买广告商品的味道，商业味浓；公关广告则较为含蓄，不直接劝说人们购买商品，主要是唤起人们对组织的注意、兴趣和好感，使人耳目一新、乐于接受，商业味淡。

二、公关广告的类型

公关广告因具体目标不同分为不同类型。

1. 公司（企业）形象广告

公司（企业）广告是以提高企业的知名度和树立企业良好形象为主要目标的广告形式。任何企业都有一块招牌，它的名称（包括商标）和声誉如同企业的财产一样是构成企业存在的基石。从某种意义上说，招牌比财产还重要，没有财产，可以创造财产；招牌要是倒了，企业的生命也就完结了。为此，许多企业家十分重视企业广告。

案例 12-1

有一年，规模宏大的世界博览会在美国芝加哥举行。会上陈列着世界各大厂家的产品。美国赫赫有名的57罐头食品公司的汉斯先生，将自己公司的罐头食品也送去参加展览。但是他万万没有想到，博览会的会务人员派给他一个会场中最偏僻的阁楼。尽管前来博览会参观的人摩肩接踵，但却几乎没有人光顾汉斯先生的阁楼。整整一个星期过去了，汉斯终于想出了一个绝妙的计策。

在博览会开幕的第二个星期，会场中参观的人常常从地上拾到一些小小的铜牌，铜牌上刻着一行字："拾得这块铜牌，就可以拿它到阁楼上的汉斯食品公司换取纪念品。"数千块铜牌陆续在会场上被人发现。不久，汉斯先生那座无人问津的小阁楼，便被挤得水泄不通。这下，会场主持人怕阁楼会倒塌，不得不请木匠设计加固。从那天起，汉斯公司的阁楼，成了博览会的名胜，参观者络绎不绝。直到地上的铜牌绝迹，亦盛况依然。

案例分析：

这一实例告诉了我们：众所周知，谁都想借助博览会展示自己企业的产品，展示自己企业的形象，最后达到促销营利的目的。而汉斯先生恰恰在这样的大好时机，得到一个会场中最偏僻的阁楼，导致公共关系学中所讲的传播障碍，阻碍了汉斯公司及产品与公众的交流。当然，如果这种"地利"上的被动继续下去，汉斯公司也就失去了参加这次博览会的意义。为此，汉斯运用谋略技巧，巧妙使用"铜牌"这一传播媒介，诱导公众注意力，变被动为主动，最后达到"汉斯公司的阁楼，成了博览会的'名胜'，参观者络绎不绝"的特殊效果。从现代公共关系学来看，正如国际公共关系协会曾给公共关系所下的定义一样：公共关系是一种管理功能，它具有连续性。通过公共关系，公立的和私人的组织、机构试图赢得同他们有关的人们的理解、同情和支持——借助对舆论的估价，以尽可能地协调它们自己的政策和做法，依靠有计划的、广泛的信息传播，赢得更有效的合作，更好地实现它们的共同利益。

意外情况的出现,给汉斯公司带来极为不利的状况,即"几乎没有人光顾"。这迫使汉斯打破常规、改变做法。在一周后,"依靠有计划的、广泛的信息传播",他不仅获得了广大公众,而且还赢得"会场主持人怕阁楼会倒塌,不得不请木匠设计加固"的"更有效的合作"。

2. 公益广告

公益广告的特征是清醇朴素,具有很强的教育意义和象征意义。其作用就是来激发人们的意识,使人对自己身边的一些事引起注意。它是很抽象的认识。商业广告就不一样,它的主要作用是为了给广告客户带来更大的利益,针对性较强,只是针对一部分群体,是属于私人的行为;而公益公告是针对全人类的集体利益。其最大的区别为一个是集体的一个是个别的。表现形式上,公益广告的表现形式比较有寓意,意味深长,引起思考,有教育和启发的作用。而商业广告的表现形式比较直接,没有什么意义,商业性质浓厚,实属宣传性。

案例 12-2

哈药集团旗下各制药单位在 2000 年以强势广告制造市场需求迅速促进企业发展壮大的市场营运方法,被称为"哈药模式"。后来,哈药集团制药六厂的高层决策者对 2000 年广告促销中的不足,有了清醒的认识,并有了高瞻远瞩的战略眼光。

当哈药集团制药六厂向外界宣布 2001 年斥巨资开展声势浩大的公益广告运动的时候,意味着哈药集团制药六厂吹响了改善社会形象、提高美誉度、创建品牌价值、塑造现代企业形象的号角。这场浩大的公益广告运动就开始为哈药集团制药六厂实现企业形象的核心转变服务。其突出的传播理念如下:

(1)这是一场公益广告运动,我们将要倡导大众热爱环保,爱抚老人,爱国,热爱我们的民族等,公益的具体主题丰富多彩需要适时变化,唯有爱的主线和灵魂可以贯穿始终。爱,是民众关心和参与公益事业的动力,帮助我们改变落后的公益环境,让民众的生活环境变得更好。因而,可以让我们各个公益主题,变得形散而神聚。

(2)作为一个制药企业,民众希望我们富于温情爱心,关爱大众民生,富有现代企业的风范。关爱民众、关爱消费者及由此衍生的理念,能够改变我们企业经营中的短期行为,特别是营销和广告活动中的不良行为,让我们更受民众和消费者的爱戴和拥护。

(3)民众和消费者对我们的产品,品牌和企业的爱,可以让我们企业获得巨大和永久的市场竞争力,帮助企业摆脱贫穷和走出困顿,改变企业的命运,让企业的前途无限光明。

案例分析:

① "哈药模式"向我们证明了完全市场条件下强势的产品广告对于短期迅速获得较大市场份额,有着极其重要的作用,但不良的广告行为也会扼杀企业和产品获得长期成功的机会。

② 发达国家成熟的市场经验告诫我们:一个企业要想获得真正意义上的成功,必须以社会大众利益和消费者利益为中心,并以这一理念来规范企业的一切经营活动。

③ 市场营销规律也告诫我们：只有当企业形象和品牌价值深入人心，为社会大众和消费者喜爱时，企业才能获得最后的成功。"哈药模式"应该从产品推销的层次，向塑造现代企业形象和品牌营销的层次，积极变革和整体提升。企业领导层必须完成这项经营思想的变革，才有可能提升营销的各个环节，才能保证企业获得长期的成功。

④ 绝大多数国内厂商的不良广告行为，反映出我们厂商及其广告代理服务商对现代品牌营销管理的无知和漠视。广告运动只有规范在有利于塑造良好的企业形象和品牌价值的范围之内，才会有益于企业的长远发展，才不会给企业带来意想不到的危害。

第三节 公关谈判

"谈判"一词对人们来说并不陌生，自从有了人类社会，谈判就出现了。随着社会的发展，人们之间的交往变得越来越频繁和复杂，谈判也由最初的部落内外利害关系的调解逐渐发展并渗透到了人类生活的各个领域。谈判是一项充满智慧、勇气、艺术和技巧的人类活动，就公共关系谈判而言，作为协调组织与公众间关系及行为的一种方法，它对改善组织与公众间的关系、树立良好的组织形象起着相当重要的作用。

公关谈判是指社会组织之间、社会组织与公众沟通的重要手段，当社会组织的利益与公众的利益发生冲突时，人们也会用谈判的方式加以解决。公关谈判是各方化解冲突而进行沟通的过程，目的是使各方达成一项协议、解决一个问题或做出某种安排。

一、谈判的特点

1. 直接性

公关谈判一般是以谈话方式进行的口头洽谈、协商。谈判的每一方都能面对面地观察对方的态度、举止、谈吐及特点，随时调整自己的态度与意见。

2. 自愿性

参加公关谈判的每一方都是在自愿的前提下达成谈判意向的，这样的谈判才会有诚意，才会有成功的可能。

3. 多样性

公关谈判的种类是多种多样的，如单边谈判和多边谈判、交易性谈判和非交易性谈判、建设性谈判和矫正性谈判、经济性谈判和非经济性谈判等。客观上要求公关谈判使用的策略要灵活多样，以针对不同的情况和条件采用不同的谈判策略，取得圆满的谈判效果。

4. 利益性

公共关系谈判可能进行的条件是，各方都存在着尚未满足的欲望与需求。因此，需要与需要的满足是谈判的共同基础，成功的谈判是双方利益都能获得相对满足，应是"双赢"的结果。

二、公关谈判的原则

1. 平等互利原则

社会组织在开展公关活动中,要注意信守平等互利原则。平等互利原则是指公关活动要兼顾组织与公众双方的利益,在平等的地位上使双方互利互惠。平等互利就是既讲"利己"又讲"利他"。公共关系并不是一味地讲"利他",也要讲"利己"(局部利益),但"利己"不是利己主义。公共关系是在不违反法律和道德的前提下,让别人先得益,最后对自己也有利。

平等互利原则不能片面地理解为简单对等的原则,平等互利原则的基点,就是要把公众利益作为首要因素来考虑,把能否满足公众利益作为衡量公关效果的重要尺度。任何组织都要对公众与社会负责。对公众负责,即对由组织行为引起的特殊社会群体负责;对社会负责,就是要为解决人们共同面临的社会问题而分担责任。这就要求组织把自身的运行建立在满足公众利益的前提下,关心由组织行为引起的问题以及由此涉及的公众利益。满足公众利益和要求,关心社会问题,有时会牺牲组织的眼前利益,但从长远看,这是对组织生存环境的维护,是一种重要的战略性公关投资。

2. 自愿协商原则

谈判是智慧的较量,谈判桌上,唯有确凿的事实、准确的数据、严密的逻辑和艺术的手段,才能将谈判引向自己所期望的胜利。自愿协商原则是谈判中必须遵循的原则,要求商务谈判的各方坚持在地位平等、自愿合作的条件下建立合作关系,并通过平等协商、公平交易来实现各方的权利和义务。

3. 合法原则

合法原则在商务谈判中是必须遵守的。不管做什么事,一定要遵守法律。在谈判的过程中,谈判各方不仅要遵循本国的法律和政策,还要遵循国际法则,尊重别国的有关法律规定。商务谈判中所签署的协议,只有在合法的情况下才具有法律效力,才能保障谈判双方的合法权益。

4. 诚实信用原则

谈判各方人员之间的相互信任会使谈判有一个好的发展,因为信任在商务谈判中的作用是至关重要的。如果双方不能互相信任,也就不可能有任何谈判,也不可能达成任何协议,而只有让对方感到你是有诚意的,才会信任你,只有出于真诚,双方才会认真对待谈判。对于谈判人员来说,真诚守信重于泰山。

在谈判中,各方应真诚相待,讲信用,讲信誉。谈判只有做到诚实守信,才能取得相互的理解、信赖与合作,即谈判各方坚持真诚守信的谈判原则,就在很大程度上奠定了谈判的基础。在谈判中注重诚实守信,一是要站在对方的立场上,将其了解到的情况坦率相告,以满足其权威感和自我意识;二是把握时机以适当的方式向对方袒露本方某些意图(但并非原原本本地把企业的谈判意图和谈判方案告诉对方),消除对方的心理障碍,化解疑惑,为谈判打下坚实的信任基础。诚实守信原则,也并不反对谈判中的策略运用,而是要求企业在基本的出发点上要诚挚可信,讲究信誉,言必行,行必果,要在人格上取得对方的信赖。诚实守信原则还要求在谈判时观察对手的谈判诚意和信用程度,以避免不必要的损失。

5. 机动灵活原则

公关部的工作既包括日常性的信息收集和整理分析、公众来访接待、常规公关宣传等,也包括一些临时性大型专题活动的组织和临时性突发事件的处理。这就要求组织在设立公关部时,充分考虑这两种不同性质工作的特点,使组织的公关部能适应客观环境变化和组织工作的调整,保持高度的灵活性和应变能力。

6. 时效性原则

该原则就是要保证商务谈判效率和效益的统一。商务谈判要在高效中进行,决不能进行马拉松式的谈判,否则对谈判双方都会造成很大困扰。

公关部是专门开展公关工作的组织机构,它的每一项工作都可能涉及组织的声誉和形象。因此在设立公关部时,一定考虑让公关部充分发挥其效能、行使其职能。这就要求一方面要界定公关部的职责和权利,让公关部门拥有其职责范围内相应的人、财、物的决策权,以保证其工作的主动性和积极性;另一方面要合理设置公关部内部的二级机构,使整个公关部能有效地整合起来,形成整体效应,发挥最大作用。

三、公关谈判的种类

1. 调解性谈判

公共关系的对象是公众,当组织与公众发生误解、摩擦时,公关人员就要担负起协调组织与公众之间的关系,平息争端的责任。通过调解性谈判,取得公众的谅解,排除外部环境中对组织发展的不利因素,恢复与公众的良好关系,重塑组织形象。

2. 合作性谈判

组织的存在和发展离不开与外部公众的各种合作,在商品经济中,合作是互惠互利。在广交朋友的各种联谊活动中,通过公共关系合作性谈判,来寻求双方一致性的基点,在此基础上,达成共识,相互配合,从而共同获利、相得益彰。

四、公关谈判的程序

公关谈判的过程有其固定的顺序,这就是公关谈判的程序。了解并熟悉公关谈判的程序是恰当使用公关谈判策略与技巧的前提和基础。正规的谈判多数划分为以下几个阶段。

1. 准备阶段

准备阶段包括以下几个方面的工作。

(1) 收集信息。即要摸清对方的实际情况,以求"知己知彼,百战不殆",这是进行谈判的必要条件和重要步骤。

(2) 拟定谈判策略。收集信息,对自身和对方的情况进行充分的评估和认真的分析,确定在接下来的谈判过程中所要采取的策略。

（3）制订谈判计划。首先，要用精练的语言准确地描述谈判的主要议题；其次，要确定谈判的要点，如目标、对策等；最后，安排好谈判的日程及进度。

（4）做好后勤保障工作。主要指谈判场所的布置、各种资料的准备、谈判人员的食宿安排，以及安全保卫工作等。

2. 开局阶段

双方首先通过自我介绍增加彼此之间的了解，并尽力营造出宽松、愉快、友善、和谐的氛围。切勿开门见山、单刀直入、不加铺垫地直接涉入主题。

3. 交流阶段

这一阶段的主要目的是探测对方的虚实，所以应该广开言路，对各种合作途径进行探讨，不要拘泥于单一的话题，也不要互相询问，更不能纠缠于枝节性的具体问题。在这一阶段，应敏锐地体会对方的真实意图，有针对性地调整原定的谈判方案、谈判策略，为下一阶段的正面交锋做好准备。

4. 磋商阶段

磋商是谈判的主体阶段，是"谈"和"判"的真正展开。在这一阶段，谈判双方的对立状态毫无保留地显现出来，各方都为了掌握本次谈判的主动权而大显身手。随着谈判的进行和各种谈判策略、技巧的使用，会出现时而温文尔雅、时而剑拔弩张的场面。谈判双方的目的都是要千方百计地说服对方最大限度地接受自己的观点。

5. 签约阶段

签约从形式上宣告了谈判的结束，是磋商结束的体现。值得注意的是，契约和合同的行文应特别注意条款的完备和语言精确，对双方意见一致的重点议题一定要努力做到准确无误，对那些尚未达到一致意见的应予以回避或采用含糊的表达方式。

五、公关谈判的技巧

1. 提问技巧

公关谈判的过程也是沟通的过程，在沟通中如何提问才能有针对性，才能方式得当，都需要讲究一定的技巧。发问的技巧有很多，如利用选择式诱问，往往以"能不能""可不可以"等形式出现。这样发问限制了对方回答问题的范围，使其无法含糊其辞，从而使观点明朗化。利用假设式诱问，是谈判者在假设某种有利自身的前提下一种故意的发问形式，它往往可以使对方麻痹大意。隐含式诱问，是谈判者将难以使人接受的观点隐含在问话中的一种故意发问，其表现手法更高明。

2. 答复技巧

公关谈判人员要使自己的回答巧妙，令对方心服口服，除了要具有广博的知识外，必须做到回答问题时，思维要有确定性。如果你想让对方明确地知道你的回答，其技巧是简洁；谈判者的回答不能含糊其辞，叫人捉摸不定；不要彻底地回答对方所提的问题，答话者要将错就错，将问话者的范围缩小，或者对回答的前提加以修饰和说明；回答问题时要严密，滴水不漏，减少问话者继续追问的兴致和机会。

3. 叙述的技巧

叙述与回答的差别在于：叙述不一定要针对提问而言。即使对方不提问，谈判者可以根据需要介绍一些情况。谈判者在叙述时应注意对方注意力的变化，尽量充分利用对方注意力集中这段宝贵的时间，把重要的问题阐述清楚。在叙述时，谈判者如果无法避免使用专业术语，一般应给予解释。一方面，可避免各方对于专业术语理解的差异；另一方面，可为以后的谈判再次引用该专业术语打下基础。

4. 幽默的应用

在谈判活动中，幽默有助于创造和谐的谈判气氛，可以使批评变得委婉友善，有利于避免尴尬，可以增加辩论的力量，避开对方的锋芒，并为谈判者树立良好的形象。因此，在谈判桌上，应尽量应用幽默这种特殊的技巧，但要注意场合。

六、公关谈判的策略

1. 声东击西策略

声东击西策略是指在谈判过程中，双方出现僵局，无法取得进展，于是，通过巧妙地转换议题，转移对方视线，从而实现自己目标的方法。此种方法最大的特点是富于变化，灵活机动，既不正面进攻，又不放弃目标，而是在对方不知不觉中迂回前进，从而达到自身的目的。

2. 旁敲侧击策略

旁敲侧击策略是指谈判双方在谈判桌上经过很长时间的磋商还难以取得进展时，除在谈判桌上同对方较量外，还可用间接方法和对方互通信息，与对方进行情感与心理的交流，增加信任，使分歧得到尽快解决。

3. 正反互动策略

正反互动策略是指一个唱红脸，一个唱白脸，又称红白脸策略，是指在谈判过程中，以两个人分别扮演"红脸"和"白脸"的角色，或者由一个人同时扮演这两种角色，软硬兼施，使谈判的效果更好。

4. 共识演绎法策略

共识演绎法策略是指在谈判中善于发现并及时抓住对方谈判中与我方具有共识的某一观点，加以强调，并以此为前提，推演出必然性结论，从而实现谈判目标的逻辑方法。

5. 真诚赞美策略

真诚赞美策略是指在公关谈判中真诚地赞美，即诚挚而不虚伪地赞扬对方，显示出对方的重要性。因为在谈判中,对方受到赞扬和褒奖时容易心情愉快、神经兴奋,此时最容易表现出宽宏大度、豁达开朗,而不至于在一些可让步的问题上斤斤计较或争执不休。

6. 掌握时机策略

掌握时机策略是指谈判过程中,要有效地掌握谈判时机,准确把握和选择最佳时间,以争取收到最理想的效果。要善于忍耐,等待有利于自己的最佳时机,出其不意予以反击。更要见好就收,适可而止。如果把某一方置于死地,那么双方都将一无所得。如果谈判妥协阶段已经到了再没有回旋的余地时,可以发出最后通牒:"要么接受,要么拒绝。"这个策略实际上是把对方逼到毫无选择余地的境地,容易引起对方的敌意,不到万不得已,不要轻易采用这种策略。

案例 12-3

《三国演义》中涉及谈判的情节描写很多,体现了相当高的谈判艺术。下面就从这五种谈判艺术来给大家提供分析,借鉴和思考。

1. 环境造势谈判术

《三国演义》曹操西校场点军,为的是让西川的特使张松"见我军容之盛,教他回去传说'吾即日下了江南,便来收川'"。再如孙权接待蜀使邓芝,"先于殿前立鼎,贮油数百斤,下用炭烧,待其油沸,选身长而大武士一千人,各执钢刀、大斧、长戟、短剑,从宫门前直摆至殿上,一切就绪,方召邓芝入见"。这些都是布置环境,为谈判造成先声夺人之势。环境造势不单有剑拔弩张,杀气腾腾,显示实力的所作所为,在企业社交活动和商业活动中,除了为显示实力,引起对方注意等情形外,更多的是造就和谐、欢悦、心安理得的气氛,如陪同观光、跳舞等。

2. 擒"王"谈判术

谈判是不流血的战争,为了赢得谈判的胜利,抓住对方关键人物至关重要。历史上,谈判胶着时,以擒"王"术而成功的范例很多。《三国演义》"关云长单刀赴会"是一次颇有寓意的谈判。东吴欲取荆州,关羽是第一个绊脚石,鲁肃为了拔掉这颗钉子,设谋请关羽到陆口寨外临江亭赴宴,打算伏刀斧手在筵席间杀掉关羽。关羽让周仓捧大刀相随,八九个跨腰刀的关东大汉同往,"入席饮酒""谈笑自若",乘风而去,安然而归。关将军此番"武装谈判"秋毫不损,缘何?主要原因就是筵席上抓住了对方权威人物——鲁肃。关羽"右手提刀,左手挽住鲁肃手佯推醉曰:'公今请吾赴宴,莫提起荆州之事。吾今已醉,恐伤故旧之情。他日令人请公到荆州赴会,另作商议。'鲁肃魂不附体,被关羽扯到江边。吕蒙、甘宁各引本部军欲出,见云长提大刀,亲握鲁肃,恐肃被伤,遂不敢动"。在现代公关谈判中,"血谏""兵谏"的形式已被淘汰,然而就"擒王谈判术"的哲理和技巧而言,还是起大作用,有大效果的。

3. 模糊谈判术

这种谈判术多是借用模糊语言,在对方麻痹的情况下,为自己赢得机会。如在荆州问题上,孔明和鲁肃的谈判。鲁肃第一次讨荆州,孔明不是据理力争,而是"以叔辅侄"取荆州,以刘琦尚在为借口回绝东吴。刘琦病亡,孔明改口为"暂借荆州,立纸文书,待到图得城池之时,便交还东吴"。鲁肃问:"夺得何处,还我荆州?"孔明说:"中原急未可图,西川刘璋暗弱,我主将图之。若图得西川,那时便还。"最后,由刘备写成文书一纸,押了字。孔明、鲁肃作保,也签了名。这次谈判,这个契约,把周瑜气得直跺脚。孔明的用心,周瑜一语道破:"子敬中诸葛亮之谋也,名为借地,实为混赖。他说取了西川便还,如何中用,知他几时取西川?假如十年不得西川,十年不还?这等文书,如何中用,你却与他作保。"从谈判术角度讲,由孔明导演,刘备炮制的这个"混赖文书",学名就叫模糊文书。"模糊语言、模糊文书,在企业外交中很有用处。如当事情不愿办,又不愿使关系破裂时,你得借助"模糊术";一时不能办,今后确要办,需赢得时间时,它可助你一臂之力;事情需要办,关系很微妙,不愿卷入或引起冲突时,它能使你解脱;因各种原因,需避免直接表述时,可使用模糊语言。

4. 因人而异谈判术

"见人说人话,见鬼说鬼话",通常是贬意,用来骂当面一套,背后一套的人。而在谈判中,面对不同对象,以变应变却是高招的标志之一。诸葛亮舌战群儒,说孙权,激周瑜,显示了他超群绝伦的谈判能力和艺术。对张昭为首的智囊班子中的主和派,诸葛亮使用"暴露法""对比法"等,对张昭、虞翻、步骘、薛琮等人挑衅性的语言——分析,着力揭露;同时又阐明自己的意见,显示己方的实力,为孙、刘联盟清除理论上的障碍。对于江东决策人物孙权,诸葛亮则从他的地位出发,采取诱导的方式,陈述利害,激发斗志,促使他决定"明日商议起兵,共灭曹操"。对在江东最具有影响力的周瑜,诸葛亮则根据他心骄气盛的特点,采取气激智斗的方法,诱其"上钩",激得周瑜"离座北指",大骂曹操欺人太甚,誓与曹操势不两立,这样一来,周瑜反倒主动求于诸葛亮:"望孔明助一臂之力,同破曹操。"因人而异谈判术的原则,本质是以变应变。但是不论如何变,都必须在设法争取自身利益时主动思考能给对方什么。如果有一方一无所获,坐在一起是浪费时间。由于双方谈判的基础是从谈判桌上获取需要,因此,因人而异谈判还必须懂得心理学,研究对方的需要,思索怎样在给予对方的过程中,我方有所"获取",考虑如何因对象不同,环境变异而选择不同的方法去顺应、抵制或改变对方的动机,这是谈判原则中最重要的。

5. 场外谈判术

公关关系学在现代社会很是流行,社会舆论对其也是有褒有贬。其实,公关关系学本身并没有"是"或"非"的单一属性,如同一支枪,关键是谁掌握它,去击倒谁。许多企业设公关部,其中公关人员是公共关系学的实践者,他们的主要任务更多的是非本质谈判,是加强组织与公众的沟通和联络,培养感情,用组织的良好形象去影响对手,是通过场外谈判对正式谈判给予补充。在"伐交"中如果忽略平时公关关系,忽略场外谈判,犹如用兵只知"正合",不会"用奇"。一身是胆的赵子龙,曾经当过几天刘备的"公关先生",代孔明就刘备与孙夫人婚姻问题与孙权进行场外谈判。《三国演义》里这样描述:赵云陪同刘备到东吴就亲,为保证刘备化险为夷,假戏真唱了一段婚姻。赵云依孔明之嘱,一面牵羊担酒陪同刘备拜见乔国老,一面让随行五百军士一律披红挂彩,入南徐买办物体,大造刘备入赘东吴的舆论,使城中人尽知其事。当时,赵云陪同刘备拜见乔国老,用今天的话讲叫开关键人物的后门,打刘备未来的外太公的关节。乔国老糊里糊涂接待了这门"远亲",连锁反应波及吴国太,直逼孙权,以外围突破带动核心,结果孙权在乔国老、吴国太的威慑下终于就犯,把妹妹交出来,成全了刘备。在现实生活中,场外谈判占有相当地位。有时场上很难得到的东西,通过场外活动可以轻易获取。国家之间,集团之间重大谈判通常都是这样:先场外后场内,先低层次接触再高层次交锋,先幕后再公开,先扫清外围再重点解决,在场外找双方的关同点,为场内谈判造就相对优势。

案例分析:

谈判无时不在,根据需要采用策略,可以获得更好的效果。

习 题

一、判断题

1. 与广告、新闻、外交等活动既有联系,也有区别。（ ）
2. 公关人员应无条件地服从客户或雇主的要求。（ ）
3. 当组织行为不当造成不良影响时,正确的做法是认真检查过错,弥补公众损失,重新树立形象。（ ）
4. 公关广告就是商业广告。（ ）
5. 组织形象一旦建立起来就可以一劳永逸。（ ）
6. 社会组织开展联谊活动的目的是为了联络感情,增进友谊。（ ）
7. 公共关系等同于具体的经济效益。（ ）
8. 公共关系的实效在于取信于公众。（ ）
9. 组织形象是靠组织员工行为规范的一致性来实现的。（ ）
10. 商业组织与服务业组织的共同特点是销售商品和服务。（ ）

二、分析题

1. 巴西一家公司到美国去采购成套设备。巴西谈判小组成员因为上街购物耽误了时间。当他们到达谈判地点时,比预定时间晚了45分钟。美方代表对此极为不满,花了很长时间来指责巴西代表不遵守时间,没有信用,如果经常这样下去的话,以后很多工作很难合作,浪费时间就是浪费资源、浪费金钱。对此巴西代表感到理亏,只好不停地向美方代表道歉。谈判开始以后似乎还对巴西代表来迟一事耿耿于怀,一时间弄得巴西代表手足无措,说话处处被动。无心与美方代表讨价还价,对美方提出的许多要求也没有静下心来认真考虑,匆匆忙忙就签订了合同。等到合同签订以后,巴西代表平静下来,头脑不再发热时才发现自己吃了大亏,上了美方的当,但已经晚了。

这个是一个挑剔式开局策略的运用,在一开始的时候对对手的某项错误或礼仪失误严加指责,使其感到内疚,从而达到营造低调气氛,迫使对方让步的目的。本案例中美国谈判代表成功地使用挑剔式开局策略,迫使巴西谈判代表自觉理亏在来不及认真思考的情况而匆忙签下对美方有利的合同。但是,与此同时我们更需要注意的是,这也是一个关于国际贸易的商务谈判,其中就没有很好地运用我们上文中所提出的观点,应该在谈判之前了解对方的文化,并且应该想好一旦迟到的情况下应该如何地应对这种文化上的差异。接下来我们来看一下另一个事例，同样是面对这种迟到的情况，日本的谈判代表是如何做的：日本有一家著名的汽车公司在美国刚刚"登陆"时，急需找一家美国代理商来为其销售产品，以弥补他们不了解美国市场的缺陷。当日本汽车公司准备与美国的一家公司就此问题进行谈判时，日本公司的谈判代表路上塞车迟到了。美国公司的代表抓住这件事紧紧不放，想要以此为手段获取更多的优惠条件。日本公司的代表发现无路可退，于是站起来说："我们十分抱歉耽误了你的时间，但是这绝非我们的本意，我们对美国的交通状况了解不足，所以导致了这个不愉快的结果，我希望我们不要再为这个无所谓的问题耽误宝贵的时间了，如果因为这件事怀疑到我们合作的诚意，那么，我们只好结束这次谈判。我认为，我们所提出的优惠代理条件是不会在美国找不到合作伙伴的。"日本代表的一席话说得美国代理商哑口无言，美国人也不想失去这次赚钱的机会，于是谈判得以顺利进行。

问题：运用公共关系学中的相关知识分析点评这一案例。

2. 某公司宣传其新型保险柜的卓越功能，登出一则这样的广告："10万美元寻找主人！本公司展厅保险柜里存放有10万美元，在不弄响警报器的前提下，各路豪杰可用任何手段拿出享用！"广告一出，轰动全城。前往一试身手的人形形色色：有工人、学生、工程师、警察和侦探，甚至还有不露声色的小偷，但都没有人能够得手。各大报纸连续几天都为此事作免费报道，影响极大。这家公司保险柜的声誉随之大增。

问题：运用公共关系学中的相关知识分析评点这一案例。

第十三章

公关礼仪

公关礼仪的不同类型。

公关礼仪的应用，掌握礼仪技巧。

第一节 个人礼仪

一、礼仪概述

1. 礼仪的概念

礼仪是在人际交往中，以一定的、约定俗成的程序、方式来表现的律己、敬人的过程，涉及穿着、交往、沟通、情商等内容。

（1）从个人修养的角度来看，礼仪可以说是一个人内在修养和素质的外在表现。

（2）从交际的角度来看，礼仪可以说是人际交往中适用的一种艺术，一种交际方式或交际方法，是人际交往中约定俗成的示人以尊重、友好的习惯做法。

（3）从传播的角度来看，礼仪可以说是在人际交往中进行相互沟通的技巧。

2. 礼仪的分类

礼仪可分为政务礼仪、商务礼仪、服务礼仪、社交礼仪、涉外礼仪等种类。

（1）政务礼仪是政府工作中发生的礼仪内容及形式，它是指国家公务机关及相关事业单位在内部沟通交流及对外服务，与社会接触时的礼仪标准和原则。政务礼仪是提高服务质量及好评度的重要方法。政务礼仪包括政务着装、妆饰、仪容礼仪，办公、会议礼仪，政务调研、信访礼仪，公文、条据礼仪，习俗、宗教礼仪，政务迎宾、招待礼仪，政务宴会礼仪，政务舞会、演出礼仪等内容。

（2）商务礼仪是指商务活动中应用的系列礼仪。在商务活动中，为了体现相互需要，通过一些行为准则去约束人们在商务活动中的方方面面，这其中包括仪表礼仪、言谈举止、书信来往、电话等技巧。商务礼仪按照商务活动的场合又可以分为办公礼仪、宴会礼仪、迎宾礼仪等。

（3）服务礼仪主要是指服务行业应用的礼仪。它是各服务行业人员必备的素质和基本条件。出于对客人的尊重与友好，在服务中要注重仪表、仪容、仪态和语言、操作的规范；热情服务则要求服务员发自内心的热忱向客人提供主动、周到的服务，从而表现出服务员的良好风度与素养。

（4）社交礼仪是指日常社交生活应用的交往礼仪，如人们在各种人际交往中所具备的基本素质、交际能力等。社交在当今社会人际交往中发挥的作用愈显重要。通过社交，人们可以沟通心灵，建立深厚友谊，取得支持与帮助；通过社交，人们可以互通信息，共享资源，对取得事业成功大有获益。

（5）涉外礼仪是涉外交际礼仪的简称，即中国人在对外交际中用以维护自身形象、对对外交往对象表示尊敬与友好的约定俗成的做法。

3. 礼仪的主要功能

（1）从个人的角度来看：①有助于提高人们的自身修养（图 13-1）；②有助于美化自身、美化生活；③有助于促进人们的社会交往，改善人们的人际关系；④有助于净化社会风气。

（2）从团体的角度来看：礼仪是企业文化、企业精神的重要内容，是企业形象的主要附着点。大多国际化的企业，对于礼仪都有高标准的要求，都把礼仪作为企业文化的重要内容，同时也是获得国际认证的重要软件。

图 13-1　礼仪可以提升个人修养

4. 公关礼仪的基本要求

（1）得体的服饰。

（2）优雅的举止。

（3）礼貌的谈吐。

(4)潇洒的风度。

二、服饰礼仪

（一）关于服饰

1. 服饰的特点

服饰是一种文化、一种文明。服饰有广义和狭义之分，广义的服饰应当是服装、饰品、美容化妆三者的统一。狭义的服饰仅指衣着穿戴。服饰又是一系列符号的集合，人们可以在特定的情境中以某种服饰给人以某种思想感情的知觉：①服饰是一种历史符号；②服饰是一种社会符号；③服饰是一种审美符号；④服饰是一种情感符号；⑤服饰是一种个性符号。

2. 服饰功能

服饰具有实用、表示地位和身份，以及审美的功能，如图13-2所示。

实用
表示地位和身份 { 男女之别、长幼之别、职业之别、身份之别、民族之别 }
审美

图13-2 服饰的功能

在古今中外，着装体现着一种社会文化，体现着一个人的文化修养和审美情趣，是一个人的身份、气质、内在素质无言的介绍信。从某种意义上说，服饰是一门艺术，服饰所能传达的情感与意蕴甚至不是用语言所能替代的。在不同场合，穿着得体、适度的人，给人留下良好的印象，而穿着不当，则会降低人的身份，损害自身的形象。

在社交场合，得体的服饰是一种礼貌，一定程度上直接影响着人际关系的和谐。影响着装效果的因素主要有以下三点。一是要有文化修养和高雅的审美能力，即所谓"腹有诗书气自华"。二是要有运动健美的素质。健美的形体是着装美的天然条件。三是要掌握着装的常识、着装原则和服饰礼仪的知识，这是达到内外和谐统一美的不可或缺的条件。服饰礼仪能更好地展现企业形象。

3. 服饰要求

（1）服饰的原则：整洁原则、应己原则、三色原则（黑、白、灰）、TPO原则。

TPO是英文Time、Place、Object三个词首字母的缩写。T代表时间、季节、时令、时代；P代表地点、场合、职位；O代表目的、对象。着装的TPO原则是世界通行的着装打扮最基本的原则。

它要求人们的服饰应力求和谐，以和谐为美。着装要与时间、季节相吻合，符合时令；要与所处场合环境，与不同国家、区域、民族的不同习俗相吻合；符合着装人的身份；要根据不同的交往目的、交往对象选择服饰，给人留下良好的印象（如图13-3所示）。

（2）根据TPO原则，着装时应注意以下几个问题。

合体：穿着要和身材、体形相协调，根据自己的体形特点做到扬长避短。

合适：在服装穿着、饰物佩戴和配件使用等方面，都必须适应具体的时间、地点和目的的要求。

合意：根据自己的爱好、情趣、个性和审美观，按照着装的基本要求选择合意的服装，穿出自己的风格和魅力。

（3）公关人员着装禁忌：不杂乱无章；不过分鲜艳；不过分暴露；不过分透视；不过分短小；不过分紧身。

图 13-3　服饰的良好印象

（二）男士服饰要求

1. 男士的着装

在正式的商务场合，男士的着装以穿西装打领带最为稳妥，衬衫的搭配要适宜。男士的西装一般以深色为主，避免穿着有格子或者颜色艳丽的西服。男士的西服一般分为单排扣和双排扣两种。在穿单排扣西装的时候，特别要注意系扣子，一般两粒扣子，只系上面的一粒，如果有三粒扣子，只系上面的两粒，最下面的一粒不系；穿双排扣西服的时候，则应该系好所有扣子。

衬衫的颜色要和西装整体颜色协调，同时衬衫不宜过薄或过透，特别是穿浅色衬衫的时候，衬衫里面不要套深色或保暖防寒的衣服，特别要注意不要将里面的防寒服或内衣露出领口。

打领带的时候，衬衫的所有纽扣，包括衬衫领口、袖口的纽扣都应该扣好。

领带的颜色要和衬衫、西服颜色相互配合，整体颜色要协调，同时要注意长短配合，领带的长度正好抵达腰带的上方或有一两厘米的距离，这样最为适宜。

穿西服要配以皮鞋，杜绝出现运动鞋、凉鞋或布鞋，皮鞋要保持光亮、整洁。要注意袜子的质地、透气性，同时袜子的颜色必须保持和西服整体颜色协调。如果穿深色皮鞋，袜子的颜色应该以深色为主，同时要避免出现比较花的图案。

一般情况下，杜绝在正式的商务场合穿夹克衫，或者西装与高领衫、T恤衫或毛衣搭配。

2. 男士应携带的物品

（1）公司的徽标。公司的徽标需要随身携带，它的准确佩戴位置是男士西装的左胸上方，这是男士在选择西装时需要搭配的物品。

（2）钢笔。位置应该是男士西装内侧的口袋，而不应该是男士西装的外侧口袋，一般情况下我们也尽量避免把它携带在衬衫的口袋里，这样容易把衬衫弄脏。

（3）名片夹。应该选择一个比较好的名片夹来放自己的名片，这样可以确保自己名片的清洁整齐。同时接受他人名片的时候，也应该找一个妥善的位置保存，避免直接把对方的名片放在口袋里，或者放在手中不停地摆弄，这都是不好的商务习惯。

（4）携带纸巾。随身携带纸巾，或者携带一块手绢，可以随时清洁自己面部的污垢，避免一些尴尬场面的出现。

（5）公文包。它的式样、大小应该和自己整体的着装配合。男士一般的一些物品，像手机、笔记本、笔可以放在公文包中，男士在着西装的时候，应该尽量避免在口袋中携带很多的物品，这样会使衣服显得很臃肿，不适合商务场合。

（三）女士服饰要求

1. 职业女性着装规则

（1）套装是最适合女性的服装，但要避免过分花哨、夸张的款式；极端保守的式样，则应掌握如何配饰、点缀使其免于死板之感，若是将几组套装作巧妙的搭配穿用，不仅是现代化的穿着趋势，也是符合经济原则的装扮。

（2）讲究质料。所谓质料是指服装采用的布料、裁制手工、外形轮廓等条件的精良与否。职业女性在选择套装时一定不要忽视这一点。

（3）过分性感或暴露的服装绝不能出现在办公室中。看重自身的职业或事业心重的女性千万要注意这一点。

（4）懂得如何以巧妙的装饰来免除更衣的问题，在出门前，最好先略作安排以做万全之计。

（5）穿着注意应该考究以外，从头至脚的整体装扮也应讲究强调"整体美"。

（6）职业女性穿着套装固然非常适宜，但凡能够表现职业女性应有风范的服装都值得一试，在一定规则之下，可尽情享受穿着的乐趣，而且这也是现代职业女性的权利。

2. 女士商务着装注意事项

（1）干净整洁。

（2）女士在着装的时候需要严格区分女士的职业套装、晚礼服及休闲服。着正式商务套装时，无领、无袖、太紧身或者领口开得太低的衣服应该尽量避免，衣服的款式要尽量合身。

（3）女士在选择丝袜及皮鞋的时候，需要注意的是，丝袜的长度一定要高于裙子的下摆。皮鞋应该尽量避免鞋跟过高或过细。

（4）女士在选择佩戴物品的时候，需要注意的是，商务礼仪的目的是体现出对他人的尊重。修饰物（如戒指）尽量避免过于奢华。

（5）必备物品和男士携带标准基本相同。

3. 禁忌

（1）过分时髦。现代女性热爱流行时装是很正常的现象，即使你不去刻意追求流行，流行也会左右着你。有些女性几近盲目地追求时髦。例如，有家贸易公司的女秘书在指甲上同时涂了几种鲜艳的指甲油，当她打字或与人交谈时，都给人一种厌恶的压迫感，一个成功的职业女性对于流行的选择必须有正确的判断力,同时要切记:在办公室中应主要表现工作能力而非赶时髦的能力。

(2)过分暴露。夏天的时候,许多职业女性不够注重自己的身份,穿着颇为性感的服装。这样才能和智慧便会被埋没,甚至还会被看成轻浮。因此,再热的天气,也应注意自己仪表的整洁、大方。

(3)过分正式。这个现象也是常见的。其主要原因可以说是没有适合的服装。职业女性的着装应平淡朴素。

(4)过分潇洒。最典型的样子就是一件随随便便的T恤或罩衫,配上一条泛白的"破"牛仔裤,丝毫不顾及办公室的原则和体制。这样的穿着可以说是非常不合适的。

(5)过分可爱。在服装市场上有许多可爱俏丽的款式,也不适合工作中穿着。这样会给人轻浮、不稳重的感觉。

三、常见行为礼仪

(一)体姿

总则:站如松、坐如钟、行如风、卧如弓。男士要体现阳刚之气,女士要体现柔美之气。

1. 站姿

站姿是生活静态造型的动作。优美、典雅的站姿是发展人的不同质感美、动态美的起点和基础,能衬托一个人美好的气质和风度。标准站姿(图13-4和图13-5)的要领包含以下几点。

(1)身体舒展直立,重心线穿过脊柱落在两腿中间,足弓稍偏前处,并尽量上提。

(2)精神饱满,面带微笑,双目平视,目光柔和有神,自然亲切。

(3)脖子伸直,头向上顶,下颚略回收。

(4)挺胸收腹,略为收臀。

(5)双肩后张下沉,两臂于裤缝两侧自然下垂,手指自然弯曲,或双手轻松自然地在体前交叉相握。

(6)两腿肌肉收紧直立,膝部放松。女性站立时,脚跟相靠,脚尖分开约45°,呈"V"形;男性站立时,双脚可略为分开,但不能超过肩宽。

(7)站累时,脚可向后撤半步,身体重心移至后脚,但上体必须保持正直。

图13-4 站姿(一)

图13-5 站姿(二)

2. 走姿

行走是人的基本动作之一,最能体现出一个人的精神面貌。行走姿态的好坏可反映人的内心境界和文化素养的高下,能够展现出一个人的风度、风采和韵味。标准走姿(图13-6和图13-7)的要领包含以下几点。

(1)走姿是站姿的延续动作,行走时,必须保持站姿中除手和脚以外的各种要领。

(2)走路使用腰力,身体重心宜稍向前倾。

(3)跨步均匀,步幅约一只脚到一只半脚。

(4)迈步时,两腿间距离要小。女性穿裙子或旗袍时要走成一条直线,使裙子或旗袍的下摆与脚的动作协调,呈现优美的韵律感;穿裤装时,宜走成两条平行的直线。

(5)出脚和落脚时,脚尖、脚跟应与前进方向近乎在一条直线上,避免"内八字"或"外八字"。

(6)两手前后自然协调摆动,手臂与身体的夹角一般在 10°~15°,由大臂带动小臂摆动,肘关节只可微曲。

(7)上下楼梯时应保持上体正直,脚步轻盈平稳,尽量少用眼睛看楼梯,最好不要手扶栏杆。

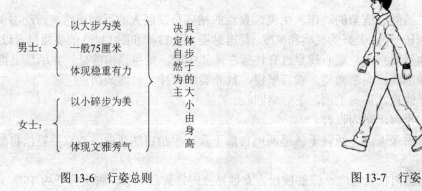

图13-6 行姿总则　　　　　　　　　图13-7 行姿

3. 坐姿

坐姿是一种可以维持较长时间的工作劳动姿势,也是一种主要的休息姿势,更是人们在社交、娱乐中的主要身体姿势。良好的坐姿不仅有利于健康,还能塑造沉着、稳重、文雅、端庄的个人形象。标准坐姿(图13-8和图13-9)的要领包含以下几点。

(1)精神饱满,表情自然,目光平视前方或注视交谈对象。

(2)身体端正舒展,重心垂直向下或稍向前倾,腰背挺直,臀部占座椅面的2/3。

(3)双膝并拢或微微分开,双脚并齐。

(4)两手可自然放于腿上或椅子的扶手上。

除基本坐姿以外,由于双腿位置的改变,也可形成多种优美的坐姿,如双腿平行斜放,两脚前后相掖,或两脚呈小八字形等,都能给人舒适优雅的感觉。如要架腿,最好后于别人交叠双腿,女性一般不架腿。无论哪种坐姿,都必须保证腰背挺直,女性还要特别注意使双膝并拢。

(a) 男性基本坐姿　　　　　　　　(b) 女性基本坐姿

图 13-8　坐姿（一）

(a) 双腿垂直式　　　　　　　　(b) 双腿叠放式

图 13-9　女士标准坐姿（二）

4. 蹲姿

在日常生活中，人们对掉在地上的物品，一般是习惯弯腰或蹲下将其拾起，而身为办公白领对掉在地上的物品，也采用一般随意弯腰蹲下拾起的姿势是不合适的。标准蹲姿（图 13-10）的要领包含以下几点。

图 13-10　蹲姿

（1）下蹲拾物时，应自然、得体、大方，不遮遮掩掩。

(2) 下蹲时，两腿合力支撑身体，避免滑倒。
(3) 下蹲时，应使头、胸、膝关节在一个角度上，使蹲姿优美。
(4) 女士无论采用哪种蹲姿，都要将腿靠紧，臀部向下。

5. 目光

目光是人在交往时，一种深情的、含蓄的无声语言，往往可以表达有声语言难以表达的意义和情感。"眼睛是心灵的窗口"，它在很大程度上能如实反映一个人的内心世界（图13-11）。一个良好的交际形象，目光应是坦然、亲切、和蔼、有神的。

图 13-11　目光

6. 行礼

行礼礼仪是日常社交礼仪中最常用与最基础的礼仪，人与人之间的交往都要用到行礼礼仪，特别是从事服务行业的人，掌握一些行礼礼仪，能给客户留下良好的第一印象，为以后顺利开展工作打下基础（图13-12）。

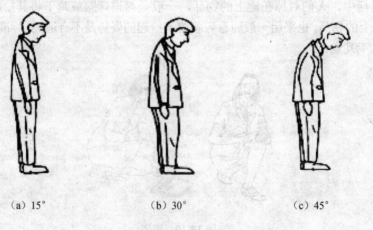

(a) 15°　　(b) 30°　　(c) 45°

图 13-12　行礼

（二）举止规范

（1）礼不到，人必怪。
（2）注意衣着。
（3）守时。
（4）学会赞美顾客。
（5）避免"不拘小节"。
（6）忌看人下菜碟。
（7）重视"名片"。
（8）口若悬河并不一定奏效。

（三）言谈技巧

1. 寻找话题的技巧

（1）从眼前事物谈起。
（2）积累谈话题材。
（3）充分了解谈话对象。
（4）看清对象再讲话。

2. 转移话题的技巧

（1）让旧话题自行消失。
（2）在谈话进行中适时地插入新话题。
（3）从旧的话题往前引申一步，转移到新话题上。

（四）语言沟通与非语言沟通细节

1. 语言沟通

（1）说话要看自己的身份（是什么人说什么话）。
（2）说话要看对象（见什么人说什么话）。
（3）说话要看场合（到什么山上唱什么歌）。
（4）说话要看时机（到什么时候说什么话）。
① 急事，慢慢说。
② 大事，清楚地说。
③ 小事，幽默地说。
④ 没把握的事，谨慎地说。
⑤ 没根据的事，不要胡说。
⑥ 做不到的事，别乱说。
⑦ 讨厌的事，对事不对人地说。
⑧ 开心的事，看场合地说。
⑨ 伤心的事，不要见人就说。

⑩ 别人的事，小心地说。
⑪ 自己的事，听听自己的心怎么说。
⑫ 现在的事，做了再说。
⑬ 未来的事，未来再说。

2. 非语言沟通——表情表达的技巧

（1）眼神。
（2）脸部表情。
（3）微笑。

3. 说服人的诀窍

（1）设身处地为对方着想。
（2）让人多说"是"。
（3）让顾客觉得他所做出的决定是他自己的。
总之，说话的感染力=言辞+38%声音+55%面部表情。

（五）交谈的要求

1. 言之有物

交谈要有观点、有内容、有内涵、有思想。没有材料做根据，没有事实做依凭，再动听的语言也是苍白的、乏味的。交谈时将所要传递的信息准确地输送到对方的大脑里，正确反映客观事物，恰当地揭示客观事理，贴切地表达思想感情。

2. 言之有序

就是交谈要有逻辑性、科学性。刘勰《文心雕龙》："使众理虽繁，而无倒置之乖；群言虽多，而无棼丝之乱。"交谈时，先讲什么，后讲什么，思路要清晰，内容有条理，布局要合理。

3. 言之有礼

交谈时要讲究礼节礼貌。知礼会为你的交谈创造一个和谐、愉快的环境。讲话者，态度要谦逊，语气要友好，内容要适宜，语言要文明；听话者，要认真倾听，不要做其他事情。这样就会形成一个信任、亲切、友善的交谈气氛，为交谈获得成功奠定基础。

4. 交谈时的礼貌用语

（1）问候礼貌用语：您好；早安；午安；晚安。
告别礼貌用语：再见；晚安；祝您愉快；祝您一路平安。
（2）应答礼貌用语：不必客气；没关系；这是我应该做的；非常感谢；谢谢您的好意。
（3）道歉礼貌用语：请原谅；打扰了；失礼了；实在对不起；谢谢您的提醒；是我的错，对不起；请不要介意。

5. 交谈距离

与人交谈时，离得太近给人以不庄重的感觉，太远则给人以傲气的感觉。适当的交谈距离如下：①亲朋好友相距 0.5 米左右；②熟人相距 1 米左右；③陌生人相距应大于 1.5 米。

四、介绍礼与其他礼节

1. 介绍礼

介绍是与人相识的重要方式，它可在众多场合使用。
（1）介绍他人：简单扼要，只介绍姓名、单位、身份。
（2）介绍次序：一般应将年轻人先介绍给老年人；将地位低的先介绍给地位高的；将男士先介绍给女士；将未婚者先介绍给已婚者。向一个人介绍多人时，则应按从高到低、先长至幼、先女后男的次序介绍。
（3）自我介绍：充满自信，态度热诚，落落大方，简洁扼要。只介绍姓名、单位即可。

2. 握手礼

握手礼（图 13-13）通常在表示欢迎、欢送、见面相会、告辞时使用，对人表示祝贺、感谢、慰问，表示友好合作等。

握手方法：伸右手，手心向左侧，与对方的腰齐平。握手时间为三至五秒为宜，力度大小合适。注意：长幼之间，长者先伸手；上下级之间，上级先伸手；男女之间，女士先伸手；宾主之间，主人先伸手；不论来者是男女、长幼，主人都应先伸手，女主人也不例外。

图 13-13 握手礼

握手十忌：一忌贸然出手；二忌不摘手套；三忌掌心向下压；四忌心不在焉目光游移；五忌用力过重或过轻及握手时间过长；六忌滥用双手；七忌左手握手；八忌交叉握手；九忌出手时慢腾腾；十忌握手后用纸巾或手帕擦手。

3. 常见交往礼节

拜访：要经常化、并事先约定；应仪表清爽；言行要礼貌规范；时间不宜过长，告辞应礼貌。

待客：做好准备工作，迎接应及时，招待时应热情、周到、得体。

探病：了解病人病情现状和治疗情况；遵守医院的规章制度；言谈举止要得体；所带的礼物要谨慎。

馈赠：分清送礼对象；选送礼品切忌犯了对方的禁忌；选好礼品后要检查一下；不可在公共场所及当外人的面送礼。

4. 其他礼节

打招呼：是与熟人相遇的一种简单礼节。
注目礼：是较重的庄严礼节。
鼓掌礼：是在公众场合常用的一种较为热烈的礼节。
拥抱礼：西方国家常用的礼节。
接吻礼：西方国家常用的礼节。

五、电话礼仪

电话是人们开展社交活动不可缺少的工具，在日常生活社交和工作交往中，都要利用电话与别人取得联系和交谈。在录像电话还没有普及之前，人们通过电话给人的印象完全靠声音和使用电话时的习惯，要想有"带着微笑的声音"或者通过电话赢得信任，就必须掌握使用电话的礼节与技巧。

1. 打电话的步骤

（1）不论你是打电话的一方还是接电话的一方，在电话接通的那一刻，请记住第一句话应该是"喂，您好"。

（2）如果你接到的是一个陌生电话，那么你应该主动问一句"请问您找谁"或者"请问您是哪里（哪位）"。而拨打电话的人，则应该主动自保家门，如"我是××，麻烦您帮我找××接电话好吗"。

（3）在打电话的过程中，双方应全神贯注地听或说，不要三心二意。例如，手里在不停地转笔发出啪啪声，或者是不停地和旁边的人说上几句闲话，这都是很不礼貌的。如果是对方需要你做记录或是查找物品资料的，就另当别论。

（4）如果你是拨出电话的一方，倘若通话在毫无预示的前提下突然中断，如信号不好，或是手机没电，那么你都应该在处理完这些问题之后马上再打回给对方，并说明理由，表示歉意。

（5）不论哪一方在通话过程中突然有紧急事情必须去办，都应告知对方"不好意思，我现在有事，一会儿我给您打过去"，并且一定要说到做到，等到忙完回来，要主动给对方致电。

（6）当通话结束后，双方应互相说声"再见"，并且打电话的一方要等待接听一方先挂断，以示尊重。

2. 打电话的注意事项

在工作中，每天有许多事情需要通过电话来商谈、询问、通知、解决，掌握打电话的技巧，沟通才会更加顺畅，常用的电话技巧包含以下六个方面。

（1）第一声很重要。在电话中只要稍微注意一下自己的行为就会给对方留下完全不同的印象。同样说"你好，这里是××公司"，但声音清晰、悦耳、吐字清脆与否，给对方留下的印象是完全不一样的。因此要记住，接电话时应有"我代表企业形象"的意识。

（2）带着喜悦的心情。打电话时我们要保持良好的心情，这样即使对方看不见你，但是也会被你欢快的语调所感染，对你留下极佳的印象。

（3）端正自己的坐姿。打电话过程中绝对不能吸烟、喝茶、吃零食，即使是懒散的姿势对方也能够"听"出来。因此打电话时尽可能注意自己的姿势。

（4）迅速准确地接听。听到电话铃声应准确迅速地拿起听筒，最好在三声之内接听。

（5）认真清楚地记录。随时牢记 5W1H 技巧。所谓 5W1H 是指：when（何时）、who（何人）、where（何地）、what（何事）、why（为什么）和 how（如何进行）。在工作中这些资料都是十分重要的。对打电话、接电话具有相同的重要性。电话记录既要简洁又要完备，这就有赖于 5W1H 技巧。

（6）了解来电的目的。上班时间打来的电话几乎都与工作有关，公司的每个电话都十分重要，不可敷衍，即使对方要找的人不在，也切忌只说"不在"就把电话挂断了。接电话时也要尽可能地问清事由，避免误事。我们首先应了解对方来电的目的，即便自己无法处理也应认真记录下来。委婉地探求对方来电目的不但可以不误事而且能赢得对方的好感。

第二节　公共关系宴请礼仪

一、宴会的规格与组织

（一）宴会的规格

宴会通常为正餐，坐下进食，由招待员顺次上菜。宴会有国宴、正式宴会和便宴之分。按举行的时间，又有早宴（早餐）、午宴、晚宴之分。其隆重程度、出席规格，以及菜肴的品种与质量等均有区别，一般来说，晚上举行的宴会比白天举行的更为隆重。

（1）国宴。这是国家元首或政府首脑为国家的庆典，或为外国元首、政府首脑来访而举行的正式宴会，因而规格最高。宴会厅内悬挂国旗，安排乐队演奏国歌及席间乐，对服饰、餐具、菜肴数、餐桌陈设、服务员的装束和仪态有严格要求，有正式的致辞和祝酒。

（2）正式宴会。除不挂国旗、不奏国歌及出席规格不同外，其余安排大体与国宴相同。有时亦安排乐队奏席间乐。宾主均按身份排位就座。许多国家正式宴会十分讲究排场，在请柬上注明对客人服饰的要求。外国人对宴会服饰比较讲究，往往从服饰规定体现宴会的隆重程度。对餐具、酒水、菜肴数、陈设，以及服务员的装束、仪态都要求很严格。

（3）便宴。即非正式宴会，常见的有午宴、晚宴，有时也有早上举行的早餐。这类宴会形式简便，可以不排席位，不作正式讲话，菜肴数亦可酌减。便宴较随便、亲切，宜用于日常友好交往。

（二）宴会的组织

宴会的成功与否，全靠组织工作如何。可从以下几方面来判断组织的水平：目的是否明确？邀请的对象、范围是否合适？时间、地点是否恰当？是否发出请柬？订菜是否符合宾客口味？席位安排是否妥当？进餐过程中气氛是否亲切、热烈？

二、宴会的礼节

（1）接到邀请，能否出席应尽早答复对方，便函、打电话都行。

（2）出席宴会前，应梳洗打扮。在正式宴会上，不修边幅往往被视为对宴请主人的不尊重，其他宾客也不愿与其多进行交谈，从而失去难得的交际时机。

（3）按时赴宴，不能迟到，也不宜过早。

（4）进餐时讲话有分寸，举止文雅。

（5）宴会进行中，不要当大众解开纽扣或脱下衣服。

（6）一般上了水果之后，宴会即告结束，这时应离席向主人致谢。通常是男宾与男主人告别，女宾与女主人告别，然后交叉告别，再与其他人告别。另外，宾客应称赞宴会组织得好，菜肴丰盛，味美可口，令人难忘。赞美之词应恰到好处而令人赏心悦目。

三、宴会桌次、席位安排

按照国际上的习惯席次，桌次高低以离主桌位置远近而定，右高左低。桌数较多时要摆桌牌。排席位的主要依据是礼宾次序。有时，主宾身份高于主人，为表示对主宾的尊重，可把主宾摆在主人的位置上，主人则坐主宾的位置。

男女宾的安排，国外习惯是掺插安排，我国习惯按各人职务、身份排列。如果夫人出席，就与女主人排在一起。

席位安排还要适当考虑某些特殊情况，如将身份相同、专业相同的宾客可排在一起。有时也可按年龄来排席位，将年龄相同者排在一起，便于沟通。

意见有分歧或关系紧张者席位不应排在一起。但有时为了便于他们之间达到沟通和改善关系的效果，也可以安排他们在面对面的席位上，因为相对而坐的人有较多的目光接触，而良好的目光接触易刺激人们的交流愿望。宴会上的气氛是否热烈、融洽，很大程度上与席位安排有关。

1. 桌次

主桌在上或在中间，面对正门（图13-14和图13-15）。

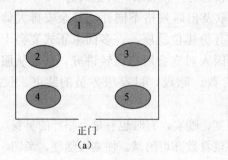 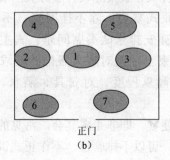

图13-14 宴会桌次排法（一）

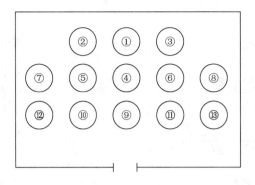

图 13-15　宴会桌次排法（二）

2. 席位

主人居中，主宾在右（图 13-16）。

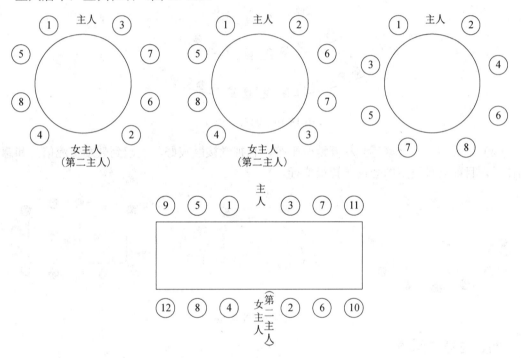

图 13-16　常见席位排法

3. 会场

常见的会场座位安排方式有相对型（图 13-17）、主席型（图 13-18）、面对听众型（图 13-19）和平等型（图 13-20）等。

（1）相对型：有利于双方交流，便于传递信息，但缺乏亲切友好的气氛（谈判常用）。

（2）主席型：易于树立主席权威。信息由主席发布，但与会人员间缺乏交流。

（3）面对听众型：适用于大型会议，如报告会，演讲等。

图 13-17　相对型　　　　　　　图 13-18　主席型

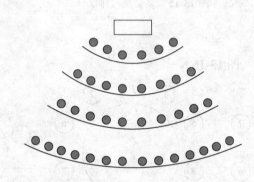

图 13-19　面对听众型

（4）平等型：与会者感到相互地位平等，且视觉接触较好，能起到鼓励交流信息和感情的作用。目前此种类型的会议布置最盛行。

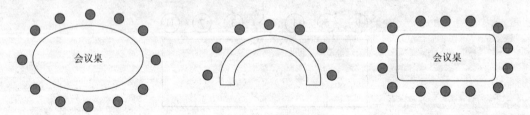

图 13-20　平等型

四、注意的问题

（1）环境布置。
（2）对等安排。
（3）兼顾全局。
（4）注意突发状况应对。

五、禁忌

1. 行为禁忌

（1）做客十忌：失约、不速、无礼、带病、肮脏、暧昧、无聊、喧宾夺主、难辞、贪婪。

（2）酒席上说话五忌：假意客套，过分劝酒；感情用事，互相吹捧；贬损他人，恶语中伤；自吹自擂，自我抬高；污言秽语，酒后失态。

（3）生意场上六忌：话题太专、格调低下、自我吹嘘、谈扫兴事、拉小圈子、言人之短。

2. 数字禁忌

西方国家对"13""3""9"较为忌讳。

3. 食物禁忌

我国有56个民族，必须尊重各民族不同的风俗习惯。

4. 颜色禁忌

日本人忌绿色，认为绿色是不祥之色。巴西人忌棕色，认为棕色是凶丧之色，并特别忌讳棕黄色。比利时人忌蓝色，若遇不祥之事，都用蓝衣作为标志。土耳其人忌茄花色，认为此色代表凶色。摩洛哥人忌白色，认为白色为贫困的象征。乌拉圭人忌青色，认为青色是黑暗的前夕。法国人忌黄色，认为黄色花是不忠的表示。

六、涉外礼仪

1. 涉外礼仪的基本原则

（1）维护国家利益。
（2）注重特色。
（3）严肃外事纪律。
（4）尊重妇女。

2. 东西方礼仪特点

（1）东方礼仪：重视血缘、谦逊含蓄、强调共性、礼尚往来。
（2）西方礼仪：简单实用、强调个人尊严、自由平等开放、尊重妇女。

3. 涉外语言礼仪

（1）称呼。
（2）语言习惯。
（3）谈话话题。

4. 涉外迎送礼仪

（1）确定迎送规格。
（2）掌握抵达和离开时间。
（3）献花。
（4）介绍。
（5）陪车。

5. 涉外会见的会谈礼仪

（1）时间安排。
（2）地点与座次。
（3）会见会谈程序。

6. 涉外宴请礼仪

（1）涉外宴请的形式。
（2）涉外宴请的程序。
（3）涉外宴请现场的礼宾工作。
（4）涉外宴请的礼节要求。

7. 涉外演出与舞会礼仪

（1）涉外演出礼仪。
（2）涉外舞会礼仪。

8. 涉外参观游览礼仪

（1）涉外参观游览的程序。
（2）在国外参观游览的礼节要求。

9. 礼宾次序与国旗悬挂

（1）礼宾次序。
（2）国旗悬挂。

习 题

分析题

1. A 在读书时学习非常刻苦，成绩也非常优秀，几乎年年都拿特等奖学金，为此同学们给他起了个绰号"超人"。毕业后 A 又顺利地进入一家美国公司工作。一晃多年过去了，某年国庆节，他带着妻子儿女回国探亲。一天，在大剧院观看音乐剧，刚刚落座，就发现有 3 个人向他们走来。其中一个人边走边伸出手大声地叫："喂！这不是'超人'吗？你怎么回来了？"这时，他才认出说话的人正是他的高中同学 B。B 没考上大学，做生意赚了钱，是上海某公司的老板。这天 B 正好陪着两位从香港来的生意伙伴一起来看音乐剧。这两位生意伙伴是 B 交往多年的年长的香港夫妇。此时，两同学彼此都既高兴又激动。B 大声寒暄之后，才想起了 A 身边还站着一位女士，就问 A 身边的女士是谁。A 这时才想起向 B 介绍自己的妻子。待 A 介绍完毕，B 高兴地走上去，给了 A 妻子一个拥抱礼。这时 B 也想起该向老同学介绍他的生意伙伴了。

问题：上述场合的见面礼仪有无不符合礼仪的地方。若有，请指出来，并说明正确的做法。

2. 清朝张之洞新任湖广总督时，抚军谭继洵在黄鹤楼设宴为张接风，并请了鄂东诸县父母官作陪。席间，大家聊起了长江，没想到谭、张二人为了长江到底有多宽的问题争论起来。谭说五里三，张说七里三，两人各执己见，争得面红耳赤，谁也不肯承认对方是对的。这时，坐在末座的江夏知事陈树屏站了起来，于是二人便让陈作答。陈略作思考，朗声答道："长江的宽度，水涨七里三，水落五里三。二位大人说得都对。"一句话说得谭、张二人均抚掌大笑，赏了陈树屏 20 锭大银。

问题：面对尴尬的问题，陈树屏是如何巧妙应对的？结合案例谈一下，在遇到上司之间出现纷争时作为下属应如何调解。

3. 某公司的王先生年轻肯干，"点子"又多，很快引起了总经理的注意并拟提拔其为营销部经理。为了慎重起见，总经理决定再对王先生进行一次考察。恰巧总经理要去省城参加一个商品交易会，需要带两名助手，总经理选择了公关部杜经理和王先生。王先生自然同样看重这次机会，也想寻机表现一下。出发前，由于司机小李乘火车先行到省城安排一些事务，尚未回来，所以，他们临时改为搭乘董事长驾驶的轿车一同前往。上车时，王先生很麻利地打开了前车门，坐在驾车的董事长旁边的位置上，董事长看了他一眼，但王先生并没有在意。车上路后，董事长驾车很少说话，总经理好像也没有兴致，似在闭目养神。为活跃气氛，王先生寻一个话题："董事长驾车的技术不错，有机会也教教我们，如果都自己会开车，办事效率肯定会更高。"董事长专注地开车，不置可否，其他人均无应和，王先生感到没趣，便也不再说话。一路上，除董事长向总经理询问了几件事，总经理简单地回答后，车内再也无人说话。到达省城后，王先生悄悄问杜经理："董事长和总经理好像都有点不太高兴？"杜经理告诉他原委，他才恍然大悟，"噢，原来如此。"会后从省城返回，车子改由司机小李驾驶，杜经理由于还有些事要处理，需在省城多住一天，同车返回的还是四人。"这次不能再犯类似的错误了。"王先生想。于是，他打开前车门，请总经理上车，但总理坚持要与董事长一起坐在后排。王先生诚恳地说："总经理您如果不坐前面，就是不肯原谅来的时候我的失礼之处。"并坚持让总经理坐在前排才肯上车。回到公司，同事们知道王先生这次是同董事长、总经理一道出差，猜测着肯定提拔他，都纷纷向他祝贺，然而，提拔之事却一直没有人提及。

问题：指出王先生的失礼之处。

第十四章

危机事件处理

危机事件的不同类型。

危机事件的方法。

第一节 危机事件

一、危机事件概述

1. 危机事件的定义

危机事件又称突发事件,指突然发生的,可能严重影响或危害组织与公众关系的事件,以及危及人的生命财产安全,对社会组织带来严重后果的恶性事故。

突发事件防不胜防,往往会在短时间内造成极大破坏,对组织形象和声誉带来重大损害。处理突发事件是公关工作一项不可轻视的内容。

2. 危机事件的特点

(1) 突发性。事前难以估量。
(2) 危害性。对组织的形象、生存环境和发展前途产生重大负面影响。
(3) 冲击性。来势猛,发展快;涉及面广;公众反应越来越强烈。
(4) 新闻性。舆论给组织带来强大压力。
(5) 复杂性。会引发一系列新的矛盾。

3. 危机事件的基本类型

(1) 重大伤亡事故,如飞机失事、火车出轨、气车坠毁、轮船沉没、大楼倒塌、严重的工伤等。

（2）严重的生产事故，如毒气污水的严重泄漏、大规模的食物中毒、瓦斯爆炸等。
（3）灾难事故，如地震和洪水等天灾、严重的火灾、传染病流行、重大盗窃案件等。
（4）规模较大的纠纷事件。因劳资矛盾引起的大罢工、示威游行等。
（5）信誉危机。因产品质量问题引起企业产品信誉的急剧下降，因某种政策失误引起社会舆论的强烈谴责等。

4. 危机事件发生的原因

无论天灾事件、内部纠纷事件、顾客投诉事件、报道失实事件，还是债务纠纷、谣言传播事件等都是有原因的。

（1）由社会组织难以预测并不可抗拒的外部力量所造成的，如大地震、洪水暴发、台风海啸、火山喷发、国际形势的突然变化、战争等。这类原因造成的突发事件一般来说较容易得到社会和公众的谅解，对组织声誉的损害相应地也较小，造成的影响容易消除。

（2）由社会组织的政策失误或管理不善所造成的。如过度地追求经济利益而不顾公众利益、社会利益所造成的毒气、废水污染；宾馆酒楼发生的严重食物中毒等。这类原因导致的突发事件完全是组织的责任，最易激起公愤，受到公众和社会舆论的强烈抨击，对组织形象的损害是极其严重的，造成影响也恶劣。为求得公众谅解，公共关系的难度相应要大些。

（3）由组织内部或外部的个别人员有意或无意造成的。如生产人员违章操作或粗心大意引起的火灾；坏人破坏捣乱造成的伤亡事故等。这类事故尽管直接原因不在组织本身，但组织也负有一定的责任，对形象损害和产生的影响力不能小看。

二、公关危机处理原则

（一）调查原则

从实际出发，在深入调查的基础上，旁观、真实地查清事故真相。并在科学的基础上，多做技术分析和研究，充分发挥专家和技术人员的作用，查明事故原因。

1. 内部原因

（1）组织自身素质低下。
（2）内部管理混乱，缺乏规范。
（3）组织经营决策失误。

2. 外部原因

（1）环境突变原因。
（2）恶性竞争原因。
（3）政策体制原因。
（4）公众误解原因。
（5）组织经营决策失误自查制度。

（二）实事求是原则

始终保持坦诚的态度，实事求是，不传播虚假消息，面对危机不逃避，敢于承担责任，就容易取得受众的信任和谅解。危机公关的首要目的也就在于此。保持坦诚是保证危机公关得以有效实施的基本条件。

（1）把握危机事件的全貌。

（2）公布危机事件真相。

① 以我为主提供情况。

② 尽快提供全部情况。

（三）及时原则

危机很容易使人产生害怕或恐惧心理，因此保证信息及时性，让受众第一时间了解事件的情况，对危机公关至关重要。所谓"好事不出门，坏事传千里"，在媒介如此发达的今天更是如此，所以企业控制危机一定要争取在最短的时间内，用最快的速度控制事态发展，并第一时间向公众公开信息，以消除疑虑。

对公关危机迅速做出反应，采取有效措施。

（1）成立临时专门机构。

（2）迅速隔离危机险境。

（3）控制危机蔓延势态。

（4）及时搜集有关信息。

（四）公众至上原则

危机发生时，受众所关注的并不仅仅是危机所造成的破坏或是所得到的补偿，他们更关心的是当事方是否在意他们的想法，并给予足够的重视。如果他们发现当事方不能做到这些，就很难给予当事方以信任，化解危机也就变得更加困难。因此，在遭遇公关危机时，要坚持公众至上的原则，把公众的感受放在首位，维护公众权利，以化解危机。

公众至上原则是公关的核心原则，也是危机处理的核心原则。没有这条原则，小危机也会转化成大危机。

案例 14-1

1998年2月，春节的喜庆气氛还没消失，四川长虹彩电却在济南商场栽了跟斗——被七家商场联合"拒售"。这意味着长虹将在济南失去市场。在家电竞争日益激烈的今天，企业还有什么比失去市场更大的风险？再者，今天有济南"拒售"，明天再有别家效仿又该如何？为什么"拒售"？据商家一方的理由是"售后服务"不好；而长虹方面说每天有四辆流动服务车在市内流动维修，而济南消费者协会也证实没有关于长虹的投诉。这究竟是怎么一回事？一时间公众议论纷纷，多家媒体也作了追踪报道。据报载，长虹集团总经理在事发后立即率领一班人马前往济南与七大商家进行斡旋，双方均表示"有话好好说"，争取及早平息风波，取得圆满解决。

案例分析：

（1）在市场经济条件下，知名企业仍处于复杂多变的环境中，其中既有可控因素也有不可控因素。企业要实现自身的目标，只有主动去适应多变的环境，寻找与环境的平衡点，

（2）任何企业都不可能一劳永逸地躺在已经取得的成绩上。它需要密切的监测环境，对环境的任何变化保持高度的敏感性。要做好收集环境信息的工作，定期、经常地了解各类公众对企业的评价和反映，利用信息反馈去调整组织的行为，去适应变化的环境，预防事故、风险的发生。

（3）遵循"和为贵"的公关原则，运用"重在协调矛盾、淡化矛盾、化敌为友"的策略。事发后，长虹集团总经理亲自率领工作班子，及时飞抵济南，与七大商场进行公关协调，双方各抒己见、坦诚协商，通过信息与感情的沟通，求得矛盾的化解。这样一来，长虹集团正确引导了公众舆论，防止了公众因误导而诱发的不利于长虹集团的联想。

（4）经销商作为企业产品通向消费者的中介，是一种非常重要的公众关系。因此，长虹集团要实现自身的利益必须将协调的目标放在获取对方的合作关系上。合作才能导致长虹和商场更为密切的互动，才最有利于双方获得更大利益。

第二节 危机处理

一、危机的发展阶段

1. 危机的发展过程阶段

（1）危机突发期。公共关系危机事件是一种突发性事件，但往往是渐进式的形成。它常常是在意想不到，没有准备的情况下突然爆发的，是不可预见的或不可完全预见的。由于公共关系大系统是开放的，每时每刻都处在与外界的物质、能量、信息的交换和流动之中。其任何一个薄弱环节都可能因某种偶然因素而致失衡、崩溃，形成危机。它具有突发性特征，也具有不可预测性的特征。

（2）危机扩散期。危机的加剧期已经到来，就不会自行消失。这时，问题暴露，公众投诉，媒介追踪，声誉大降。这个时期，企业或社会公众已较清楚地了解到到底发生了什么事。有关当事人介入行动，同时安排抢救工作。一旦进入危机加剧阶段，只能使任何控制危机的努力变成对损失程度的控制。

（3）危机爆发期。突破危急的预警防线，企业危机便进入爆发期，并会威胁到企业的生存和发展，如果不能立即处理，危机将进一步上升，其"杀伤"范围与强度会变得更为严重。

（4）危机衰退期。该阶段进入危机周期的关键阶段。后续发展完全取决于危机管理决策者的专业能力。通过建立危机预警机制，将其消灭于萌芽之中是最佳的危机处理途径。

2. 处理阶段

处理期是危机灾难发展到顶峰的时期，抢救工作进入关键阶段。在此时期，公关机构设立信息中心，按时把抢救工作的最新消息传送给媒介人士。抢救期短则一两天，长则持续几个星期或更长时间。在发表各种消息时，一定要坚持"公开事实真相"的原则，以避免新闻媒介和社会公众的猜疑、质询。危机的处理期一般包括调查情况、自我分析、安抚公众、联络媒介等工作。

3. 善后阶段

危机风暴似乎已过，企业的主要压力不再那么强。但是，如果企业危机未能彻底解决，所疏忽的危机可能在后遗症期卷土重来，使危机不经酝酿期而再度被引爆。这一时期评估工作开始，抢救工作告一段落。此时，除着手准备详细的调查报告外，主管部门和公关部门都还需要做一些具体的事，妥善处理危机后期工作，安抚人心。同时，企业依靠公共关系手段消除影响，矫正形象。

二、危机处理的基本程序和方法

1. 程序

危机处理的基本程序如图 14-1 所示。

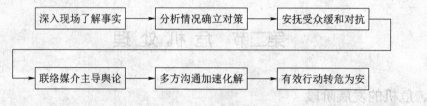

图 14-1　危机处理的基本程序

2. 公关危机处理的方法

（1）制定好危机传播方案。制定处理突发事件的基本方针和基本对策，在掌握事实的基础上，制定出处理的基本方针和对策，以统一思想指导具体工作。

（2）危机发生后的舆论控制，确定新闻发言人、记者接待站。

（3）危机发生后的引导传播。突发事件发生后，可能造成公众心理上的紧张、恐惧或愤怒。公关部门应及时公布事实真相，不能隐瞒、歪曲，更不能捏造。只有这样才能防止谣言传播，消除混乱，取得社会公众的谅解、支持、尽快恢复社会声誉。如不这样，会使公众产生更大疑虑，造成新的事故。

处理公关危机事件维护声誉是危机处理的出发点和归宿点。

案例 14-2

2004 年 7 月 11 日，国内媒体公布了一条消息：美国杜邦公司由于在生产"特富龙"过程中使用了一种叫全氟辛酸铵的催化剂，可能存在对环境的污染，这就是众所周知的"特富龙"危机事件。"特富龙"事件发生后，苏泊尔占有主导地位的国内不粘锅市场遭受到毁灭性的打击，销量下降到不足原来的 10%；而就在此时，有消费者对苏泊尔生产的不粘锅提起诉讼，引发了"北京消费者起诉杜邦锅"事件；在事件余波未息的时候，11 月 2 日国内又有媒体报道："不粘锅不能用于酸性食物"，再次掀起了对不粘锅的质疑浪潮……一时间苏泊尔企业乃至整个不粘锅行业都笼罩在这一系列"连环危机"的强大压力之下。

面对严峻的考验，迅速成立的危机应对项目小组在分析了事实和传播规律之后，决定采取以"开放媒体通道"和"行业共渡难关"为核心思路的两大策略来解决这一困难局面。首先，苏泊尔通过媒体与消费者进行坦诚的、基于事实的积极沟通，并通过媒体展示自身严格、标准的生产工艺和流程，以客观、冷静的态度稳定公众及用户的情绪；另一方面，苏泊尔与相关行业机构及政府部门积极沟通，使得整个行业和市场都了解到这一危机不仅仅是苏泊尔一个企业面临的危机，更是整个不粘锅行业必须共同面对的空前困难，需要各方力量团结解决，并与政府相关技术标准及质量鉴定部门沟通，积极配合调查，尽早得出和公示权威结论与事实真相，从而真正化解危机、重振行业。

策略的执行过程中，项目小组表现出了良好的执行力和对局势的判断力，以及良好的灵活反应能力。经过沟通和努力，10月13日国家质检总局的检测结果表明国内不粘锅产品均未检出全氟辛酸铵残留物，这一结果经过广泛公示与传播，为不粘锅初步"平反昭雪"；然而就在市场逐步回复正常的关键时刻，"不粘锅不能用于酸性食物"的报道再次引发了公众认识的混乱及疑虑。针对此报道，苏泊尔积极沟通并咨询相关专业人士，中科院上海有机化学研究所副所长、有机氟化学专家吕龙等专业人士对其进行了强烈的驳斥，从技术角度给予消费者真实准确的信息，即用不粘锅制作酸性食物对人体无毒害。如此，很好地化解了这一风波。

11月18日，在苏泊尔的推动下，中国五金制品行业协会在京召开"不粘锅行业质量诚信"发布会，对外宣布了"特富龙"无毒的检测结果，倡导消费者放心使用含有"特富龙"涂层的不粘锅产品。苏泊尔在会议上代表行业发表《质量宣言书》，向广大消费者郑重承诺三项措施，全心维护消费者权益，营造行业服务新风。随后"北京消费者起诉杜邦锅"的诉讼亦由苏泊尔胜诉。至此，"特富龙"事件画上了圆满的句号，苏泊尔也圆满化解了重重危机，带领不粘锅行业走出困境。

案例分析：

苏泊尔面临的危机公关于2004年7月爆发，2005年1月圆满解决，历经半年之久，涉及全国各省、市、自治区；整个危机演变，从杜邦"特富龙"危机到苏泊尔不粘锅危机，更进一步到消费者状告苏泊尔不粘锅危机，中间又有不粘锅不能烹调酸性食物的传言及苏泊尔上市面临股价下跌等诸多插曲。可以说，国内至今没有任何一家企业曾经面临这样一连串"危机+危机""企业+产品""国内+国外"交织且长达数月的严重危机。在这种罕见的情况下，项目组与行业、企业、市场、媒体等方面的力量紧密结合、坦诚沟通、灵活反应，在拯救自己的同时甚至拯救了整个行业。这为今后国内相关企业和产品的危机公关提供了一个经典案例模型和可资参考的思路。

三、处理公关危机事件的方法

（1）协商对话法。在面对危机时，要充分协商，保证双方平等商量，解决问题。

（2）思想工作法。危机中，思想对象非常重要。端正思想，为对方多思考，得到理解。

（3）舆论引导法。在舆论的帮助下，获得同情和支持。

（4）损失补偿法。面对危机损失，通过利益最大补偿对方，以解决危机后果。

（5）权威意见法。通过专家说明危机，使公众情绪得到平定。

（6）法律调制法。面对无理取闹，必要时诉求法律解决。

习 题

一、简答题

1. 危机事件的主要特点有哪些？
2. 公关危机处理原则和方法各包括哪些方面？
3. 造成公关危机的原因何在？
4. 常见危机事件处理的要点是什么？

二、分析题

1. 5月2日中午，发生在重庆解放碑的这一令人瞠目的场景经网友微博直播后，引发社会各界激烈讨论。

在当天的活动中，参与"挑战压力课程"者手脚并用绕解放碑爬行。圈内有一男一女分别拍照录像，圈外还有一名身穿红色上衣和黑色裤子的男子手持红色旗帜。在场市民回忆说，当时那些员工一边爬一边喊"妙达，加油"，整个活动持续十余分钟后，接到报警的渝中区警方赶到现场将人员劝离。

事件发生后，重庆渝中区立即责成相关部门进行调查处理。据了解，重庆妙达化妆品（香港）有限公司，于2008年创办于香港，2012年落户重庆，号称是中国美容行业第一家集培训、策划、产品、仪器为一体的美容连锁企业，主要经营美容院加盟、美容院管理、美容产品与仪器的研发、生产及销售等业务。4月25～27日，该公司在铁山坪组织了一次美容实战峰会，企业给每名员工定下目标，至少带10个客户参会，凡完不成目标的就绕会场爬一圈。结果参加培训会的一共只到了17人，目标没完成。由于开会期间事情多，会场爬行没来得及进行。5月2日上班后，员工刘某提议大家在公司附近的解放碑爬行，大家都响应了。于是，当天中午12时许，共有14名女职工和4名男职工，打着有企业名称的旗帜来到解放碑下爬行。由于这是一起没有通过报批的集会，城管人员上前制止，企业工作人员将旗帜收回，但18人仍绕解放碑继续爬行，十余分钟后，被闻讯赶来的警方制止。

问题：请对此危机处理方式进行评价。

2. "瘦肉精"事件对双汇能够计算的损失已超过121亿元，当然是"形势严峻"。3月31日上午，双汇"万人大会"上的标语："央视十几分钟的双汇瘦肉精报道，给双汇全体员工上了一堂深刻、代价巨大的安全课。"双汇董事长万隆在会上再次向消费者致歉。当日上午，双汇集团在河南省漯河市体育馆召开万人职工大会，参加会议的有双汇集团中层以上代表，供应商、销售商代表，漯河当地的工商、卫生、畜牧等相关单位的主管负责人，双汇集团的30多家投资代表，30多家国内媒体记者，还有建行、中行、汇丰等国内外的23家银行的相关人士，但无消费者代表出席。大会现场气氛火爆，双汇集团董事长万隆讲完话之后，双汇员工和经销商纷纷表态支持双汇，其中最为火爆的插曲是辽宁营口的经销商高呼了4声"万总万岁！双汇万岁！"似乎达到了预期的效果。

问题：拟定一个"瘦肉精"危机解决方案。

三、实训题

1. 父亲问儿子：如果把院子交给你管理，这时猪因饲料不好暴跳如雷，狗因看门太累半夜睡觉，驴因磨坊环境太脏无精打采，你该怎么办？儿子想了想说：我要给猪换饲料，合理安排狗的工作量，改善驴的磨坊环境，安抚它们，稳其心。父亲叹道：善哉！但危险矣！你还应该告诉它们：狼要来了！

问题：父亲是如何培养儿子的管理意识的？

2. "玉环"热水器是南京热水器总厂 1979 年研制成功的我国第一种燃气热水器。1981年投入批量生产，1982 年获轻工部优秀产品奖，1983 年获国家经委颁发的金龙奖，1985 年获江苏省优质产品和全国热水器质量检测评比第一的称号。种种殊荣，使玉环牌热水器成为南京市拳头产品之一，行销全国各地。

1985 年年底，南京某高校外籍教师，使用"玉环"热水器时中毒死亡，成都和兰州发急电，又有两位用户在使用"玉环"热水器时死亡。"当时正值全国对假药、假酒生产进行批判的高潮，加以死者身份不同，国籍不同，人命关天，该厂立刻成为众矢之的。国家经委发出紧急指示，南京热水器总厂立即停产整顿。至此，一个文件接一个文件，一个批示接一个批示，"加强热水器的生产和安装管理""热水器必须安装缺氧安全装置""热水器必须安装一氧化碳报警装置""加强对全国热水器的抽查和普查"。全国有17家新闻单位指名公开批评南京热水器总厂。霎时间，工厂四面楚歌，声誉一落千丈，上万台热水器积压，用户纷纷要求退货。仅在广州地区，该厂损失就达70万元。全厂1 200名职工，有三分之一只拿70%的工资，回家自谋出路，其余的组成了推销小组，提携着热水器，奔波于四面八方。

面对突如其来的打击，厂领导没有一蹶不振。他们改口道，"玉环"热水器有其安全、节能、方便、经济等特点，而且市场广阔，前景远大。但是，"玉环"怎样摆脱困境，清除几起死亡事故留在公众心头的阴影呢？该厂做出了首项决定：查清事实，将事故真相准确、及时公布于众。于是，在国家及省市有关部门的直接参与和配合下，经过数月细致的调查，得出了科学的结论：事故不是因为产品质量不合格，而是由于消费者使用不当造成。

面对事实，该厂做出了第二项决定：采取"加强宣传、诱导消费、消化引进、提高质量"的紧急措施挽回影响。

首先，把积压产品发给每个职工使用。一千多职工使用自家产品，无疑是最好的广告。周围的亲朋好友慕名前来尝试，还有的托关系上门求购。更多的对热水器了解不多的公众，也逐渐认识了这种"杀人"的东西。在他们的影响下，"玉环"的销售开始出现转机。另一方面，他们在许多地区举行记者招待会，向新闻界广泛宣传安全使用热水器的注意事项，分析事故原因，说明真相。对下令停产停销的某些主管部门，他们四方游说，希望理解和关心扶持这个新型的家庭日用品，不要因噎废食。在沈阳全国热水器安全紧急会议上，该厂还对国内热水器发展现状提出30个问题和建议，得到积极响应。会议一致认为：燃气热水器需要社会的关心和扶持。轻工业部领导明确表态：这个产品一定要上！

1986 年 6 月，南京市二轻局、市经委、市政府、省经委的领导，都被南京热水器总厂请来了，大家从上午9时一直等到12时。原来，朱镕基到扬州开会，经过南京，该厂要当面汇报热水器生产情况。"朱主任，请抽空视察我们厂。""想要我对你们的热水器表态吗？""只请视察，不要表态！"盛情难却，诚挚动人。朱镕基同志带领局长们来到厂里。汇报完了，看热水器操作表演，有批评，有肯定。国家经委领导这样体察下情，深入基层，使全厂职工深受感动。朱镕基同志当即表态："要进一步提高质量，从国外引进安全熄火装置！所需外汇由国家经委负责，你们一定要建成一流水平的热水器厂。"有了国家经委的支持，南京热水器总厂迎来了曙光。随即轻工部拨出上千万元贷款，要求该厂"搞引进，上水平"，南京市为热水器总厂召开市长办公会议，提出"一定要建成国内第一流的企业"；银行、税务部门在紧缩财政的情况下，采取免税退税，并继续贷款，各新闻单位也纷纷为"玉环"鸣锣开道。

第一战役取得成功，该厂接着拉开了第二战役——推销的序幕。面对250万元积压产品，厂里组织了包括技术人员在内的服务队伍，设点并分片包干对用户购买的产品进行检验、纠正、并上门安装。一年当中，除了正常售后服务，还有80人次分赴北京、四川、新疆、广东、广西、大庆、沈阳等地，共维修检测2 000台产品。所有库存产品，也全部拆箱，在产品外壳明显部位喷印："为您安全，请安装在浴室外空气流通的地方，防止一氧化碳中毒"的告示，并贴上气型标志。该厂还在全国十几家有影响的报纸、刊物上，刊登《致顾客》《启事》等有关安全使用知识的文章；印制了十几万份《告用户书》，寄往各经销单位和用户单位。

"玉环"热水器又一次赢得了声誉。新老用户纷纷上门要求订货。公关使"玉环"热水器获得了新生。

问题："玉环"热水器是如何起"死"回"生"的？

参 考 文 献

[1] 北京大学社会学系. 公众关系学[M]. 北京：北京大学出版社，1990.
[2] 范铨远. 公共关系学[M]. 成都：四川大学出版社，2003.
[3] 付晓蓉. 公共关系学[M]. 成都：西南财经大学出版社，2004.
[4] 格伦·布鲁姆，艾伦·森特，斯科特·卡特里普. 有效的公共关系[M]. 明安香，译. 北京：华夏出版社，2002.
[5] 郭慧民. 国际公共关系教程[M]. 上海：复旦大学出版社，1996.
[6] 胡锐. 现代公共关系实务[M]. 杭州：浙江大学出版社，1994.
[7] 居延安. 公共关系学[M]. 上海：复旦大学出版社，2001.
[8] 李道魁. 公共关系教程[M]. 成都：西南财经大学出版社，2003.
[9] 李建荣. 现代公共关系与实务[M]. 武汉：武汉测绘大学出版社，1998.
[10] 李景泰. 管理公共关系学：理论与实践[M]. 天津：南开大学出版社，1990.
[11] 李强. 公共关系学概论[M]. 北京：中国人民大学出版社，1996.
[12] 李强. 公关经理强化教程[M]. 北京：中国经济出版社，2002.
[13] 肖辉. 实用公共关系学[M]. 北京：北京大学出版社，2001.
[14] 熊源伟. 公共关系案例[M]. 合肥：安徽人民出版社，2001.
[15] 熊源伟. 公共关系学[M]. 合肥：安徽人民出版社，2005.
[16] 张国洪. 旅游公共关系[M]. 天津：南开大学出版社，2005.
[17] 薛可. 公共关系学[M]. 北京：科学出版社，2010.
[18] 胡百精. 公共关系学[M]. 北京：中国人民大学出版社，2008.
[19] 陈文叔. 公共关系实用技巧[M]. 海口：南海出版公司，2013.
[20] 李道平. 公共关系学[M]. 广州：暨南大学出版社，2011.
[21] 霍丽娅，王蔚. 公共关系[M]. 北京：中国人民大学出版社，2010.